내생적 혁신

혁신은 우리 곁에 있는가

내생적 혁신

혁신은 우리 곁에 있는가

KAIST 기술경영전문대학원 지음

율곡출판사

추천의 글

현 시점, 우리가 살아가고 있는 현재는 어제와 오늘의 차이를 쉽게 느끼는 시대가 아닌가 싶습니다. 내일이 오늘과 얼마만큼 달라질지 궁금하면서 또한 위험을 느끼기도 합니다. 즉, 기술적 · 사회적 시대의 변화에 따라 '4차 산업혁명의 시대 도래', '정보기술 사회에서 인지 사회로의 변화기' 등 급변하는 변화와 사회의 역동성을 볼 수 있는 시점입니다.

이러한 변화의 시대는 현재의 모습에 안주할 경우 위험이 되어 다가오지만, 극복하면 우리 사회의 성장과 성숙, 그리고 극복한 주체에게는 성공이라는 과실을 제공해 줍니다. 다시 말해 우리 사회는 현재 새로운 기회가 계속 나타나고 있습니다. 이에 따라 우리에게는 두 가지의 길이 보이고 있습니다. 한 가지 길은 현재의 삶에 안주하는 것입니다. 이 길은 지금은 편할지라도 다른 경쟁자들에 뒤처져 퇴행하는 길로 나아가게 됩니다. 다른 하나는 새롭게 나타나는 기회를 받아들이고 도전하는 길입니다. 이 길은 지금 당장은 고달플 수 있지만 열린 미래를 가져옵니다. 이 길로 접어든 사회만이 세계를 주도하는 나라로 성장해 왔음은 역사가 증명하고 있고, 도전에 실패하더라도 계속 도전한 사회 역시 세계를 주도한 축으로 성장해 왔음을 우리는 익히 보아 왔습니다.

지속적인 기술의 발전과 사회의 역동적인 변화로 인해 새로운 도전의 기회가 계속 나오는 시대에, 새로운 것에 대해 계속 도전하고 이를 통한 성취가 사회 전반에 확산되어야 함에도 불구하고, 우리 사회는 안정성을 최우선으로 추구하여 정체되어 가는 느낌을 지울 수 없습니다. 이는 전 세계에서 유래를 찾아볼 수 없는 성장을 경험한 우리의 과거 성장방식의 영향이 컸음을 부인하기 어렵습니다. 일명 캐치업 전략과 그에 따른 시대의 투자는 예상된 결과가 눈앞에 있기 때문에 그에 맞추어 효율적으로 투자와 관리가 가능했습니다. 우선 성취 가능한 부분부터 시작해서 좀 더 성취할 있는 폭을 넓혀 가며 자원을 축적해 가는 방식은, 가진 것이 없었던 우리나라가 생존과 함께 효율적인 성장을 위해 취해 왔던 선택이었다고 봅니다. 성장을 위해 부족하나마 가진 자원을 투자해야 했지만, 이의 실패는 우리나라 전체를 공멸시킬 수 있는 시대였기 때문에 실패를 피하고 성공적인 루트만을 찾아야 했습니다. 또한 일단 투자 방향이 잡힌 분야에 대해서는 실패를 방지하기 위해서 결과가 나오기까지 일정 수준의 지속적인 투자가 요구되었습니다. 현재 우리나라를 먹여살리는 반도체 산업처럼 지속적인 투자가 연결되도록 정책적으로 지원한 것도 사실입니다.

캐치업 전략은 다양한 대안들 중 가장 효과적인 것을 찾고, 그 길을 효율적으로 찾아갈 수 있는 지침이 있어 Top-down식 전략이 용이한 분야였습니다. 이 전략의 성공적인 수행 결과 우리는 경제 대국으로 성장해 왔습니다. 하지만 이제 캐치업 전략은 변화의 시대에 살고 있는 우리의 현실에 더 이상 적합하지 않습니다. 이를 바로잡아야 합니다. 즉, 아래에서 다양한 선택적 대안들이 스스로 경쟁을 하고, 이에 따라 시장에서 적자생존의 원칙에 맞춰 선택된 최적의 혁신 결과를 얻을 수 있는 토대, 즉 생태계 구축이 필요한 시점입니다. 시장을 지배하는 선도적인 기술, 제품 및 서비스는 시장에서 다양한 경쟁 대안들의 경합을 통해 선정된 결과로 나타나 경쟁력을 갖추고, 도태된 기술 및 제품, 서비스의 지식은 사회에 환원되어 새로운 혁신의 씨앗으로 되돌아올 수 있는 사회를 갖추어야 합니다.

혁신과 성장의 방향을 스스로 찾고, 혁신의 중요한 원천을 내생적으로 스스로 정립해서 문제 인식과 해결책을 찾아 나가야 하는 시점에, 우리가 나아가야 할 바에 대해 총론에서부터 세부적인 생태계 구성원의 전략까지 정리해 주신 KAIST의 기술경영전문대학원 교수님들의 노고에 감사를 드립니다.

KAIST 기술경영학부 교수 / 기업가정신연구센터장 양태용

들어가는 글

우리 경제는 지금까지 후발국으로서 훌륭한 성공사례였다. 소위 캐치업 전략이라는 외생적 발전이 잘 작동하였다. 그러다 보니 IT산업 같은 데서 선발 기술들이 나오면서 혁신으로 이어지고 있다. 그럼에도 우리의 평균 경쟁력은 '중급 가격에 비해 품질이 괜찮다' 로 규정된다. 주력산업의 기업들이 온갖 어려움을 무릅쓰고라도 저임금을 찾아 해외로 공장을 이전하는 것이 이를 잘 반영한다. 그러나 이제 이 경쟁력조차 중국, 인도, 베트남 등으로 인해 쉽지 않은 상황이다. 기술혁신을 통해 우리의 품질을 업그레이드해야 하는 것이 절대절명의 과제가 된 것이다. 그러나 그 혁신도 지금까지 해오던 외생적 혁신으로는 한계에 직면해 내생적 혁신으로 전환하지 않으면 안 되는 상황에 와 있다.

내생적 혁신은 자기조직화에서 발현된다. 자기조직화는 자기가 행하고 있는 것을 스스로 의미 있는 체계로 만들어 가는 과정적 행위이다. 실제로부터 규칙이나 원리를 추출하고, 다시 규칙과 원리가 실제로 피드백 되어 상호작용하는 과정을 거친다. 가령 생산현장에서 제품을 생산할 때 생산방식을 표준화하거나 부품을 모듈화하는 것이 그 예이다. 표준화나 모듈화되면 훨씬 확장성이 높아져 시장이 확대되는 효과를 가진다. 시장이 확대될수록 그 표준과 모듈은 더 공고히 되어 서로 견인하면서 조직화해 나간다. 학문에 있어서도 마찬가지로 실제와 이론 간의 상호작용이 중요하며, 그 과정이 축적되면 궁극적으로 새로운 이론들이 나온다. '도요타 방식' 도 바로 이러한 과정을 거쳐 탄생되었다. 시장에서 자기 제품을 인정받고자 하는 기업의 치열한 변용이 있었기에 가능했으며 이론과 실제 간의 역동성을 만들어낸 것이다.

내생적 혁신을 위해서는 지금까지 일관되어 온 하향식 혁신을 과감히 벗어던져야 한다. 정부가 특정 분야를 선정하여 예산을 배분하고 평가하는 하향식의 혁신체제로는 우리 경제가 더 이상 혁신이 주도하는 경제체제로 이행할 수 없다. 시장에서의 승자를 선정하여 이에 자원을 투입하는 것이 아니라 생태계에서 치열한 경쟁을 통해 승자가 스스로 드러나는 상향식 혁신체제로의 전환이 필요하다. 투입-산출 효율성 극대화 일변도에서 벗어나 오랜 시간에 걸친 일상의 축적과 변용이 혁신으로 이어지는 생태계적 환경이 전제되어야 지속적인 혁신이 가능하다는 인식의 전환이 필요하다.

지금 우리가 당면하고 있는 여러 문제들은 바로 외생적 혁신의 한계에서 파생되고 있다. 점진적 혁신의 역사가 일천한 데서 오는 일종의 방황이라 할 수 있다. 내생적 혁신은 멀리 있지 않고 일상의 혁신에서 출발한다. 부동산, 임대료, 수수료, 학벌 등 지대추구행위에 쏠린 국민들의 에너지를 일상의 혁신으로 돌리는 데서 시작한다. 현장교육을 강화하고 기술자, 기능자 등 현장 전문가를 우대하고, 창업을 활성화하며, 산학연 관계도 지금보다 훨씬 개방적으로 가야 한다. 지역의 예산 편성권을 대폭 확장하여 스스로 운명을 결정할 수 있도록 실질적인 지역혁신체제로 이행해야 한다. 소비보다는 생산체계가 굳건한 산업 생태계를 복원해야 한다.

그런 취지에서 여기 글들은 우리나라의 산업 생태계 구축을 위해 밑으로부터의 혁신을 어떻게 할 것인가에 대한 고민들의 산물이다. 특히 기업을 중심으로 한 현장 플레이어 관점에서 혁신을 하려면 어떻게 해야 하는지에 중점을 두었다. 이들은 2018년 12월 현 시점에서 우리 경제가 제대로 된 혁신을 하는 데 있어 가장 가려운 부문들이며, 궁극적으로 내생적 혁신을 위한 생존 전략들이다.

1장 "내생적 혁신체제로의 전환"(이덕희)에서는 거시적인 차원에서 그간에 우리나라가 취한 외생적 하향식 혁신 전략을 반성한다. 그리고 사회 전반에 걸쳐 현장성과 역사성을 회복하여 내생적 상향식 혁신을 위한 인식론적 · 방법론적 전환을 촉구한다.

2장 "한국 산업구조 진단과 아키텍처 관점의 혁신 전략"(김갑수)에서는 우리나라 산업구조의 가장 취약한 부문을 분석한다. 부품 · 소재 · 장비 분야의 경쟁력을 평가하여 어떤 분야가 가장 경쟁력을 보완해야 할 부문인지 추출하고 대기업과 중소기업 간 양극화 해소 방안을 제시한다.

3장 "생활 속의 서비스 혁신"(윤태성)에서는 혁신이 하늘에서 어느 날 뚝 떨어지는 것이 아니라 우리의 생활 속에 있음을 강조한다. 산업의 서비스화 추세에 맞추어 일상의 서비스에서 다양한 혁신 사례를 찾아 소개함으로써 혁신은 멀리 있지 않음을 역설한다.

4장 "가치를 창출하는 위대한 창업 사회"(윤정호)에서는 창업이 활발한 사회를 꿈꾼다. 창업에도 여러 형태가 있는데, 진정한 내생적 창업을 위해서는 어떻게 해야 하는지 그 방법을 제시한다. 가치를 창출하는 창업이야말로 내생적 혁신의 전형임을 일깨운다.

5장 "지적재산권 전략과 기업 경쟁력"(김병필)에서는 지적재산권 관리를 소홀히 하여 큰 낭패를 보는 기업들에게 지적재산권 전략을 어떻게 접근해야 하는지 기본 틀을 제시한다. 그리하여 기업 가치를 보호하여 지속적 혁신을 가능케 하는 길을 안내한다.

6장 "디지털 시대의 기업 생존 전략"(구본제)에서는 거대한 디지털 전환 시대에 기업들은 어떠한 자세를 지녀야 하는지에 대해 언급한다. 소위 '디지털 파괴' 또는 '디지털 트랜스포메이션' 이라는 장벽을 극복하기 위해서 어떻게 해야 하는지를 논한다.

7장 "스타트업의 탄생과 성장, 그리고 액셀러레이터"(송락경)에서는 벤처 생태계를 활성화시키기 위한 액셀러레이터의 역할에 초점을 맞춘다. 대덕연구단지에서 몸소 겪은 경험을 바탕으로 스타트업의 탄생과 성장 과정에서의 액셀러레이터의 역할에 스포트라이트를 비춘다.

8장 "4차 산업혁명시대, 한국의 기회와 전략"(엄재용)에서는 4차 산업혁명 시대를 맞이하여 한국이 재도약의 기회를 포착하기 위해 취해야 할 전략들을 제시한다. 특히 기술적인 측면에서 도전을 극복하고 기회를 포착하기 위해 어떻게 해야 하는지를 조언한다.

9장 "동아시아 혁신체제와 한국적 모델"(장현준)에서는 대기업 중심의 한국 경제발전 패턴의 긍정적인 유산을 계승하는 새로운 혁신 모델을 모색한다. 기존의 하향식 혁신체제와는 근본적으로 차별화된 시장 및 기업 친화적 상향식 혁신체제를 새로운 모델로 제시한다.

우리는 그동안 경제발전 과정에서 자본의 논리를 과도하게 강조한 나머지 '경제적 동물', '탐욕' 같은 부작용이 심해 한편으로 자본의 윤리를 강조해 왔다. 그러나 자본의 윤리 또한 지나치면 스스로 공든 탑을 쌓고자 노력하는 기강을 세울 수가 없다. 물건 하나를 만들더라도 제대로 만들어 시장에서 냉정한 평가를 받아야 한다. 그것이 바로 기업가정신의 기본이다. 시장에서 자기 제품을 인정받고자 하는 기업의 치열한 노력과 그 결정체인 기업들의 가치가 사회 곳곳에 스며들어야 내생적 혁신의 결실을 맺을 수 있다. 결국 자본 논리의 기초 위에 자본의 윤리가 조화롭게 어우러져야 건전한 자본주의가 지속 가능하다.

혁신도 그 연장선상에 있다. 혁신은 어느 날 갑자기 우리 곁에 오는 것이 아니다. 시장에서 치열한 경쟁을 먹고 자란다. 불교의 돈오점수(頓悟漸修)가 얘기하는 '문득 깨달음은 점진적인 수양을 바탕으로 한다'는 말처럼, 일상의 축적이 있어야 혁신이 가능한 것이다. 정상적인 과정을 밟으며 온몸으로 차근차근 쌓아 가면 내생적 혁신은 분명 우리 곁에 다가올 것이다.

우리 경제는 당분간 상당히 어려운 과정을 겪게 될 것으로 예상된다. 또한 4차 산업혁명이라는 새로운 기회가 우리 앞에 놓여 있다. 우리의 구조적인 문제를 해결하고 또 동시에 4차 산업혁명 기술이 시사하는 패러다임을 잘 포착하여 함께 얼라이언스 되는 해법을 찾으면 새로운 도약을 맞이할 수 있을 것이다. 그 단초는 바로 '내생적 혁신' 으로부터 열린다고 여기 필자들은 얘기하고 있다. 앞으로 깊은 불황의 터널을 지나가더라도 국가의 미래 번영을 위해 소리 없이 실력을 키워 내생적 혁신체제로 체질을 바꾸는 그런 구조조정의 시기가 되기를 소망한다.

이 책이 나오기까지 많은 분들이 수고를 아끼지 않았다. 강의와 연구 활동에 바쁘신데도 불구하고 기꺼이 집필에 동참하여 주신 카이스트 기술경영전문대학원 교수님들께 깊이 감사드린다. 출판 과정에서 수고를 아끼지 않으신 카이스트 기술경영전문대학원 행정실 박기희 선생님, 율곡출판사의 박기남 대표님, 박정헌 상무님, 방조일 이사님께도 감사드린다. 끝으로 이 책이 올해 카이스트 기술경영전문대학원 설립 10주년을 기념하게 되어 더없이 기쁘다.

KAIST 기술경영전문대학원장 **이덕희**

차 례

2장 한국 산업구조 진단과 아키텍처 관점의 혁신 전략

— **김갑수**(KAIST 기술경영전문대학원 교수)

3장 생활 속의 서비스 혁신 — **윤태성**(KAIST 기술경영전문대학원 교수)

4장 가치를 창출하는 위대한 창업 사회

— 윤정호(KAIST 기술경영전문대학원 교수)

5장 지적재산권 전략과 기업 경쟁력

— 김병필(KAIST 기술경영전문대학원 교수)

6장 디지털 시대의 기업 생존 전략

— **구본제**(KAIST 기술경영전문대학원 교수)

7장 스타트업의 탄생과 성장, 그리고 액셀러레이터

— **송락경**(KAIST 지역협력센터장)

8장 4차 산업혁명 시대, 한국의 기회와 전략

— **엄재용**(KAIST 기술경영전문대학원 교수)

9장 동아시아 혁신체제와 한국적 모델

— 장현준(KAIST 기술경영전문대학원 교수)

1. 머리말

2. 외생적 발전 : 우리는 일상에서 혁신을 하고 있는가?

3. 내생성의 원리

4. 내생적 혁신을 어떻게 할 것인가?

내생적 혁신체제로의 전환

이덕희(KAIST 기술경영전문대학원장, 혁신경제)

1

〈요약〉

정부가 특정 분야를 선정하여 예산을 배분하고 평가하는 top-down식의 혁신체제로는 우리 경제가 더 이상 혁신이 주도하는 경제체제로 이행할 수 없는 상황에 직면해 있다. 본고는 이를 타개하는 하나의 방안으로 혁신의 결과가 아닌 혁신의 과정에 역점을 둔 '내생적 혁신체제'라는 해법을 제시한다. 내생적 혁신체제는 밑에서 위로 향하는 bottom-up 과정으로 모두가 자율적인 혁신 주체로서 참여하여 혁신이 생태계에서 드러나는 자기조직화 구조이다. 그 요체는 이론과 실제, 학교와 현장이 유리된 것이 아니라 서로 맥락적으로 연결되어 소통하는 방법론적 전환에 있다. 사회 전반에 걸쳐 현장성과 역사성을 회복하는 방향으로의 전환이 요구되며, 정책도 그러한 방향으로 얼라이언스 되어야 한다. 그렇게 될 때 우리 사회의 누적된 외생적 발전 풍토를 개선하는 동시에 4차 산업혁명 시대를 능동적으로 맞이할 수 있을 것이다.

1. 머리말

우리나라는 저렴한 노동력과 노동집약적 산업에 기반하여 1960년대 이후 경제개발을 시작한 이후 1970~1980년대 자본 확충에 기초한 중화학공업화로 산업화의 기틀을 마련하였다. 그 이후 1990년대부터는 지식·정보 기반 산업으로 이전하여 IT산업을 비롯하여 높은 성장을 시현하였다. 하지만 중후장대형 산업 중심의 투입자원 효율성에 의존하는 산업구조의 관성과 대기업 중심의 top-down식 의사결정 패턴은 이제 그 한계에 직면하고 있으며, 소위 '4차 산업혁명'이라 불리는 지식정보화 시대를 맞이하여 새로운 발전 패러다임이 요구되고 있다.

지식, 정보라는 것은 내생성과 창의성을 생명으로 하여 다양한 주체들의 활발한 소통을 통해 창발하는 생태계적 특성이 매우 강하기 때문에 기존의 방식과는 다른 접근을 요한다. 폴 로머(Paul Romer)가 주장한 지식의 내생적 성장이론도 지식이 외생적 변수로서 경제성장에 영향을 미치는 것이 아니라 노동이나 자본과 같은 생산요소로서 노동과 자본과 영향을 주고받는 내생변수로 취급함(Romer, 1986 ; 1990)에 그 의의가 있다. 지식 체계인 이론과 현장 세계인 실제 간의 밀접한 관계가 경제성장을 견인하는 하나의 축이 되는 것이다. 그러므로 지식정보화 시대가 진전될수록 이론과 실제 간 맥락적 연결에 기초한 암묵적 지식, 체화된 노하우, 숙련 등이 점점 중요해지게 된다.

말하자면 지식의 창출, 확산, 응용이라는 일련의 과정에 혁신 주체들이 주체적으로 참여하여 새로운 지식을 창출하고 이들이 다시 확산 · 응용되는 내생적 과정이 중요한 요소가 된다. 이에 유럽을 비롯한 많은 국가들이 혁신 주체들 간의 상호관계와 이에 기반한 지식의 창출 · 확산 · 학습 과정을 시스템적으로 접근하는 국가혁신 시스템(National Innovation System ; NIS), 지역혁신 시스템(Regional Innovation System ; RIS)의 실현을 정책적 과제로 삼아 왔으며(Freeman, 1987 ; Lundvall, 1992), 우리나라도 이에 편승하여 지속적으로 관련 정책을 수행해 왔다.

우리의 R&D 투자 정도(GDP 대비 R&D 투자액)가 세계 1, 2위일 정도로 그동안 지식, 기술의 창출에 상당한 역점을 두었음에도 불구하고 성과가 이에 못 미치는 것은 혁신에 대한 인식과 혁신을 추진하는 과정에 문제가 있다고 필자는 생각한다. 먼저 혁신은 어디에나 있는 일상의 문제라는 것이다. 혁신이 특정 분야에 있거나 특정 주체가 추진하는 것이 아니라 늘 일상에 있고 또 누구나 할 수 있다는 인식이 전제되어야 한다. 투입이 많으면 산출이 많을 거라는 투입-산출 효율성의 적용대상이 아니다. 오랜 시간에 걸친 일상의 축적이 변용으로, 변용이 혁신으로 이어지는 생태계적 환경이 전제되어야 지속적인 혁신이 이루어진다는 인식이다. 결국 혁신은 밑에서 위로 향하는 bottom-up 과정에서 자연스레 드러나는 속성이 있다. 하지만 우리의 혁신방식은 위에서 아래로 향하는 방식이 주가 되어 왔다. 경공업에서 중화학공업, 다음으로 IT산업, 인공지능 등으로 목표는 지속적으로 변화하였지만, 그 목표에 도달하는 방식은 크게 바뀌지 않았다. 중앙 및 지방 정부가 목표를 정하고 예산을 마련하여 민간이나 공공을 지원하고 일정 기간 이후 성공 여부를 평가하는 방식이다. 기본적으로 타율적이어서 리스크를 감수하려 하지 않기 때문에 시장에 임팩트가 높은 혁신이 일어나기 어려운 구조이다. 실제는 계속 바뀌고 있는데, 그 실제를 재단하고 해석하는 준칙은 바뀌지 않고 그대로인 형국이다. 실제가 변하면 그 준칙도 바뀌어야 한다. 그렇게 될 때 우리는 외생적 혁신에서 내생적 혁신으로 전환할 수 있다. 이론과 실제, 학교와 현장이 따로 가는 것이 아니라 끊임없이 소통하는 체계를 마련하여 서로 연결되면서 살아 움직이도록 해야 한다.

우리의 외생적 발전 풍토는 역사적 맥락을 갖고 있어 그 뿌리가 깊다. 즉, 사농공상(士農工商)으로 대표되는 유학의 전통이 깊어 관념적 인의도덕(仁義道德)으로 세상의 질서를 재단하는 일에 가치를 둔 반면 농사를 짓고 생활에 필요한 물건을 만들고 유통하는 일에는 가치를 두지 않았다. 이론의 세계와 실제의 세계 간의 간극이 컸다. 이러한 내부적 갈등의 지속은 17～18세기 실학의 움직임으로 나타났다. 실사구시(實事求是)로서 이론과 실제 간의 간극을 극복하려는 가능성이 싹텄으나 일부 선각자들의 머릿속에 머물렀고, 정치나 제도 영역으로 옮겨지지 못하고 여전히 주자류의 성리학이 지배질서를 형성하였다. 이후 19세기 개화의 격동의 시기를 맞이하여 '정신은 유학, 과학기술은 서양'이라는 동도서기(東道西器)를 내세웠으나 이 또한 이론의 유학과 실제의 과학기술 간에 맥락적으로 연결되지 않는 근본 모순을 안고 있었기 때문에 자체 동력을 갖지 못하였다. 그러다가 식민시대를 맞이하게 되어 내생성의 싹은 수면 밑으로 가라앉게 되었다. 해방 이후 36년이라는 공백에서 발생한 서양과의 엄청난 격차를 메우기 위한 일련의 과정이 지금까지 이어져 오고 있다.

그런 의미에서 경제적 발전이 단순히 GDP 몇 % 성장했다는 의미만이 아니라 내생성 확보라는 역사적 의미도 함께 갖고 있다. 경제적 어려움에 직면한 지금의 난국을 헤쳐나감에 있어 좁은 의미에서의 경제문제 해결이 아닌 우리 사회의 여러 모순과 문제를 복합적으로 해결하는 해법을 모색하는 지혜가 필요하다. 그 해법은 머리만을 활용하는 분석이나 평균적인 통계에 의존한 모호한 것이 아니라 현장의 목소리를 정직하게 반영하고 우리의 오랜 모순을 정확하게 진단하는 데서 출발한다. 그런 맥락에서 필자는 '내생적 혁신체제' 라는 해법을 제시하고자 한다.

내생적 혁신체제는 혁신의 결과를 중심으로 관리하는 것이 아니라 혁신의 과정과 방법에 역점을 둔다. 정책 당국이 시장에서의 승자를 선정하여 이에 자원을 투입하는 것이 아니라 생태계에서 치열한 경쟁을 통해 승자가 스스로 드러나는 자기조직화 구조이다. 자기조직화 구조는 각 혁신 주체들이 끊임없이 자기 정체성을 확인하고 규정화해 가는 과정이기 때문에 내부로부터 이론과 준칙이 만들어진다. 이론과 실제가 유리되지 않고 학교와 현장이 서로 멀리 있지 않다. 그런 면에서 내생적 혁신체제는 혁신 주체들이 일상을 통해 스스로 자율적 주체임을 확인해 가는 일련의 과정의 집합이라고 볼 수 있다. 사회 곳곳의 현장성과 역사성을 회복하여 내생성을 어떻게 확보하느냐가 그 요체이다.

2. 외생적 발전 : 우리는 일상에서 혁신을 하고 있는가?

2.1 지대추구행위의 만연

한 나라의 혁신역량은 개개인이 일상생활에서 얼마나 혁신에 관여하고 있느냐에 달려 있다. 개개인들이 생업에서 자기의 역량을 집중시키지 않고 다른 분야로 흩어지게 되면 생업에서의 혁신의 밀도는 낮아지게 되어 자연히 사회 전체적인 혁신역량이 낮아질 수밖에 없다. 따라서 개개인의 혁신역량의 총합이 결국 그 나라의 혁신역량을 결정짓는다고 할 수 있다. 개인의 혁신역량이라 함은 과학기술 지식의 활용을 통한 새로운 지식의 창조나 신기술 개발 같은 것에 국한되지 않고 보다 넓은 의미에서 개인이 일상적으로 힘쓰는 일이나 직업에 얼마나 관심을 갖고 역량을 집중시키느냐를 말한다. 즉, 혁신은 어디에도 있을 수 있는 일상적인 것이다.

우리나라의 경우 학력이나 부동산과 같은 지대추구행위(Rent-seeking behavior)[1]에 과도하게 에너지를 집중시킨 나머지 자기 일에 쏟는 역량 집중도가 높지 않아 혁신역량이 낮은 편이다. 가계가 보유한 순자산(자산 - 부채) 중 부동산 비중이 한국은 75.4%로 호주 74.3%, 프랑스 68.5%, 독일 67.4%, 이탈리아 66.3%, 영국 57.5%, 캐나다 57.0%, 일본 43.3%, 미국 34.8% 등 여타 OECD 국가들에 비해 매우 높은 편에 속한다.[2] 이를 반영하듯 대표적인 일간지인 조선일보 2016년 7월 15일자 광고 지면 45,130cm^2 중에서 부동산 광고 지면이 26,550cm^{2}로 전체 광고 지면의 58.8%를 차지하고 있는데, 이는 아파트, 토지, 상가, 건물 등 부동산 관련 업무에 국민적 관심사가 매우 높음을 나타낸다. 다른 신문들도 별반 다르지 않으며 부동산 경기에 따른 변동은 있겠지만 50% 내외의 비중은 큰 변동이 없다.

학력에 대한 욕구도 강해 혁신과 직접적인 상관이 없는 입시 관련 사교육에 우수한 인재들을 비롯해 전 국민이 과도하게 참여하는 행태를 보이고 있다. 한국의 사교육 참여율은 2002년 55%로 OECD 36개국 중 그리스, 터키에 이어 3위를 차지하는 것으로 나타났다(Programme for International Student Assessment ; PISA, 2003). 보다 최근에 조사된 자료에 의하면 2008년 75.1%까지 증가한 것으로 나

1. 생산이나 창조를 통해 사회 전체의 후생을 증가시키는 게 아니라 기존 자원의 이전이나 배분을 통해 이익을 추구하는 모든 행위를 말한다. 땅으로부터 발생되는 지대(Rent)를 추구하는 부동산 투기, 시장에서의 독점적 지위를 유지하기 위한 로비 활동, 자격증이나 면허증 수의 제한, 심지어 절도 등도 여기에 해당한다.

2. OECD 자료에 따른 것으로, 한국은 2017년, 호주, 캐나다는 2016년 기준이며 나머지는 2015년 기준이다. 한국은행과 통계청이 작성한 『2017년 국민대차대조표(잠정)』를 참조하였다.

그림 1-1 국별 사교육 참여 비율(2003년)

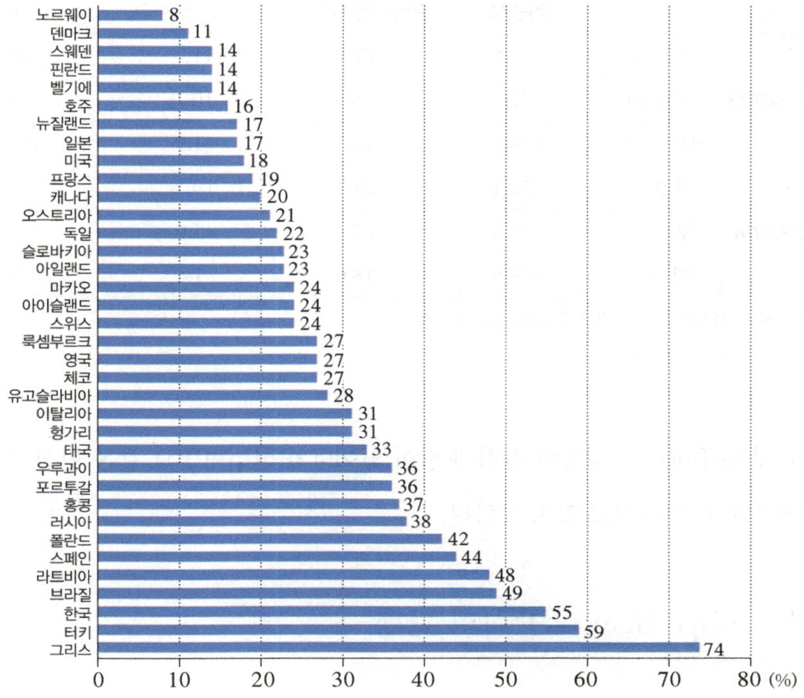

타나고 있다(이종재 외, 2010).

이러한 맹목적 학력 추구로 인해 정작 산업현장에서 필요한 인력을 공급하지 못하는 현상을 초래하여 인력의 수요와 공급 간 불균형 문제의 누적이 심각할 뿐만 아니라 부동산, 사교육 등에 대한 과도한 지출로 다른 부분으로의 지출 여력이 제한되어 경제 불황의 구조를 가중시키는 등 국가 자원배분과 인력배분 구조의 기형을 초래하고 있다.

국가 차원에서 보면 개개인의 관심과 역량이 혁신 행위와는 직접적인 관련이 없는 곳으로 분산되다 보니 자연히 일상생활이나 직업 현장으로부터의 혁신역량이 취약한 구조를 보이게 되고, 이것이 모여 국가 혁신역량의 취약성으로 나타나고 있는 것이 현실이다. 보다 광범위하게는 사회 곳곳에 스스로 변화를 회피하고

표 1-1 직종별 구인 · 구직 비중[1)]

		기능직	관리 · 전문사무직	서비스 판매직	기타
2008~2009	구인(A)	57.5	28.8	11.7	2.0
	구직(B)	42.7	45.1	10.7	1.5
	격차(B-A)	-14.8	16.3	-1.0	-0.5
2010~2014	구인(A)	58.1	28.8	10.2	3.0
	구직(B)	39.5	47.4	11.6	1.5
	격차(B-A)	-18.6	18.6	1.4	-1.5

주 : 1) 전체 구인(구직) 대비 각 직종의 구인(구직) 비중(%).

자료 : 한국고용정보원 워크넷.

기득권에 안주하려는 성향이 강하게 남아 있어 4차 산업혁명과 같은 혁신의 시대를 주도적으로 맞이하고 있지 못하다.

2.2 Top-down 방식의 관행

올림픽 때마다 지적되는 엘리트 체육의 한계가 지난 리우 올림픽에서도 예외 없이 되풀이되었다. 국민들의 체육에 대한 관심과 개별 체육 종목들이 일상생활에 얼마나 가까이 있느냐의 문제로, 생활체육이 뿌리 내리지 않은 상태에서 top-down식의 엘리트 체육은 한계를 지닐 수밖에 없음을 다시 한 번 환기시키는 계기가 되었다. 엘리트 체육은 단기적으로 성과를 낼 수 있을지언정 중장기적으로는 어려움에 직면할 수밖에 없으며, bottom-up의 저변이 뒷받침되지 않을 경우 큰 효과를 기대할 수 없다. 튼튼한 생활체육이나 사회체육의 바탕 위에 엘리트 체육이 더해질 때 지속적 성과가 가능하다.

혁신도 마찬가지여서 bottom-up의 혁신 생태계가 일천한 상태에서 top-down식의 정부 정책은 근본적인 한계를 지닐 수밖에 없다. 자율적 혁신 토대가 형성되지 않기 때문에 진정한 혁신이 일어나기 어렵고, 오히려 엄청난 마중물

(R&D 투자)만 쏟아붓는데도 불구하고 샘물(혁신)이 솟구쳐 나오지 않는 형국이다. 돌이켜보면 새로운 정부가 들어설 때마다 혁신을 위해 수많은 노력과 자원을 투여하여 왔다. 그럼에도 불구하고 별 성과 없이 동일한 패턴이 되풀이되고 있다. 혁신정책은 지속적으로 이루어져 축적과 더불어 체화되어야 함에도 이전 정부의 정책을 계승하지 않는 정부 정책의 불연속성도 큰 문제점 중의 하나이다. 그러다 보니 관리 체계만 질서 없이 복잡해졌다.

보다 근본적인 원인은 환경 변화에 따라 상이한 기술과 혁신의 패러다임을 상정하고 다양한 정책을 지속적으로 추진함에도 불구하고 여전히 변하지 않는 top-down식의 관행적 추진방법에 있다. 혁신의 자발성이 확보되지 않은 상태에서 엄청난 자원만 투여하는 식이다. 그 관행이 오래 지속되다 보니 기업, 연구소, 대학 등 혁신 주체들도 타율적으로 되어 리스크를 지려고 하지 않고 연구비 수주에만 초점을 맞춘 안전한 연구 일변도로 가고 있는 실정이다. 정부 주도의 과거 새마을운동 메커니즘의 관성을 과감히 탈피하여 '자발적 새마을운동'이 일어나도록 해야 한다. 이제 우리 사회와 시민은 그러한 역량을 충분히 갖추었다.

2.3 현장 경시 풍토

우리나라는 후발국으로서 정부 정책과 행정지도에 의한 발전 전략이 불가피한 상황에 있다. 여전히 시장실패가 존재하고 부문 간 불균형이 존재하기 때문에 자원배분의 효율성을 위한 정부의 개입은 필요하다. 더구나 우리나라의 경우 외생적 발전에 오랫동안 익숙해져 단기간 내에 내생적 발전으로 전환하기 불가능하기 때문에 정부 주도의 혁신정책은 여전히 유효한 상황이다. 결국 bottom-up과 top-down의 조화가 필요한데, 혁신의 근간을 bottom-up 방식으로 방향전환을 하는 동시에 top-down의 효율성을 확보하는 것이 현재로서는 합당한 방향이라 여겨진다.

실제 기업의 경우는 전사적 자원관리를 통해 연구개발 부서와 현업 부서 간에 밀접하게 소통하는 등 다양한 관리 시스템을 활발하게 적용하고 있다. 냉혹한 시장의 반응으로부터 기업이 생존하고자 하는 전략으로, 그렇게 하지 않을 수 없다. 그러나 차원을 달리하여 지역혁신 시스템이나 국가혁신 시스템으로 넓히면 사정은 달라진다. 어떤 일을 계획하여 분석하고 방향을 세우는 초기 단계에서 기획, R&D 관련 부문 중심으로 일이 수행되고 현장 관련 부문들의 참여는 배제되거나 저조하다. 대학교, 산업체, 연구기관이 서로 소통이 부족하여 산학연 관계가 제대로 이루어지지 못하고 있다. 그러다 보니 실제 시장에 큰 영향을 주는 기술개발이 드물 뿐만 아니라 투자한 만큼의 성과도 나오지 않고 있다.

비단 거시 차원의 연구개발, 기술혁신 부문뿐만 아니라 소상공인, 자영업 등 생활밀착형 부문으로 내려가면 소통은 더욱 열악하다. 타 부문과의 소통은 물론 부문 내에서의 혁신 시스템조차 제대로 갖추어지지 않은 것이 현실이다. 이런 관행들이 쌓여 현장을 등한시하는 문화를 부지불식간에 만들어 온 것이 아닌가 한다. 현장을 소홀히 하거나 그로 인한 현장 전문가의 부재 등으로 치루는 사회경제적 비용이 엄청나다는 사실을 그동안 수많은 일들을 통해 경험하여 왔듯이, 혁신의 논의에 현장과 적극 소통하는 체계를 마련해야 할 것이다.

더 근본적인 것은 사농공상(士農工商)으로 일컬어지는 역사적 유산에 기인한다. 즉, 글을 읽고 지식을 연마하는 일은 고귀한 것인 반면 실제 생활에 필요한 물건을 만들고 공급하는 일은 천한 것이라는 사회적 인식에 기인한다. 그 풍토는 대대로 남아 아직도 머리로 하는 일은 우대하는 반면, 손이나 발로 하는 일은 암암리에 경시되고 있다. 사회의 실용적 필요성에 비추어 볼 때 학교의 비중은 과도하게 비대한 반면 현장은 지나치게 왜소하다. 현장의 인력들이 전문성이 쌓이면 점차 연구소, 학교로 이전하는 인력 흐름이 이를 잘 말해 주고 있다.

3. 내생성의 원리

3.1 이론과 실제 간 맥락적 연결

3.1.1 연역과 귀납의 균형

우리가 평소 착용하는 안경이 처음 우리나라에 들어온 것은 17세기 초반으로 알려져 있다. 이호민(1553~1634)이 1606년에 쓴 『안경명(眼鏡銘)』과 이수광(1563~1628)이 1614년 쓴 『지봉유설(芝峯類說)』에서 안경이 언급된 것으로 보아 그렇게 추측된다. 초기에 중국을 통해 안경이 수입되어 양반들을 중심으로 애용되다가 그 편리성이 점차 알려져 확산되면서 19세기에 오면 서민들도 많이 사용하게 된다.[3] 그 사이 18세기 중반부터는 안경을 제조하기 시작하였는데, 그 최초는 경주에서 수정을 이용하여 만든 것으로 추정된다. 당시 문헌에 따르면 수정으로 만든 안경은 노소와 원근의 차이를 잘 이해하지 못한 채 만들어져 상당히 조악한 것임을 짐작할 수 있다.[4] 이후 19세기에 오면 점차 서민들에게도 확산되면서 서울에도 안경공방이 여럿 생겼다. 그렇지만 자체 유리 제조기술이 없어 수정이나 수입된 유리로 수입 안경을 복제하는 수준에 머물렀다.

안경 원리에 대한 관심이나 이해는 훨씬 이후에 이루어질 정도로 매우 허술하였다. 서양 사람들이 밝힌 렌즈의 원리를 중국을 통해 들여온 이후 별다른 진전이 없었다. 정두원(1581~?)이 1630년 중국으로부터 볼록렌즈와 오목렌즈의 원리를 소개한 『원경설(遠鏡說)』을 들여온 이래 170여 년 동안 이에 대해 침묵을 지켜 왔다. 그러다가 정약용(1762~1836)의 『마과회통(痲科會通)』에 와서야 비로소 렌즈

---

3. 강명관, 『조선에 온 서양 물건들』 휴머니스트, 2015, pp.18~73.
4. 강명관, 『조선에 온 서양 물건들』 휴머니스트, 2015, pp.30~34.

의 원리에 대해서 제대로 언급이 되었다. 당시 우리의 과학기술에 대한 관심과 이해가 매우 열악했음을 짐작할 수 있다.

비록 안경이라는 비근한 예이지만 서양문물 수용과 관련된 외생성의 한 단면을 보여주는 사례이다. 안경 도입시기와 제조시기 간 약 150년, 원리에 대한 지식은 제조 이후 약 50년 정도의 시간 간극이 존재한다. 제조와 원리가 유리되어 있기 때문에 서로 간에 긴 간극이 존재하였을 뿐만 아니라 오랜 기간 동안 복제에 머물러 있었고, 또 주요 소재인 유리 제조도 한참 뒤에 이루어졌다. 애초에 우리의 것이 아니라 외부로부터 수용되었고 그 원리를 알기 전에는 다양한 변용도 불가능했다. 그런 연유로 복제만이 모두의 관심사가 될 수밖에 없었고 그럴수록 내성성의 발현은 멀어졌다. 수입된 안경의 향유에 관심을 둔 나머지 안경의 제조나 광학원리에 대해서는 무관심하였다. 그러다 보니 안경의 제조와 원리가 일체화되지 못해 독자적인 변형을 통한 발전으로 이어지지 못하였다. 이론과 실제 간 맥락적 연결이 안 된 것이 근본 원인이라 할 수 있다. 이러한 현상은 비단 안경에만 국한되지 않고 망원경, 거울, 자명종 등 당시 서양에서 우리나라로 건너온 물건들이 유사한 패턴을 보였다.

이론과 실제 간 간극은 존재하기 마련이지만 그렇다고 실제와 아주 동떨어진 이론은 존립하기 어려우며 이론과 상호작용하지 않은 실제 또한 무의미하다. 현실의 문제점을 의미 있게 바꾸어 나가고 세상을 바람직한 방향으로 진화시키기 위해서는 이론과 실제 간 맥락적 연계가 필수적이다. 즉, 이론에서 실제로 작용하는 연역적 접근(top-down)과 실제에서 이론으로 작용하는 귀납적 접근(bottom-up)이 균형을 이루어 상호작용될 때 패러다임이 바뀌고 이에 수반하여 다양한 혁신이 일어난다고 할 수 있다.

이론과 실제는 엄연히 구분되나 문제는 양자가 서로 맥락적으로 연계되어 있느냐이다. 이는 내생성의 중요한 요소로, 이론으로 체계화되지 않은 실제는 확장성에 한계를 가질 수밖에 없으며 실제가 없는 이론은 공허할 수밖에 없다. 서로 소통되는 이론과 실제의 양 날개를 구비하지 않고서는 외생적 발전은 불가피하다. 현장 없는 연구는 마치 기술 없는 과학과 동일하여 논리적이고 사변적이나 구체성이나 역동성이 부족하여 진정한 혁신으로 이어지기 어렵다. 반면에 기술과 과학이 서로 소통할 경우 경험과 이성의 능력이 융합되면서 실질적인 혁신이 가능하다. 따라서 교육과 혁신에 있어 쌍방향의 소통이 모두 필요함은 아무리 강조해도 지나치지 않다.

우리의 그간 교육이나 발전 방식을 반추해 보면 연역적 접근이 지배해 왔다고 할 수 있다. 이미 선발 국가들에서 증명된 이론과 정책을 수용하여 정부나 지식인층에서 빠르게 흡수하여 중앙집권적 top-down식 접근으로 집행함으로써 매우 높은 정책적 효율성을 달성할 수 있었다. 이는 후발국으로서 선발국을 캣취업하는 데 대단히 효과적이었다. 그러나 캣취업의 단계를 넘어 혁신 단계에서 연역적 접근 일변도는 일정 한계를 지닌다. 혁신 단계에서는 변화무쌍한 현장과의 상호작용을 통해 새로운 이론과 패러다임을 창출하는 작업이 중요하다. 그렇지 않고 이론의 현실 적용에만 익숙해지면 사물이나 일의 속으로 들어가 실상을 파악하기가 곤란하고 늘 주변만 맴돌게 되어 진정 새로운 것이 창출될 수 없다. bottom-up의 귀납적 접근이 기초가 됨에도 불구하고 우리의 의식과 교육방식은 여전히 top-down의 연역적 접근에 머물러 있다.

집을 짓는 일에 비유하자면 외부 환경 변화의 불확실성이 높은 상황에서 새로운 패러다임을 선도하기 위해서는 집의 골격과 내용을 동시에 쌓아가는 방식이 요구됨에도 불구하고 집의 외부 골격을 미리 짜놓고 거기에 맞추어 내용물을 채워나가는 방식을 여전히 고수하고 있는 격이다. 골격에 해당하는 이론을 외부로부터 무비판적으로 받아들이는 데 익숙한 나머지 이를 당연시하는 풍토가 만연되어 있다고 하겠다.

이미 학문 분야에서는 오래전부터 이러한 간극을 좁히는 노력들이 시도되고 있다. 경제학의 예를 들면 인간의 합리적 행위와 수학적 방법론에 기초하여 경제

행위를 설명하는 연역적 접근 위주의 기존 경제학을 보완하는 노력이 다양하게 시도되고 있다. 행위자 기반 모형(Agent-based Modeling ; ABM), 행동경제학(Behavioral Economics), 계산경제학(Computational Economics), 복잡계 네트워크 경제학(Complex Network Economics) 등이 그 예이다. 합리적 이성을 가진 경제주체들의 행동에 기초하여 경제현상을 설명하는 기존 경제학의 한계를 극복하는 노력들이다. 경제현상이 점점 복잡해지고 수많은 변수들로 얽혀 있어 상당한 가정들로 단순화한 이론이나 평균적인 통계만으로는 설명하기 어렵기 때문에 이를 보완하기 위한 시도들이 의미를 갖는다. 또한 이러한 시도들이 가능하게 된 것은 방대한 데이터 시뮬레이션이나 복잡한 계산을 가능하게 하는 다양한 컴퓨터 소프트웨어의 발달에 기인한 바 크다. 근래 회자되고 있는 빅데이터, 머신러닝 분석은 방대한 데이터 분석을 통해 기존 이론들이 설명하지 못하는 현장의 복잡성을 보다 잘 설명할 수 있는 장점을 지닌다는 점에서 귀납적 접근 및 Bottom-up Model의 한 추세를 보여준다. 이를 잘 활용한다면 귀납적 접근을 보강할 수 있는 좋은 기회가 될 수 있을 것이다.

3.1.2 성교의 상호작용

조선 후기 우리는 '기술은 서양, 정신은 유학' 이라는 동도서기(東道西器)를 표방하여 근대화의 조류를 대처하고자 서양의 기술과 문물을 적극 수용하였다. 그러나 기술을 탄생시킨 배후의 원리를 배제한 기술의 수용은 근본 모순을 지니고 있었다. 서구의 과학적 세계관과 성리학의 세계관은 서로 충돌한다. 과학적 접근 방법은 자연의 구체적인 세계로부터 이치를 발견하는 귀납적 방법론(실사구시, 격물치지)의 측면이 강한 반면 성리학은 하늘의 이치, 즉 도덕적 인의에 의해 지배되고 이에 인간세가 순응함으로써 세상의 올바른 질서가 형성된다는 연역적 방법론이 강해 양자 간의 충돌은 불가피하였던 것이다.[5] 그런 연유로 앞서 서양문물 도입의 사례에서 본 것처럼 도입 이후 그 원리를 파악하여 실제로 응용하거나 변용하는 단계로 매끄럽게 이어지지 못하였다.

그러다가 식민 지배를 경험하였기 때문에 실제 원리에 적극 관심을 보인 것은 20세기에 들어와서였다. 격동의 시기에 36년이라는 공백은 너무나 컸었기 때문에 해방 이후 선진 문물을 수용하기에도 벅찼다. 따라서 원리에 관심을 보였다 하더라도 직접 경험해 보지 않고 수입된 책자에 기술된 것을 이해하는 수준이어서 진정한 원리의 발견과는 거리가 멀었다. 기술이 없는 과학, 현장이 부재한 이론이 되풀이되었다. 세월이 꽤 흐른 지금도 그 관성이 남아 학교와 현장 간의 거리는 여전히 멀기만 하다.

중용에 다음과 같은 문구가 있다.

"自誠明 謂之性 自明誠 謂之教 誠則明矣 明則誠矣"

"스스로 誠을 다하여 밝아지는 것을 性이라 하고, 스스로 밝아져 誠을 다하게 되는 것을 教라 한다. 誠을 다하면 곧 밝아지고, 밝아지면 곧 誠을 다하게 된다."

중용의 성명론(誠明論)을 얘기하는 것으로 요즘의 현실에 맞게 적용하면 성에서 명, 즉 일에 성을 다해 임하여 원리를 깨우치는 일과 명에서 성, 즉 이론을 배워 실제를 이해하는 일의 쌍방향을 통하여 천지가 부여한 본성에 도달할 수 있음을 얘기하고 있다. 진리에 도달하기 위해서는 끊임없는 쌍방향 소통의 과정이 핵심임을 지적하고 있다. 현대적 학문 방법론의 입장에서 해석하면 바로 실제로부터 이론을 깨우치는 귀납적 방법과 이론으로부터 실제를 이해하는 연역적 방법 간의 소통과 균형을 말하고 있다. 성명론의 입장에서 보면 우리의 경우 명을 통해 성에 도달하는 연역적 방법에 훨씬 경도되어 있다.

서양 문명의 힘은 실제와 이론 간의 맥락적 구조, 즉 실제로부터 이론을 추출

---

5. 小川晴久(1978). 노대환(2007) p.37에서 재인용하였다.

하고, 이 이론이 가진 확장성으로 다시 실제에 영향을 미치고 이론을 견인하는 상보적 체계를 구현했다는 데 있다. 반면 우리의 경우 실제의 뒷받침이 없는 이론의 세계에 집착을 한 나머지 실제로부터의 피드백이 부재하기 때문에 사변적이고 형이상학적이었으며, 이론과 실제 간 서로 밀고 당기는 쌍방향의 역동성을 확보할 수 없었다. 이는 조선 말 서양문물의 수용에서도 그대로 나타나 문물을 도입하여 이를 작동하고 향유하는 데 집중이 되었고 문물의 배후의 원리는 도외시되었다.

그런 맥락에서 서양의 과학적 방법론의 역할은 지대하였다. 과학적 방법론은 실제의 복잡한 현상을 수학적 메커니즘을 활용하여 양적 관계로 나타냄으로써 객관적 타당성을 확보하여 이론과 실제 간의 가교역할을 담당하였다. 그 과정에서 수학의 역할은 결정적이었다.[6] 좀 더 구체적으로 경제학의 경우를 예로 들어 보자. 경제학 논문을 작성할 때는 대개 어떤 문제의식에서 출발하여 변수들 간의 특정 인과관계를 가설화한다. 다음으로 이를 증명하기 위해 대개 두 가지 방법을 사용한다. 하나는 수학적 모델을 활용하여 규명하는 것이고, 다른 하나는 실제 데이터를 활용하여 검정하는 것이다. 전자의 경우는 최적화 균형을 찾는 방식으로 수학적 전개를 활용하며, 후자는 통계, 계량분석, 시뮬레이션 등 실증분석 툴을 활용하여 입증하는 방법을 택한다. 전자의 경우 수학의 논리성에 의거하여 추론하는 과정을 밟기 때문에 다소 현실과 유리되어 전개되지만, 후자는 이론과 현실 간의 매개라는 과정을 거치기 때문에 과학적 방법론이 상당히 중요한 위치를 점한다. 두말할 나위 없이 실험을 통해 입증하는 자연과학에서는 이러한 과학적 방법론이 매우 중요하다. 이 때문에 경제, 경영과 같은 사회과학의 경우 물리학과 같은 자연과학으로부터 과학적 방법론을 상당히 많이 차용하였다. 자연과학에서 발달된 과학적 방법론이 설득력을 지니면서 사회과학은 물론 인문, 예술 분야까지 광범위하게 활용되는 추세에 있는 것이다.

6. 물론 수학도 수많은 관계의 복잡성을 생략하기 때문에 늘 새롭게 되어야 한다.

중용에서 말하는 성교의 상호작용이란 결국 일의 본체에 들어가기 위한 방법론이며, 그렇게 함으로써 명확한 인과적 맥락 관계에 기초한 보편타당성을 확보하게 되는 것이다. 과학적 방법론이든 무엇이든 객관성을 담보할 수 있는 방법을 통한 이론과 실제, 실제와 이론 간 소통의 과정은 내생성 확보의 중요한 절차가 된다.

3.2 자기조직화

3.2.1 과정과 결과의 일체화

원석을 깎아 조각품을 만들고, 원목을 다듬어 가구를 만들 듯이 소재를 가공하여 필요한 물건을 만드는 일은 정직하다. 그 소재와 물건은 서로 밀접하여 뗄래야 뗄 수 없다. 좋은 원목이면 가구도 훌륭하다. 그러나 원목이 불량품이면 아무리 좋은 기술로 가구를 만들어도 그 가구는 오래 가지 못한다. 좋은 원목의 기본적인 재질이 최종 완성품인 가구의 질을 결정하는 중요한 요소이다. 좋은 원목과 훌륭한 기술이 조합되었을 때 우리는 진정한 작품의 세계를 맛볼 수 있는 것이다. 이때 훌륭한 기술은 원목과 가구의 세계를 일체화시키는 매개 역할을 담당한다. 결국 원목과 가구와 가공기술이 일체가 되었을 때 훌륭한 작품이 탄생되는데, 이것이 바로 내생성의 과정이라 할 수 있다. 명품 가구 전신에 걸쳐 명품 원목의 질감이 뻗쳐 있어 과정과 결과가 일체감을 보인다. 명장의 몰입이라는 과정이 원목과 가구를 일체화시키면서 내생성이 발현된다. 그 몰입은 가공기술이 외부에서 명령되는 것이 아니라 내부에서 저절로 명령되어질 때 일어난다.

소위 '도요타 방식'으로 알려져 있는 생산방식은 이와 유사한 성격을 지니고 있다. 일명 'Just in time', '간판방식' 등으로 일컫는 도요타 방식은 일정 목표치의 결과를 달성하기 위해 고안된 생산방식이 아니라 새로운 비즈니스 환경에 적응하기 위해 생산과정을 끊임없이 개선한 결과 터득한 방식이다. 원래 도요타 방식이전에는 포드, GM, 클라이슬러 3사가 주도하는, 단일 품종을 대형 컨베이어벨트가 순차적으로 움직이면서 생산하는 방식이 지배적이었다. 이러한 방식은 단일 품종일 경우에는 대단한 효율성을 지니고 있다. 그러나 소비자들의 다양한 차종에 대한 요구가 높아지면서 다품종의 생산방식이 필요하게 되었다. 수많은 종류의 차종만큼 생산라인을 만드는 것은 불가능하기 때문에 새로운 방식이 필요하였다. 3사는 금형, 주조, 동력전달장치, 차체 프레임, 도색 등 공정별로 작업을 만들어 차종마다 필요한 공정을 마친 후 창고로 들어갔다가 순서가 되면 다음 공정으로 가는 형태의 '배치 시스템'을 통해 다품종 대량 시스템을 구축하였다. 이 경우 각 공정에서의 작업 진척도에 따라 창고에서의 상당한 지체는 불가피하며, 각 공정과 창고 간의 잦은 이동에 따른 시간 소요 등의 비용도 발생하게 된다. 반면 도요타는 기존의 라인에서 다품종의 공정을 소화할 수 있게끔 공정마다 차종에 맞는 공정을 처리할 수 있도록 유연한 생산방식을 도입하였다. 그만큼 기능공들이 다양한 품종에 맞게 일을 신속하게 변형할 수 있는 숙련도를 필요로 한다. 여기에는 전체 생산라인의 상황이 개별 작업장에 지체 없이 전달되어 각자의 작업속도를 조절하는 정보공유 시스템이 매우 중요한 역할을 담당하게 된다. 그 결과 작업 흐름의 속도가 놀라울 정도로 빨라져 엄청난 생산성 증대의 효과를 거두었다.[7]

도요타 방식의 강점은 부분과 전체가 유기적으로 얼라이언스 되어 움직이는 시스템에 있다. 각 작업장에서 고도로 숙련된 기능공들이 주문에서 출고에 이르기까지 전 공정 상황을 감안해 각 작업장에서 일을 조절하는 능력을 시스템으로 조직화하였다. 오랫동안 터득하여 온 도요타만의 생산공정 개선으로 도요타 자동차의 지속적인 성장이 가능하였던 것이다. 결코 과정을 배신할 수 없는 과정과 결과가 일체화된 데에 대한 보상이다. 이론을 통해 터득한 것도 아니며 외부에서 주어진 것도 아니다. 회계상의 이윤, 매출액 등의 목표치가 우선적인 목적이 아니

---

7. 토마스 존슨 · 안데르스 브렘스 지음, 박정숙 옮김, 『측정할 수 없는 이익』, 에코비즈, 2005, pp.43~78.

라 공정 관계를 정밀하게 들여다보고 개선점을 찾고자 하는 과정에 충실했기 때문이다.

도요타가 채택한 방식이 경쟁 자동차 회사들의 관심을 보이고 많은 국가들에서 모방하고자 하는 움직임이 일어났다. 그러자 관련 분야의 연구자들이 이를 '도요타 방식'으로 명명하고 그 특수성을 생산이론, 경영이론에 접목하여 가치를 부여하기 시작하였다. 활발한 이론화의 작업이 뒤따랐다. 도요타 방식에 관한 논문, 연구, 보고서 등이 여러 저널, 책자, 메스컴 등에 소개되면서 점점 널리 확산되어 나갔다. 도요타 방식은 이렇게 하여 세계 구석구석에 회자되면서 하나의 패러다임으로 자리 잡아 가게 되었다.

도요타의 이러한 일련의 과정은 자기조직화(self-organization)의 한 전형이라 할 수 있다. 자기가 하고 있는 일을 자기동일성을 유지하기 위해 스스로 조직화하는 것을 자기조직화라 포괄적으로 정의할 수 있다. 어떤 과정을 표준화하거나 이론화하는 것도 자기조직화에 해당한다.[8] 자기조직화는 어떠한 일에서든 항상 일어날 수 있는 것으로 생명현상을 갖고 있는 개체에겐 본능적인 것이며 내생성의 또 다른 표현이라 할 수 있다. 누구나 수긍할 수 있는 이야기를 만들어 가기 때문에 매우 상식적이며 속과 겉이 다르지 않다. 내부적으로 끈끈한 인과관계를 형성하면서 더디게 진행되는 것이라 인내가 필요하다. 그런 맥락에서 내생성이란 결국 과정이라 할 수 있다. 일을 하는 주체가 얼마나 대상과 밀도 있게 소통하는가, 즉 몰입의 정도에 달려 있다고 할 수 있다. 내생성은 그 과정 속에 숨어 있다가 서서히 드러나는 것이다.

8. 토마스 존슨·안데르스 브렘스 지음, 박정숙 옮김, 『측정할 수 없는 이익』, 에코비즈, 2005, pp.253~262.

3.2.2 자율 시스템

내생적 발전이란 말 그대로 내부로부터 생(生)하는 발전을 말한다. 발전이 남에 의해서가 아니라 나에 의해 이루어진 경우를 말하며, 그 동인이 남이 아닌 나에 의해서 촉발되어 진행되는 것이다. 나의 행위의 어떠한 준칙이 나의 내부로부터 나오는 것으로 내부 요인들 간에 인과관계를 형성하면서 진화되어 간다. 한 나라의 발전이 내생적이냐 외생적이냐를 판단하는 것은 여러 복합적 요인이 관계하고 또 그 시대적 상황에 따른 공과가 있기 때문에 논의하기가 쉽지 않은 문제이다. 우리나라의 경우는 오랜 역사를 통해 내부로부터 변화의 동인이 발생하기보다는 외부로부터 주어진 경우가 많았다. 무엇보다 36년간 식민지배의 공백이 우리 사회 전반의 외생화에 큰 영향을 미친 것으로 보인다.

경제발전 패턴도 그 연장선상에서 조립가공무역, 중간진입 전략[9]의 외생적 발전을 취하였다. 이는 선발국을 캣취업하는 데 매우 성공적이었고 여타 개도국의 모범사례가 되고 있다. 그러나 스스로 혁신을 해야 하는 단계에서는 더 이상 작동되지 않으며 bottom-up의 내생적 발전으로의 방향전환이 요구되고 있다. 하지만 오랜 기간 동안 외생적 발전을 취하였고, 또 현재의 번영도 상당 부분 이에 기초하여 이루어져 거의 우리의 DNA가 되다시피 한 상황에서 내생적 발전으로 방향전환하기가 쉽지 않다. 더구나 무엇이든 쉽게 참고할 수 있는 정보화 시대에 자기 내력에 흔들림 없이 천착하여 고유의 가치를 만들기가 쉽지 않은 것이다. 그 정도로 내생적 발전의 기반을 닦는 것은 어렵고 축적의 시간을 요한다. 그럼에도 불구하고 자기의 운명을 스스로 개척해 나가는 자율적 풍토는 내생적 발전의 기본이 되는 것으로 결코 간과될 수 없는 일이다.

자율 시스템은 소단위들이 상호작용하면서 전체의 질서를 창발시켜 나가는

9. 기술 선진국으로부터 원천기술을 가져다가 이를 상업화하여 제품을 만들어 팔아 부가가치를 창출하는 전략이다. 기초 기술 단계가 아닌 응용기술이나 상업화 단계에 진입한다고 하여 중간진입 전략이라 한다.

시스템으로 자연 생태계나 혁신 생태계가 그 전범이다. 자연 생태계라는 것은 자체에 자기구동적 완결 시스템을 구현하고 있어 인위적인 조성으로는 한계를 갖는다. 자연 생태계는 다양한 종이 상호 연결성을 유지하며 공생 공존하는 열린 시스템이다. 사계절의 순환 속에 생명체의 생성과 소멸, 나아감과 물러감이 반복되면서 대자연의 질서가 유지된다. 각 개체들은 각자 영역을 벗어나지 않으면서 전체의 계를 유지한다. 다양한 나무와 잡초, 풀, 미생물, 흙 등이 함께 자라는 숲은 바로 자연의 지혜를 담은 대표적인 집약체이다. 나무들만 있는 숲은 상상할 수가 없다.

혁신 생태계도 수많은 구성원들의 자율적인 경쟁을 통해 새로운 비즈니스가 활발하게 창업되고 중소 및 중견기업, 대기업으로 성장하고 또다시 새로운 기술혁신을 이루어 선순환이 이루어지는 토양을 기초로 한다. 혁신이라는 것은 어느 날 갑자기 솟아나는 것이 아니라 그럴만한 토양에서 일정한 시간을 거쳐 탄생한다. 매일매일 반복되는 일상이 오랜 세월 동안 누적되는 과정에서 자기와 다른 세계와의 상호작용을 통해 새로운 변용이 일어나고 이것이 새로운 환경에 잘 적응하면서 혁신으로 진화한다.

더구나 빅데이터, AI, IoT, 공유경제, 플랫폼 비즈니스 등을 필두로 한 본격적인 디지털 전환(digital transformation) 시대에는 새로운 비즈니스 기회가 폭발적으로 일어나기 때문에 사회경제 시스템이 어디로 흘러갈지 예견하기 힘든 세상이 될 것이다. 한편으로는 완전경쟁과 같이 정보가 완전하게 개방되는 사회로, 다른 한편으로는 거대한 소수 플랫폼 비즈니스가 지배하는 시장이 출현하면서 경제가 더욱 복잡해지고 불확실성이 높아질 것이다. 그렇기 때문에 소수 지휘자가 시스템을 컨트롤 하고 위에서 아래로 흐르는 의사결정 구조는 더욱 맞지 않을 것이다. 그보다는 자발적 · 자율적 · 분산적 다양성이 보장되는 가운데 혁신과 비즈니스가 활발히 일어나는 시스템이 더 적합할 것이다.

그동안 수없이 얘기되었던 혁신 시스템 구축이 아직 미흡한 것은 가장 미시적인 기초 단위에서의 생태계가 형성되지 않아 스스로 굴러가지 못하기 때문이다.

동인이 내부에서 발생되는 게 아니라 외부에서 주어지기 때문에 처음에는 거대하게 시작하나 종국에는 흐지부지되고 만다. 선진국 수준에 도달하기 위해 목표를 설정하고 정부가 깊이 개입하는 식은 의도와는 달리 혁신의 주체들을 궁극적으로 타율적 존재로 만들기 때문에 지속 가능하지 않다. 일정 기준에의 도달 여부로 그룹을 나누거나 또 승자를 선정하는 식은 리스크를 회피하고 도덕적 해이를 유발하는 등 획일적인 혁신 풍토를 만들기 때문에 결코 내생적 혁신이라 할 수 없다. 치열한 경쟁을 통해 승자가 시장에서 스스로 드러나도록 생태계 조성에 초점을 맞추는 정책이 되어야 하는 이유이다.

3.3 역사성의 회복

내생성은 기본적으로 역사성에서 출발한다. 그 역사적 경로는 매우 다양하여 저마다 이야기가 있다. 그리고 그 어떤 이야기도 특정한 시공, 즉 일정한 때와 장소와의 관계 속에서만 진정한 의미를 갖는다. 그러나 그 의미는 저절로 생기지 않는다. 묻혀 있는 것을 캐어내어 일련의 포장을 해야 한다. 포장은 없는 사실을 과장하는 것이 아니라 타인의 공감을 얻도록 하는 작업이다. 달리 표현하면 보편성, 객관성을 확보하는 일이다. 문제는 타인의 공감을 얻는 것이 쉽지 않다는 것이다. 그 공감을 얻게 하는 데에 논리성이나 객관적 방법론의 쓰임이 있다. 이에 대해서는 동양이 서양에 비해 많이 부족한 부분이라 근대화 이후 줄곧 여러 경로를 통하여 과학적 방법론을 꾸준히 습득해 왔으며, 이제 우리도 충분한 역량을 갖추고 있다.

문제는 과학적 방법이 너무 과도하여 역사성을 도외시한다는 것이다. 어떠한 사태의 역사적 배경과 사연을 무시하고 당대의 관계만을 보는 것은 한 쪽만을 보는 것으로 사태를 온전하게 파악할 수 없다. 나아가 주체적으로 사고하면서 일을 설계하는 역동성을 확보할 수 없다. 마치 사람마다 고유한 체질이 다른데 동일한

처방을 하는 것과 같다. 따라서 진정한 내생적 발전은 대상의 내력과 대상과 주위와의 관계, 즉 통시적 접근과 공시적 접근을 균형 있게 취할 때 가능하다.

역사적으로 보면 내생적 발전은 19세기 영국의 자유주의, 보편주의에 대항하여 독일, 프랑스, 미국 등에서 대안으로 대두되어 독일 역사주의, 프랑스 협동사회, 미국 지방분권사상 등으로 구체화된 데서 유래된 것으로 후발국 발전 전략으로 강조되어 왔다. 이후 20세기에 오면 인도, 라틴 아메리카를 중심으로 제3세계 발전으로 확산되었다.[10] 이 중 독일 역사학파의 역할은 매우 컸다. 1776년 아담 스미스의 『국부론』 이래 자본주의는 순수 자연과학 원리처럼 경제원리를 연구하고 법칙을 발견하는 노력들과 함께 전개되었다. 선발국인 영국을 중심으로 한계효용학파(오스트리아학파)를 거쳐 신고전학파로 이어졌다. 이들은 되도록 가치판단이 배제된 중립적이고 보편적인 경제원리를 추구하였다.

반면 후발국인 독일을 중심으로 한 역사학파는 이와는 좀 다른 견해를 갖고 있었다. 이들은 보편적 원리로서의 경제이론과 자본주의에 의문을 제기하고 국가마다의 고유한 역사성과 개별성을 적극 수용해 경제문제를 해결해야 한다는 입장을 취하였다. 가령 독일의 경우 역사적으로 중앙집권보다는 분권화된 정치구조가 뿌리 깊어서 평등성에 대한 국민들의 의식이 강하다. 따라서 경제정책을 계획하고 실행하는 데 이런 국가적 특성을 반영하는 것이 올바른 접근이라는 견해이다. 독일 역사학파의 시조인 리스트(Friedrich List, 1789～1846)를 비롯하여 슈몰러(Gustav von Schmoller, 1838～1941), 브렌타노(Lujo Brentano, 1844～1931), 좀바르트(Werner Sombart, 1863～1941), 오이켄(W. Eucken, 1891～1950), 폴라니(Karl Polanyi, 1886～1964) 등으로 계승되면서 윤리적 자본주의, 질서 자유주의 개념으로 확장해 나갔다.[11] 독일뿐만 아니라 유럽 사회에 광범위하게 영향을 미쳐 스웨덴, 노르웨이, 덴마크 등 북유럽 국가들이 사회민주주의 체제를 형성하는 데

10. 鶴見和子, 川田 侃 編, 『内發的 發展論』, 東京大學出版會, 1990, pp.3～13.
11. 홍훈, 『경제학의 역사』, 박영사, 2007, pp.323～341.

그 사상적 배경을 이루었다.[12]

자본주의 진화과정에서 독일 역사학파가 끼친 영향은 적지 않지만 세 가지 정도로 요약할 수 있다.[13] 첫째, 현장성을 중시하였다. 국가와 민족을 초월한 보편적 원리가 지배하는 게 아니라 저마다의 내력에 뿌리를 둔 원리가 더 중요하다고 주장하였다. 그 원리를 궁구하기 위해서는 관념적으로 접근하는 게 아니라 사물과 직접 가까이서 오랜 시간 수수함으로써 이치를 밝혀내는 방법을 취하였다. 연역적이 아닌 귀납적인 방법에, 공시적 접근보다는 통시적 접근에 역점을 두었다. 역사학파의 이런 지적 전통은 현장 지식과 실무 경험을 중시하는 독일의 전통적인 장인정신 풍토의 배경이 되었다.

둘째, 국가 개입주의이다. 대개 후발자의 입장에서 선발자를 추월하기 위해 정부 주도의 정책적 접근을 채택한다. 물론 독일의 겨우 영국과 프랑스의 후발자로서 그들을 추월하고자 하는 의지가 강하였다. 그러나 이보다는 고전학파나 한계효용학파가 주장하는 개인의 자유로운 선택의 결과, 전체가 지향하고자 하는 방향과 불일치할 가능성이 높다는 데 대한 통찰이 더 크게 작용했을 것이다. 또한 자본의 지배에 따른 자본주의 모순과 자본가와 노동자 간의 갈등과 같은 자본주의의 내재된 모순을 해결하기 위해서는 강력한 제3자의 개입이 필요하다는 데 대한 암묵적인 공감이 있었다.

셋째, 자기 고유성을 개척해 나가는 노력이다. 흔히 후발국이 쉽게 취하는 전략적 오류 중 하나가 여과 없이 선발국의 문물을 수용하는 것이다. 이 모방 전략은 그 자체로도 결코 쉽지 않으나, 일정 단계에 도달하면 상당한 가속이 붙어 단기적 성과가 두드러지는 장점이 있다. 반면 모방 단계가 끝난 후 자신만의 고유성을 창출해야 하는 입장이 되면 내생성이 결여되어 상당한 비효율성을 드러낸다. 다행

12. 니크 브란달, 외이빈 브라트베르그, 다그 에이나르 토르센 저, 홍기빈 역, 『북유럽 사회민주주의 모델』, 책세상, 2014.

13. 이덕희, 『공자가 다시 쓴 자본주의 강의』, 센추리원, 2015, pp.81~81.

스럽게도 독일의 역사학파는 모방의 함정에 빠지지 않고 고전학파-한계효용학파에 대항하여 역사주의에 기초한 발전 전략을 제시함으로써 고유의 역사학파를 일구었다.

독일이 국가 발전 전략이라는 일련의 질서로 스스로 조직화할 수 있었던 것은 결코 우연이 아니며, 오랜 전통인 분권화 역사의 산물로 보아야 할 것이다. 매우 작은 단위에서 스스로 운명을 결정해 나가겠다는 상향식 내생성이 모여 역사주의 의식을 형성하고 역사학파를 만들었다. 가령 작은 지역혁신 사례들이 자기조직화의 중요한 인자가 된다. 소단위 지역에서 각각 고유한 역사, 문화, 산업 등에 연관된 기술과 기능을 연마하고 사업화하여 비즈니스의 동력으로 키워갈 수 있다. 이미 많은 지역에서 시도하고 있지만 형식적인 것이 아니라 진정한 컨텐츠로 승부해야 한다.

그런 점에서 스스로 찾아내야 빛을 발할 우리 안에 숨은 보석들이 많다. K-pop이나 K-drama가 왜 사람들에 인기가 있는지 이론적으로 규명하는 일이 병행되어야 한류가 내생성을 가질 수 있다. 가령 K-pop 리듬의 특징이 무엇이며, 어떻게 탄생되었는지, 우리 고유의 가락과 미국 팝송의 결합으로 독특한 리듬을 탄생시켰다든지, 가사의 메시지가 무엇인지, 마케팅 전략 등등 학문적으로 뒷받침되어야 내생적 발전으로 확장성을 갖게 된다. 현재 한류는 이론은 없고 실제만 있다. 이론의 뒷받침 없이는 한류는 단명에 그칠 수 있다. 도요타 방식처럼 이론화 과정 없이는 로컬 존재로 묻혀 버리기 쉽다. 우리의 대표적 기업인 삼성도 마찬가지다. 삼성전자가 현재 보이고 있는 성과는 몇십년 전과 비교하면 실로 대단한 것이다. 하지만 삼성에 대한 연구서가 별로 없다. 삼성이 세계적 일류기업으로 성장할 수 있었던 배경을 경영이론 측면에서 다각도로 파헤쳐 이론적으로 규명한 연구가 이미 저널이나 서점에 봇물처럼 쏟아져 나왔어야 한다. 그렇게 해서 일명 '삼성 방식'이 내생적 발전의 한 전형으로 널리 회자되어 마땅하다.

4. 내생적 혁신을 어떻게 할 것인가?

4.1 현장교육의 강화

우리나라는 전통적으로 학교 교육을 중시해 왔으며, 선비문화로 인해 책을 통한 형이상학적 지식의 소유를 갈망한 반면 현장의 경험을 통한 실용적 지식을 멀리하였다. 또한 사농공상의 전통으로 과학기술이나 기능, 상업 등의 분야에 종사하는 사람들을 대우하지 않았다. 물론 인문적인 지식을 많이 수련한 사람을 존경하는 풍토는 좋은 대학을 들어가고자 열심히 배우고 공부하는 열망으로 이어졌으며, 이러한 국민적 에너지가 오늘날 고도의 산업사회를 이룩한 원동력이었음은 부인할 수 없다.

그러나 이제 현장과 동떨어진 교육이나 학력만을 추구하는 열망만으로는 안되며, 교육의 질적 내용을 향상시켜 실질적인 삶의 질을 향상시켜야 하는 시대이다. 더구나 스스로 혁신을 만들어가는 사회에서 능동적으로 임하기 위해서는 주어진 이론을 습득하여 사회에 적용하는 데 그쳐서는 안 된다. 이론과 현장을 동시에 섭렵하여 그 실제적인 의미를 터득하고 나아가 복잡한 현실 속에서 새로운 이론을 조직화하는 능력을 키우는 데로 나가야 한다. 1960년대 이후 과학기술 입국을 위해 과학기술교육에 힘쓴 나머지 상당한 성과를 거두었으나 현장과 유리된 교육 유산은 아직 우리에게 강하게 남아 있다.

2016 산업기술인력실태조사에 따르면 학력별 인력부족률이 고졸은 2015년 3.1%에서 2016년 2.3%로 하락하였으나, 전문대졸 이상은 상승하여 대학원졸의 경우 0.9%에서 2.4%로 증가하였다. 이는 고학력자들의 현장 기피뿐만 아니라 고도의 전문기술인력 양성체계의 개편을 시사하고 있다. 즉, 이공계 대학의 현장교육 강화와 전문대학의 질적 고도화가 필요함을 보여주고 있다.

전문대학의 질적 고도화는 중고등학교의 직업교육 강화와 맞물려 있는 사안으로 특정 기술이나 기능을 연마하여 현장으로 연결시키는 직업교육을 중학교부터 대학원 수준까지 별도의 독립적인 체계를 마련하는 식으로 교육 학제를 재설계할 필요가 있다. 반대로 생업이나 산업현장에서 자생적으로 이루어지고 있는 기술개선, 노하우 등이 학교에 연결되어 체계화되는 노력도 함께 이루어져야 한다. 실제 일상에서 일어나는 무수한 축적들이 그대로 사장되는 경우가 많은데, 이러한 것들을 적극 발굴하여 체계적인 원리로 연결시키는 노력이 더 활발히 이루어져야 한다.

또한 교육 내용에 있어서도 교실에서 이론만을 배우는 데서 그치지 말고 손발로써 경험할 수 있도록 교육방법을 획기적으로 개선해야 한다. 현장 실습과 학교교육이 병행하는 '이원교육 체계'를 도입하여 학교에서 배운 이론이 현장에서 어떻게 적용, 변용되는지를 몸소 체험할 수 있도록 해야 한다. 대학에서는 실험실습의 인프라를 대폭 확충하거나 산업체와 연계하여 학생들이 현장 실습을 할 수 있게 하고, 문이과 융합교육이 강화되도록 교과과정을 개편할 필요가 있다. 초등 및 중등교육에서는 책상이나 걸상을 만드는 것과 같이 실생활에 필요한 것을 학생들로 하여금 직접 경험하도록 교과내용을 전향적으로 바꾸어 나가야 한다.

지식이든 기술이든 어떤 일을 할 때 손발을 부지런히 움직여 온몸으로 흡수해야 한다. 손발의 수고를 빌리지 않고 머리로만 흡수한 지식은 진정한 내 것이 될 수 없다. 머리로만 흡수한 것은 지식이 되지만 손발과 같이 흡수하면 지혜가 된다.

4.2 기술자, 기능자 우대

구체적인 기술, 재능으로 오랫동안 연마하여 전문성을 키워온 사람들을 대우하는 풍토를 마련하는 것이 시급하다. 이러한 사회적 분위기가 선행되지 않고서는 현장의 전문가가 자부심을 갖고 일에 몰두할 수 없기 때문에 혁신의 문화가 근본적으로 개선되기가 어렵다. 산업기술인력실태조사에 따르면 2016년 우리나라

산업기술인력 부족 인원은 36,933명으로 부족률 2.3%이다. 이는 2015년 0.8%에 비해 크게 증가한 수치이다. 또한 1년 미만 조기 퇴사율이 41.7%로서 매우 높은 수준이다. 미충원 인력 발생의 사유는 현장투입 가능한 숙련인력 부족 24.7%, 임금조건 불일치 21.3%, 직무수행에 적합한 학력, 자격 미충족 18.3% 순으로 나타났다.[14] 이러한 통계는 우리나라 산업현장 인력이 얼마나 취약한 구조에 있는지를 잘 대변해 주고 있다.

기술자, 기능자 등 전문가 우대는 창업 생태계 형성에도 매우 중요하며, 내생적 혁신의 근본이 된다. 임금 체계를 개선하고, 명장제도를 활성화하며, 기술자와 기능인들이 전문가로서 활동할 수 있는 기회를 확대하고, 크고 작은 혁신의 논의의 장에 적극적으로 참여시켜 스스로 자부심을 갖게 하는 동시에 밑으로부터의 혁신을 촉진해야 한다.

궁극적으로 혁신하는 부류와 주어진 혁신을 실행에 옮기는 부류가 따로 있는 것이 아니라 모든 참여자가 혁신의 주체가 되는 시스템으로 전환해야 한다. 결국 사회 전반에 장인정신이 뿌리내려 달인의 문화를 꽃피워야 한다. '장인정신'이라는 것도 거창한 것이 아니라 대상에 가까이 다가가 서로 교감하는 데서 싹이 튼다. 시인의 마음처럼 사물에 가까이 다가가 자세히 들여다보고 대상과 대화하듯이, 장인정신도 손안의 일과 발을 딛고 있는 곳에 밀착해 서로 대화하면서 일의 원리를 터득하고 달인이 되어가는 과정에서 그 정신이 발현된다. 그 밀착된 교감으로부터 오는 꼼꼼함과 깐깐함이 결국 물건이나 서비스의 질적 차이로 나타나고, 일의 마무리에서도 완벽성으로 나타나 나라의 경쟁력을 결정짓는다.[15]

내생성이 체화된 사회가 되기 위해서는 무엇보다 임금 체계가 개선되어야 한다. 기본적으로 전문가와 비전문가로 구분하여 전문성이 높고 생산성 향상에 기여를 많이 하면 높게 보상해 주는 식으로 임금 체계의 개선을 통해 전문가 사회로

---

14. 산업통상자원부, 『2016 산업기술인력실태조사』, 2017.
15. 이덕희, 『공자가 다시 쓴 자본주의 강의』, 센추리원, 2015, p.214.

이행하는 것이 내생적 혁신 사회에 부합할 것이다.

가령 우리나라 사회가 아직 그렇지 못함을 간접적으로 나타내주는 것이 중소기업의 임금수준이다. 중소기업의 임금수준은 대기업에 비해 상당히 낮아 중소기업이 열악하고 나아가 광범한 기술 및 기능 인력의 열악한 대우로 이어지고 있다. 고용노동부에 따르면 2016년 우리나라 중소기업 임금은 대기업의 62% 수준으로 1994년 78%에 비교하여 지속적으로 감소하는 추세에 있다. 제조업만으로 좁혀 보면 약 54%까지 떨어진다. 시간당 임금은 더 낮아 대기업 정규직 근로자의 시간당 임금을 100으로 봤을 때 중소기업 정규직은 49.7에 불과한 실정이다.[16] 참고로 외국의 경우 대기업 대비 중소기업 임금 비중이 일본 77.9%, 영국 76%, 미국 76%, 독일 73.9%, 캐나다 71.1%로 나타나고 있다.[17]

중소기업 저임금 → 인재 기피 → 경쟁력 약화의 악순환의 고리를 끊기 위해서는 정부가 중소기업 종업원의 임금을 보전해 주는 적극적인 정책이 필요하다. 또한 관리직과 현장직(생산직) 간의 임금 체계도 점검하여 재조정할 필요가 있다. 일반 기업의 경우는 과거와는 달리 현장직의 임금이 관리직보다 높은 경우가 많다. 그러나 공공부문이나 서비스 직종, 중소기업의 경우 일의 성격에 비해 여전히 비합리적 · 관행적으로 관리직의 임금이 높은 경우가 많다. 따라서 직무의 강도, 위험도, 전문성 등을 반영하여 같은 직종이라도 강도, 위험도, 전문성이 높을수록 높은 보상이 지급되는 임금 체계로 전환하는 것이 합리적이다.

4.3 창업 활성화

취업은 기본적으로 이미 만들어진 안정적인 조직의 힘을 활용하므로 외생적 발전의 성격이 강한 반면, 창업은 자신이 스스로 성장해야 하므로 내생적 성장의

16. 고용노동부, 『2015 고용형태별근로실태분석』, 2016.
17. 노민선, 「중소기업 임금격차 완화 및 성과공유제 활성화 방안」, 중소기업연구원, 2017.

성격을 지닌다. 창업이 저조하다는 것은 그만큼 경제의 내생적 기반이 취약하다는 증거이다. 일례로 2015년 기준 세계 400대 부호 중 자수성가형은 65%로 미국 71%, 중국 97%, 일본 100%, 한국 0%로 나타났다.[18] 자산 10억 달러(약 1조 2,000억원) 이상 부자 가운데 상속형은 한국이 74.1%로 세계 평균 30.4%의 2배 수준에 달한다.[19] 그만큼 경로의존적 관성이 지배하여 경제의 역동성이 떨어져 있다는 얘기다. 더구나 저출산, 고령화 등으로 우리 경제의 노화 현상이 급속하게 진행되고 있어 우려하지 않을 수 없다.

이제 더 이상 대기업 중심의 경제구조로는 급변하는 혁신 경쟁에 대처하는 데 한계가 있는 만큼 창업 활성화와 중소기업의 강한 기술력으로 혁신을 주도할 수 있도록 방향전환이 필요하다. 사회 전반에 걸쳐 창업을 적극 유도해야 하며, 창업에 대한 리스크는 정부와 대기업들이 부담하도록 역할 분담이 필요하다. 예산이나 경제의 잉여부문의 리소스가 창업의 리스크를 감소시키 데 분배되도록 조정되어야 한다. 무엇보다 건전한 혁신 생태계 조성에 기여하는 방향에서 창업이 활성화되도록 접근하는 것이 기본 전제가 되어야 하며, 여기엔 벤처 투자자의 역할이 매우 중요하다. 창업투자회사, 엔젤, 액셀러레이터 등의 투자는 인체의 혈관과 같은 역할을 하기 때문에 건전한 투자자들이 풍부해질 때 창업자의 리스크를 감소시킬 뿐만 아니라 투자자들을 매개로 기술 및 지식의 스필오버 효과가 활발해지면서 혁신 생태계 조성에 윤활유 역할을 담당할 것이다.

창업 활성화를 위해 그동안 상당한 자원을 투입하였음에도 불구하고 우리나라의 창업활동은 아직 저조한 편이다. 세계지적재산권기구(WIPO)가 발표한 2018 '글로벌 혁신지수(Global Innovation Index)' 에 따르면 우리나라는 전체 조사대상 126개국 중 12위를 차지하여 상당히 높은 편이다. 그러나 15～64세 인구

18. Bloomberg, 'Bloomberg Billionaires Index,' 2015.

19. Peterson Institute for International Economics(2016)가 1996～2015년 20년간 포브스 억만장자 명단을 분석한 자료이다.

대비 창업 수에서는 43위를 차지하여 저조하였다. 또한 한국과학기술기획평가원(KISTEP)이 매년 발표하는 과학기술혁신역량 평가에서도 OECD 34개국 중 창업활동지수가 2017년 23위를 차지하여 전체 과학기술혁신역량지수 7위에 비해 상당히 뒤처져 있다.

이러한 통계는 아직은 창업이 우리 일상에 뿌리 내리고 있지 못함을 방증한다. 동시에 미국의 실리콘밸리식 창업 풍토와는 다른 형태의 창업 생태계 모델을 정착시켜야 함을 시사하고 있다. 우리나라는 대기업 중심 경제이기 때문에 창업 생태계 활성화에 대기업의 역할을 증대시켜 창업을 활성화시키는 동시에 대기업 중심의 경제구조를 조정하는 기회로 삼을 필요가 있다. 즉, 대기업의 넘치는 에너지가 창업 생태계나 중소기업으로 흘러들어 가도록 환경을 조성해야 한다. 대기업으로부터 활발한 사내 벤처 및 스핀오프는 물론 대기업이 유망 벤처기업들을 적극적으로 M&A 할 수 있도록 하여 창업 생태계의 순환이 이루어질 수 있도록 해주어야 한다. 물론 무분별하고 헐값의 M&A는 철저하게 규제되어 마땅하다.

또한 융자 중심의 금융 관행을 투자 중심으로 바뀌도록 다각도의 노력이 필요하다. 대기업의 지주회사도 벤처기업에 투자할 수 있도록 제도개선이 필요하며, 최대의 수익을 실현하고 있는 금융기관들도 안전한 융자 중심의 업무에서 벤처기업에 투자하여 수익을 올리고 동시에 창업자들의 리스크를 대폭 줄여 주는 데 일익을 담당해야 한다. 경제의 부문 간 잉여를 체크하여 과다한 잉여는 창업의 리스크를 감소시키는 데 재분배될 수 있도록 규제나 제도가 수정되어야 한다.

4.4 산학연 개방 협력체제

앞서 언급한 우리나라의 혁신지수를 보면 몇 가지 주목할 점이 발견된다. 우선 투입지수는 높은 반면 산출지수가 대체로 낮다는 점이다. 글로벌 혁신지수에서 인적자원과 연구개발 2위, 지식과 기술 산출물 9위, 인프라 13위 등에서 높은 순위를 보인 반면 제도 26위, 비즈니스 고도화 20위, 창의적 산출물 17위 등으로 낮은 순위를 보이고 있다. 마찬가지로 과학기술 혁신역량에서도 인구 만 명당 연구원 수 4위, 연구개발 투자 총액 4위, GDP 대비 정부 연구개발 예산 1위, 인구 100명당 유선 및 모바일 브로드밴드 가입자 수 4위 등 투입지수는 높으나, 연구개발 투자 대비 기술 수출액 비중 28위, 연구원 1인당 SCI 논문 수 및 인용도 33위, 지적재산권 보호 정도 29위, 창업활동지수 23위 등 산출지수는 상당히 낮은 편이다.

투입 대비 산출이 낮다는 것은 연구개발 투자의 생산성이 낮다는 것으로 국가 전반적인 혁신 활동에서 부문들 간에 연계가 잘 이루어지지 않고 있음을 말해 주고 있다. 하나는 국가 혁신활동의 벨류 체인 상에서 업스트림에 비해 다운스트림의 역량이 취약하다는 점을 말해 주고, 다른 하나는 업스트림과 다운스트림 간에 연계가 형성되지 않고 단절되어 있음을 말해 준다.

전자는 앞서 언급한 현장을 소홀히 취급하는 풍토와 맥락을 같이 한다. 인력의 흐름을 보면 일반적으로 우리나라의 경우 현장의 인력이 어느 정도 경력을 쌓으면 연구소나 대학으로 이동하는 경향이 있다. 연구소 인력들도 상당한 업적을 축적하면 종국에 학교로 이동하는 것이 일반적인 경로이다. 또한 업적 평가에서도 논문이나 특허에 치중하고 기술료 수입이나 창업 등 상업화 업적은 그 비중이 낮은 편이다. 결국 이러한 국가의 인력 분포가 투입과 산출 간 상당한 괴리 현상으로 나타난 것으로 추정된다.

후자인 업스트림과 다운스트림 간 연계 부족도 소위 산학연 연계 활성화 과제로서 오랫동안 추진해 온 사안이나 그 노력에 비해 성과가 저조한 부문이다. 산학연 연계도 기초-응용-실용, 이론-실제 간 소통을 원활히 하여 각자의 좁은 분야를 벗어나 큰 흐름을 보는 안목을 길러 혁신적인 아이디어나 기술이 나올 수 있도록 새로운 시각에서의 접근이 필요하다. 기본적으로 학교 교육에 현장이 들어가고 또한 현장에 학교 교육이 들어갈 수 있도록 쌍방의 담장을 낮추는 일을 획기적으로 확대해 나가야 한다. 과거와는 달리 4차 산업혁명 시대에는 산업현장에서의 기술 발전이 학문의 변화를 주도하는 경향이 두드러질 것으로 예상되어 학교와 산업계 간의 활발한 소통은 더욱 필요하다.

효과적인 산학연 협력을 위해서는 patenting, licensing 등 전통적 기술이전 방식은 한계가 있으므로 인력 파견과 같은 직접적인 교류방식을 채택하여 현장에 체화된 암묵적 지식이 습득되도록 해야 한다. 대학과 산업계 간의 높은 장벽을 허물어 현장 경험이 풍부한 전문가를 대학의 교원으로 활동할 수 있도록 하며, 동시에 교원이 현장에서 근무할 수 있도록 유연한 운용 시스템이 요구된다. 그렇게 하여 학제적이고 이론과 현장을 넘나드는 유연한 사고를 가진 융합적 인재를 많이 배출해야 한다. 특히 출연연구소와 중소기업 간 인력교류가 시급한 과제로서 출연연구소 역할 재정립의 방향으로 적극 고려되어야 할 사안으로 보인다. 참고로 싱가포르의 GET-UP 프로그램은 공공연구소(PRIs)의 엔지니어를 중소기업에 직접 파견하여 중소기업의 혁신 능력을 향상시키는 프로그램으로 참고할 만하다.

4.5 RIS 중심의 상향식 혁신체제

분산화된 혁신과 창조성이 요구되는 4차 산업혁명 시대를 맞이하고 있음에도 불구하고 아직 정부의 혁신정책은 Top-down의 국가혁신체제(NIS) 정책이 주가 되고 있다. 지자체의 혁신 노력이 과거보다 배가되고 있지만 여전히 국가 혁신의 근간이 바뀌지 않고 있어 낮은 효과와 비효율성이 날로 누적되고 있는 상황이다. 아무리 엄청난 규모의 마중물을 붇는다 하더라도 지하의 샘이 풍부하지 않으면 솟구쳐 나오는 물의 양은 적을 수밖에 없다. 우리의 혁신 시스템 상황이 이와 유사하여 시, 군, 구, 동 등 작은 단위에서 스스로 혁신할 수 있는 기반이 취약하기 때문에 국가 차원에서의 혁신의 효과가 제한적으로 나타나고 있다.

지자체가 지역의 혁신을 책임지고 기획하고 추진할 수 있도록 혁신 시스템을 RIS(Regional Innovation System) 중심으로 전면적으로 개편해서 지역의 산업, 역사, 문화와 개발, 혁신이 상호 얼라이언스가 되어 내생적 발전이 일어날 수 있도록 해야 한다. 가능한 한 군, 구와 같은 기초 단위에서 자율성을 가질 수 있도록 권한을 이양하며, 중앙 및 지방 정부의 산하단체에도 권한을 대폭 이양하여 현장에서 책임지고 일하면서 전문성을 축적할 수 있는 환경을 마련해 주는 것이 바람직하다. 이는 지방분권화와 맞물려 있는 문제로 국세기본법 및 지방세기본법을 개정하여 현재 중앙정부와 지방정부의 재원배분 비율 8 : 2를 대폭 수정하는 방향으로 이루어져야 실효성이 있다.

현행 지역혁신 체제도 대대적인 수정이 불가피하다. 각 부처나 지자체별로 복잡하게 얽혀 있는 거버넌스 체계를 지역 사정에 맞게 단순하게 재편하고, 창업하여 성장하고 졸업하고 재투자되는 혁신 생태계 관련 모든 지원제도가 일목요연하게 공유되고 소통되도록 체계를 잡는 일이 시급하다. 가령 지역마다 테크노파크, 창조경제센터, 연구개발특구진흥원, 벤처지원센터, 중소기업지원센터 등 다양한 형태의 에이전트들이 있으나 서로 간에 연계되지 않고 각각 독립적으로 운영되고 있는 실정이다. 이들 지원기능들을 엮어 해당 지역에서 기술벤처 사업을 추진하거나 관련 혁신정책을 지원하는 데 있어 최초의 접속점을 제공하고 유관기관 연결을 안내하는 패키지 프로그램을 도입할 필요가 있다고 하겠다.

지역마다 자기 고유의 특색을 살려 지역혁신을 제대로 하면 비단 해당 지역의 발전뿐만 아닐 국토 전체 차원에서도 균형발전을 꾀할 수 있다. 지역이 골고루 잘 살게 됨으로써 우리의 고질병인 수도권 부동산이 주도하는 지대추구행위를 완화시키는 실질적인 효과를 기대할 수 있다. 지방분권화와 같은 장기적이고 근본 대책을 도외시하고 현행과 같은 규제자와 피규제자 간 숨바꼭질 하는 식의 부동산 규제정책은 또 다른 기회주의 행태를 양산할 수밖에 없어 한계를 지닌다.

우리나라의 국토가 작다고 하지만 뇌의 주름을 펼쳐 놓으면 평면적이 매우 넓은 것처럼 각 지역의 잠재력을 펼칠 수 있도록 국토의 폭넓은 활용을 모색해야 한다. 그 주름에 얽힌 내력이 깊고 가치가 있어 펼쳐 이야기를 잘 만든다면 얼마든지 사람들을 끌어들일 수 있는 매력을 지니고 있다. 굽이굽이 굴곡진 사연들을 발굴하고 의미를 부여하여 보편성을 획득하는 일이 필요하다.

4.6 생산 중심의 산업 강국

경제 시스템의 중요한 두 축은 생산과 소비이다. 두 축이 균형 있게 맞물려 돌아가야 경제가 원활하게 작동된다. 그러나 경제의 역동성과 냉혹한 자본의 논리를 생각하면 생산에 더 역점을 두는 것이 바람직하다. 물건을 생산하는 데 강점이 있으면 그 시스템은 지속 가능성을 담보할 수 있다. 그렇지 않고 소비에 강점이 있으면 성장이 지속적이지 않고 속빈 강정처럼 얼마 가지 않아 파산에 직면한다. 따라서 새로운 기술을 수입하더라도 궁극에 가서는 늘 생산에 역점을 두어 부가가치를 창출하는 일이 중심에 서야 지속 가능하다 할 것이다. 그렇지 않고 소비와 향유에 치중하면 당장은 화려할지 몰라도 궁극에 가서는 궁핍을 면하지 못할 것이다. 이것이 왜 우리가 그토록 성장동력을 외치는가 하는 이유이고 먼저 열심히 일을 해서 돈을 번 이후에 합당한 소비를 해야 하는 그 기본을 저버리면 안 되는 까닭이다.

여러 나라들의 예를 통해 상이한 경제구조를 익히 보아 왔다. 특히 후발국의 경우 산업화 초기에 외국 문물, 기술 등을 수용함에 있어서 다양한 형태를 보이고 있으며, 초기 형태에 따라 그 나라의 산업경쟁력과 경제력을 좌우하게 됨을 경험해 왔다. 스스로 제조업의 기반을 다지지 않고 완제품을 그대로 수입하여 소비와 향유에 중점을 두는 경우 국부가 누출되어 결국 국가경쟁력이 저하되어 1인당 GDP 상승의 한계에 직면한다. 남미나 동남아의 경우가 그러한 예이며, 그동안 심각한 경제위기를 겪은 그리스, 포르투갈, 베네수엘라, 아르헨티나 등도 예외가 아니다. 반면 초기에 어렵지만 소비보다는 생산에 역점을 두어 직접 제조업에 뛰어든 경우 시간이 걸리지만 결국 국부가 쌓여 국가경쟁력을 높이게 된다. 일본, 대만, 우리나라가 여기에 해당된다고 하겠다.

우리나라의 경우 그동안 산업화를 성공적으로 이끈 대표적인 국가지만, 1인당 국민소득 3만 달러 선에서 성장의 한계에 직면하고 있다. 혁신이 주도하는 경제로의 이행이 절심함에도 일종의 함정에 빠져 있다. 돌이켜보면 우리도 어느새 생산에 못지않게 소비도 열심히 고도화시켜 왔다. 생산과 소비가 서로 균형을 맞추어 나가야 하는데 그러지 못하는 현상들이 나타나고 있다. 1989년 해외여행 자유화 이후 우리의 눈높이는 급격하게 높아졌다. 여행 자유화가 우리의 수준을 높이는 데 다방면으로 기여하였지만 우리의 생산과 소비 수준 간 격차를 벌여놓은 측면도 있다. 우리의 눈높이가 높아져 이제 국내보다는 해외에서의 소비를 늘리고 있다. 만성적인 여행수지 적자폭이 점점 확대되고 있으며, 해외에서 카드지출도 급격히 늘어 2016년 16조 3,520억원으로 2012년에 비해 51.5% 증가하였다. 여행수지라는 하나의 지표는 단순히 양적으로 비교할 수 있는 성질의 것은 아니나 생산과 소비의 질적 수준의 괴리를 유추해 볼 수는 있다.

생산보다 소비 우위의 패턴은 정보화 시대인 작금에 더 확대되는 모습을 보인다. 국민들의 당대의 관심사를 잘 대변하는 척도 중 하나인 방송 프로그램을 보면, 오락 프로그램이 국민들의 마음을 사로잡고 있다. 한바탕 즐기고 스트레스를 해소하는 일회성 프로그램이 점점 늘어나고 있다. 오락 프로그램이라 하더라고 얼마든지 생산적인 것으로 만들 수 있다. 일반인의 일상과는 무관한 유명인들의 사생활을 지나치게 방영한다든지, 유명 여행지를 가서 구경하고 또 맛있는 음식을 맛본다든지 등등 모든 관심이 소비에 집중되어 있다. 그것이 어떻게 탄생되었는지 그 배경에는 아랑곳하지 않고 겉핥기식 오감 만족에 그치고 있다. 일상 곳곳에서 생업을 통한 성취나 혁신을 밀착 취재하여 자세히 소개함으로써 대중들을 생산적인 현장으로 유도하면 좋으련만 국민들의 관심이 아직 거기에 미치지 못하고 있다. 이 또한 소비와 생산 간 괴리의 다름 아니다.

우리 경제는 지금까지 후발국으로서 훌륭한 성공사례였다. 소위 캣취업 전략이라는 외생적 발전이 잘 작동하였다. 그러다 보니 IT산업 같은 데서 선발 기술들이 나오면서 혁신으로 이어지고 있다. 그럼에도 우리의 평균 경쟁력은 '중급가격에 비해 품질이 괜찮다'로 규정된다. 주력산업의 기업들이 온갖 어려움을 무릅쓰고라도 저임금을 찾아 해외로 공장을 이전하는 것이 이를 반영한다. 그러나 이제 이 경쟁력조차 중국, 인도, 베트남 등으로 인해 쉽지 않은 상황이다. 기술혁신을 통해 우리의 품질을 업그레이드해야 하는 것이 절대절명의 과제된 것이다. 그러나 그 혁신도 지금까지 해오던 외생적 혁신으로는 한계에 직면해 내생적 혁신으로 전환하지 않으면 안 되는 상황에 와 있다.

소국 개방경제인 우리 경제가 외부 요인에 큰 흔들림 없이 경쟁력을 유지하고 지속적 발전을 담보받기 위해서는 성장의 동력이 내부에서 솟구쳐 나와 다양한 산업군에서 세계 최고의 경쟁력을 가진 기업들이 즐비하도록 경제의 체질을 바꾸지 않으면 안 된다. 우리는 여전히 산업 강국에 목이 마르다. 샴페인을 마실 때가 아니다.

참고문헌

강명관, 『조선에 온 서양 물건들』, 휴머니스트, 2015.

고용노동부, 『2015 고용형태별근로실태분석』, 2016.

노대환, 『동도서기론 형성 과정 연구』, 일지사, 2007.

노민선, 「중소기업 임금격차 완화 및 성과공유제 활성화 방안」, 중소기업연구원, 2017.

니크 브란달 · 외이빈 브라트베르그 · 다그 에이나르 토르센 저, 홍기빈 역, 『북유럽 사회민주주의 모델』, 책세상, 2014.

산업통상자원부, 『2016 산업기술인력실태조사』, 2017.

이덕희, 『네트워크 이코노미』, 동아시아, 2008.

______, 『공자가 다시 쓴 자본주의 강의』, 센추리원, 2015.

이종재 외, 『사교육 : 현상과 대응』, 교육과학사, 2010.
토마스 존슨 · 안데르스 브렘스 지음, 박정숙 옮김, 『측정할 수 없는 이익』, 에코비즈, 2005.
한국과학기술기획평가원(KISTEP), 『2018 과학기술혁신역량 평가』, 2018.
한국고용정보원 워크넷(http://www.work.go.kr/seekWantedMain.do)
한국은행 · 통계청, 『2015년 국민대차대조표(잠정) 결과』, 2016.
홍훈, 『경제학의 역사』, 박영사, 2007.
鶴見和子, 川田 侃 編, 『內發的 發展論』, 東京大學出版會, 1990.
小川晴久, 「十八世紀의 哲學과 科學의 사이: 洪大容과 三浦梅園」, 『東方學志』 20. 1978.
Bloomberg, "Bloomberg Billionaires Index" 2015.
Freeman, C., *Technology Policy and Economic Performance*, London: Pinter, 1987.
Lundvall, B. A. ed., National Systems of Innovation: Towards a Theory of Innovation and Interactive Learning, London: Pinter, 1992.
Peterson Institute for International Economics(PIIE), "The Origins of the Superrich The Billionaire Characteristics Database," 2016.
Porter, M. E. and M. R. Kramer, "Creating Shared Value," *Harvard Business Review*, Jan-Feb Issue, 2011.
Programme for International Student Assessment(PISA), Education at a Glance: Educational Finance Indicators, 2003.
Romer, P. M., "Increasing Returns and Long Run Growth", *Journal of Political Economy* 94, 1002-37, 1986.
___________, "Endogenous Technological Change," *Journal of Political Economy* 98, 71-102, 1990.
WIPO, 2018 Global Innovation Index, 2018.

1. 아키텍처 혁신의 선제적 전략 추진

2. 아키텍처 전환기의 장인정신과 통합 혁신역량

3. 연구개발 투자로 본 한국 산업의 구조

4. 연구개발 투자의 양극화와 불균형이 가져올 우려

5. 세계 평균보다 높은 연평균 7% 연구개발 투자 증가 필요

한국 산업구조 진단과 아키텍처 관점의 혁신 전략

김갑수(KAIST 기술경영전문대학원 교수, 아키텍처 혁신전략)

2

〈요약〉

한국의 오랜 숙원은 세계적으로 기술력 우위의 탄탄한 산업구조를 갖추는 것이다. 본 책의 주제처럼 한국이 세계 상위 수준의 내생적 발전을 이루려면 이제는 소수의 최상위 대기업들의 성장만이 아니라, 산업 밸류 체인의 핵심인 소재 · 부품 · 장비 분야에서 다수 전문기업의 폭넓은 성장이 강하게 뒷받침되어야 한다. 본 장에서는 먼저 기술혁신과 산업 발전을 결합하여 여러 가지 속성을 이해하는 데 도움이 될 아키텍처 혁신(architectural innovation)의 전략적 관점을 설명하고, 개별 기업별 연구개발 투자 통계를 기반으로 한국 산업의 구조 실태에 숨겨져 있는 취약점을 밝히고, 앞으로 한국 기업이 나아갈 내생적 혁신 전략 지침을 제시하였다. 구체적으로 상위 대기업군 안에서도 연구개발 투자에 양극화가 심화되고 있는 점, 부품산업에 치우친 편중성이 높고 소재산업과 장비산업의 발전이 크게 취약한 불균형성을 지적하고, 기업들에게 세계 평균 연구개발 투자 증가율을 웃도는 연간 7% 증가율을 지속할 것을 제시하였다.

1. 아키텍처 혁신의 선제적 전략 추진

아키텍처 혁신론은 1990년에 미국의 하버드대학에서 새롭게 개발된 이론이다. 젊은 헨더선(Henderson R. M.) 여사가 박사학위 논문을 작성하면서 기존의 혁신 이론 틀로는 설명이 안 되는 현상을 새롭게 해석하는 관점으로 제시한 것이다. 그녀는 반도체 공정 장비를 만드는 회사들을 찾아가 14개월 동안 100명 넘게 인터뷰하면서 기술혁신의 모습을 관찰하고 왜 일등 기업이 후발 기업에게 뒤처지는가?라는 경쟁력 성쇄 과정의 의문점을 밝히고자 하였다. 그러다가 점진적(incremental) 혁신과 급진적(radical) 혁신으로 대별되는 기존의 양적 분류 틀로는 설명이 불충분하다는 점을 알게 된다. 급진적 혁신은 기술의 핵심 디자인 개념(core design concept)이 크게 변하는 혁신을 말하고, 점진적 혁신은 변하지 않고 단지 좀 더 강화되는 정도의 혁신을 말한다. 그런데 여기에 한층 더 깊게 고찰하여, 기술의 핵심 디자인 개념과 이의 구성품(components) 사이의 관계가 변하는 혁신인가 변하지 않는 혁신인가 하는 것이 더 중요한 해석기준이 된다는 것을 새롭게 제시하였다. 특히 핵심 디자인 개념은 그대로 따라 쓰면서도 구성품 사이의 관계를 더 간소화하고 크기를 축소하는 등의 혁신이 시장에서 경쟁력을 더 갖게 하며 결국 후발 기업이 리딩 기업을 앞지르는 현상을 일으킨다고 설명하였다. 이것을 그녀는 아키텍처 혁신이라고 명하였다.

혁신의 성격을 양적 기준이 아니라 관계의 모습을 기준으로 새롭게 인식하는 것은, 5년 후 1995년에 울리히(Ulrich, K.) MIT 교수가 인테그럴(integral) 관계와 모듈(modular) 관계라는 보다 보편성 높은 분류기준으로 제시함으로써, 오늘날 제품·공정 기술의 새로운 성격 분류 틀로 널리 활용되고 있다. 인테그럴 관계는 구성품 사이에 상호 맞춤이 필요한 관계가 복잡한 다대다(multi to multi) 모습인 경우를 말하고, 모듈 관계는 상호 독립적으로 기능하므로 관계성이 단순한 일대일(one to one) 모습을 말한다.

관계의 모습을 기준으로 혁신을 고찰하는 관점은 오늘날 매우 중요한, 발전된 혁신 이론이다. 그 이유는, 제품·공정 기술의 혁신만이 아니라 그 혁신에 관련하는 기업 간 관계, 즉 수요 기업과 공급 기업, 그리고 공급 기업과 공급 기업 사이의 관계까지를 동시에 포함시킨 분석이 가능해지도록 길을 터주었기 때문이다. 즉, 기술혁신과 산업적 발전을 하나의 틀로 이해할 수 있도록 해주었기 때문이다.

아키텍처 혁신 이론은 그후 1990년대 말까지는 미국에서 많이 발전하다가, 2000년대에 들어오면서 일본으로 전파되었다. 이때에 미국과 일본에서 서로 상이한 발달 모습을 보이는 특징이 일어났다. 즉, 그동안 미국에서는 모듈러 아키텍처의 특성이 생산공정의 분업을 용이하게 만들며 이는 복잡한 밸류 체인의 단순화·분화로 이어져 해외 아웃소싱이 가능해져 기업에게 더 큰 이윤을 줄 수 있다는 장점이 부각되면서 주로 모듈화(modularity) 경영에 주력하게 되었다. 반면 일본에서는 인테그럴 아키텍처의 특징과 혁신역량의 향상 방법에 더 큰 관심을 갖고 연구되었다. 하버드대학에서 유학하고 귀국한 동경대학의 후지모토(Fujimoto Takahiro, 藤本隆宏) 교수가 일본의 자동차산업은 왜 강한가라는 논제에 대하여, 자동차는 기술의 집합체로서 복잡도가 높고 이의 혁신 모습에는 단독의 혁신역량보다는 세트 메이커와 부품공급 기업 사이의 상호 밀접한 협력관계가 더 좋은 조건이 되며, 이는 일본 시스템 속에서 키워온 기업 간 관계의 특별한 모습에 잘 부합하는 것이라고 주장하였다. 즉, 일본은 인테그럴 아키텍처의 혁신에 더 적합한 기업 역량 및 기업 간 협력 역량을 배양하였고 발휘되고 있다는 것이다.

오늘날 아키텍처 혁신 이론은 모듈러 아키텍처 성격이 큰 ICT 기술의 혁명을 선도하는 미국의 혁신 모습을 이해함에도 적합하고 아울러 일본식의 기업 협력체의 집합적 혁신 모습을 이해함에도 적합하다. 나아가 혁신의 관계성을 중시하는 관점은 국가나 기업의 내생적 혁신역량의 발전 문제를 고찰함에도 좋은 길잡이가 된다. 이를 응용하여 한국에서도 기술혁신의 진화, 즉 제품 · 공정 기술의 세계적 발전의 방향성과 이에 대처하는 선제적 전략을 생각해 보자.

기술은 처음에 탄생할 때는 내부 구성품 관계가 복잡하다. 기능의 구현이 우선이었고 지식이 초기이므로 아무래도 기능이 구현되도록 설계된 모습은 복잡하고 자신만이 아는 비표준화된 노하우가 많이 내재한다. 복잡성 문제는 기능을 개선하고 바꾸려 해도 시간과 비용이 많이 들게 한다. 그러면 자연히 기술을 보다 쉽게 개량하고 사용할 수 있도록 사람들은 노력한다. 즉, 기술혁신의 방향은 복잡성(complexity)에서 단순성(simplicity)으로 흐른다. 그래야 경제성도 생기고 경쟁력도 높아진다. 이 과정에서 제품 · 공정의 기술 아키텍처가 인테그럴에서 모듈로 변화하는 기술개발이 일어난다.

이러한 혁신을 통해 아키텍처의 성격이 변화하는 모습을 심층 4분류로 설명해 보자. 이 분류 그림은 후지모토 교수가 2002년에 개발한 것이다.[1] 당시에 일본

그림 2-1 아키텍처의 심층 4분류

고객 제품의 아키텍처 → / 자사 제품의 아키텍처 ↓	Integral Architecture	Modular Architecture
Integral Architecture	영역 1 Integral Inside Integral Outside	영역 2 Integral Inside Modular Outside
Modular Architecture	영역 3 Modular Inside Integral Outside	영역 4 Modular Inside Modular Outside

출처 : 후지모토(2002).

기업에게 큰 의문점은 왜 구미 기업보다 제품도 좋고 열심히 일하는데도 불구하고 영업이익은 구미 기업보다 못한가였다. 언뜻 생각해 봐도 상식적으로 이해가 안 되는 모습임에 틀림없다.

이 원인 규명에 후지모토 교수는 아키텍처 이론을 사용하였다. 즉, 일본 기업은 수요 기업도 인테그럴성이 높은 제품을 만들고 공급 기업도 인테그럴성이 높은 부품을 납품하는 영역에서 사업하는 비중이 높고, 반면에 구미 기업은 모듈성 제품을 공급하는 영역에서 사업하는 비중이 높다는 것이다. 인테그럴성이 높은 영역에서는 상호 밀접한 협력관계를 가지며 이것이 좋은 긍정적 효과를 내는 반면에 서로 기업 사정을 잘 알아 이윤이 박하고 대신에 판매량 확대를 통해 총 이윤을 올리는 형태의 사업구조이다. 그러다 보니 일본 기업은 열심히 일하고 제품 품질도 좋은데 이익률은 낮은 결과가 되었다는 해석을 내렸다. 이것은 인테그럴 아키텍처에 우수성을 발휘하는 일본적 기업 간 관계에서 연유하는 것이라는 것이다. 또

1. 후지모토 타카히로(藤本隆宏, 2002), "製品アーキテクチャの概念・測定・戦略に関するノート(제품 아키텍처의 개념・측정・전략에 관한 노트)", RIETI Discussion Paper Series 02-J-008. 후지모토 타카히로(2007), 『ものづくり経営学』(모노즈쿠리 경영학), 제1부 2장에서 다시 설명하였다.

한 일본 기업의 비즈니스 포지션이 잘못되어 세계적 표준을 가지고 전 세계 기업과 거래하는 모듈형 제품이 적어서라는 것이다.

이 분류 틀에는 추가로 많은 의미가 숨어 있다. 후지모토 교수의 영업이익 차이 설명 이외에도 아키텍처의 관계성과 전환이라는 차원에서 해석해 보면, 오늘날 기술혁신 경쟁의 본질을 좀 더 쉽게 설명하는 데 유용하다.

모든 제품은, 구성품을 공급하는 공급 기업의 제품 아키텍처 성격과 이를 활용하여 상위 제품으로 만드는 수요 기업의 제품 아키텍처 성격을 서로 연결시켜(즉, 곱하여) 보면 4가지 유형이 나온다. 이는 혁신의 관계성을 기준으로 분류하는 것으로, 산업에서 어떠한 복합제품이라도 구성의 밸류 체인을 계층적으로 세분화시켜 분해해서 모두 적용 가능하다. 마치 모든 정보는 digital 0, 1로 원초적인 분류가 가능하고, 생명체의 모습도 DNA 4가지 유전자정보로 구분 가능하며, 모든 인공물과 자연물은 이의 상위 복합 조합체라는 관점과 같은 논리이다.

먼저 제1 영역을 보면, 제품과 제품의 관계가 모두 인테그럴인 경우(integral inside integral outside)는 구성품과 완성품이 상호 간에 맞춤을 위해 긴밀한 조정을 필요로 한다. 자동차와 자동차부품은 그런 관계의 대표적 사례이다. 자동차는 자동차 스타일과 규격이 바뀐 모델에는 자동차부품도 그에 맞추어 변해 주어야 하고, 타사 자동차에는 맞지 않는다. 물론 자동차에도 표준화 · 모듈화가 진행되고 부품공통화가 진행되고 있으나, 여전히 모델 변경에는 많은 부품에서 실험과 수정이 요구된다. 완성품이 바뀌면 연관된 부품도 동시에 바뀌어야 하는 관계이며, 이런 복잡한 연관관계 속에서 혁신이 같이 잘 일어나는가 여부가 경쟁력의 관건이다.

그리고 나머지 3가지 영역은 모두 모듈로 납품하는 경우이다. 그런데 이 3가지는 상호 관계성이 매우 다르다. 제2 영역에 해당하는 모듈(integral inside modular outside)은, 자사 제품은 내부 제조기술에 인테그럴 성격이 매우 높지만 상대측에 납품하는 모습은 완전한 모듈로 사용된다. 상대측 제품의 변경에 맞추어 자사 제품을 일일이 수정하지 않아도 된다. 이렇게 만들기는 매우 어려운 것으로 자연히 부가가치가 매우 높다. 가장 대표적인 제품이 인텔의 시스템 반도체칩이다. 한국 삼성전자의 초고집적 DRAM 반도체도 여기에 속한다. 특정 기업에 납품 의존도가 없고 전 세계 기업에게 넓게 판매한다. 자연히 독립성이 매우 높으며 다만 그 모두를 리딩할 수 있는 높은 선행 기술력이 요구된다.

제3 영역에 속하는 모듈(modular inside integral outside)은 자사 제품은 모듈로 되어 있지만, 상대방의 스펙 요구에 약간의 맞춤 조정이 되어 납품되는 경우이다. 그래도 기본은 기술수준이 높고 부가가치도 높다. 측정 검사 장비 같은 것이 대표적이다. 원래는 어디서 누가 사용하더라도 동일한 기능을 수행하지만, 수요 기업의 특별한 니즈에 맞춤 조정하여 전용장비로 납품하는 미세조정이 일어난다. 부품의 경우에도 몇 가지 규격으로 만들어 두고 그 범위 안에서 약간의 미세조정으로 상대측의 요구 스펙에 맞추어 주는 경우는 여기에 속한다. 건설부문에서도 건설기자재를 모듈식으로 여러 규격품을 만들어두고 이의 다양한 조합으로 소비자의 니즈에 맞춤 건설해 주는 경우도 여기에 속한다. 이러한 제품도 혁신에 독립성이 상당히 있으며, 특정 기업에 공급 의존도도 낮은 편이다. 그러나 인테그럴형으로 미세조정이 필요한 만큼 상대 기업과의 긴밀한 협력 속에서 혁신이 일어나게 된다. 따라서 자사의 선행 기술력이 매우 높으면 독립성이 높고 수요 기업이 그 스펙에 맞추는 식으로 되지만, 기술수준이 경쟁사와 비슷하면 가격 다운 경쟁이 일어나고 종속성도 높아지게 된다.

마지막으로, 제4 영역의 모듈(modular inside modular outside)은 자사의 제품이 업계에서 표준화가 된 모듈성이 상당히 높은 것으로 수요 기업도 자사 제품에 단순하게 부착시켜 사용하는 것이다. 수요자와 공급자 사이에 특별한 미세조정이 일어나지 않는다. 혁신에서 관계성이 없이 독립적으로 일어난다. 제품 구성품의 계층에서 몇 단계 하위의 단순한 부품이나, 제품의 역사가 상당히 진행되어 범용성 제품화된 것으로 기술의 성능보다는 제조비용이 경쟁력의 기준이 되고 자연히 공급자가 많아 소위 레드오션 제품이다.

강소기업 혹은 강중기업으로 불리는 세계적인 전문기업들은 제2 영역과 제3 영역의 제품을 사업하는 경우가 많다. 모듈 아키텍처이므로 이들은 글로벌로 영업을 하며, 기술혁신도 독자적인 역량을 가지고 완성품 제조기업과 병행 혹은 선행한다. 한국의 중간 허리층을 구성하는 중견기업들이 지향해야 하는 영역은 바로 여기라고 할 수 있다. 특히 가장 강한 영역은 제2 영역인 내부 인테그럴 외부 모듈형(integral inside modular outside) 제품이다. 제조공정에 필수적이면서 독보적인 소재를 공급하는 기업도 여기에 속하며, 미국의 3M이나 일본 소재기업이 반도체, 디스플레이 공정소재 공급시장을 여전히 장악하고 있는 것이 그 사례이다. 그들은 제조공법이 진화하는 방향에 새롭게 요구되는 신소재도 앞서서 개발하는 노력을 부단히 하고 있기 때문에 수십 년간 세계 일등 기업으로 군림하는 것이다. 미국도 제조업의 하드웨어 공장은 해외로 유출되어 공동화가 많지만 연구실이 곧 공장인 실리콘밸리 기업은 제2 영역 기업이 많다. 특히 그들은 우수한 소프트웨어 역량과 데이터를 기반으로 플랫폼으로까지 아키텍처를 발전시킴으로써 세계 최고가 되어 있다.

한국 기업은 지금까지는 제1 영역, 즉 수요 기업(주력산업의 대기업)과 상호 긴밀하고 신속한 미세조정을 필요로 하는 제품과 장비, 그리고 일부 소재에 대해 개발력의 우수성(fast follower)을 발휘하였다. 일부 기업은 제3 영역의 모듈 제품까지로 발전하여 독자적으로 세계 각국의 기업에도 납품하는 수준으로 성장하고 있다. 자동차부품도 외국 자동차회사에 수출이 많아졌고, 측정 검사장비 기업들도 후발자 중국 시장만이 아니라 선진국 기업을 대상으로 한 수출도 많아지고 있다. 그리하여 (주)고영테크놀러지, (주)피에스케이 같은 반도체 장비 중견기업은 수십 년 역사를 지닌 일본 기업들을 추월하여 이제는 세계시장 점유율 일등 제품을 생산하고 있다.

그런데 제2 영역 제품은 한국에 아직 세계 일등 기업이 매우 적은 편이다. 여기에 많은 한국 기업들이 우뚝 서 있는 산업구조로 발전하는 것이야말로 국가의 백년대계인 것이다. 본 책에서 강조하고자 하는 내생적 혁신의 가장 중요한 목표이다. 여기에는 장기간의 꾸준한(continuous) 노력이 소요되며, 특히 혁신역량을 외부에 의탁하지 않고 먼저 내부 스스로 착실하게 배양하고 주체성을 가지고 외부 역량을 활용하는 오픈 이노베이션의 적절한 전략 구현이 필요하다. 오픈 이노베이션은 자체 역량이 취약한 속에서는 오히려 외부 역량에 종속될 위험성이 높은 양날의 칼과 같다. 제1 영역, 제2 영역, 제3 영역의 아키텍처 모두가 자사의 혁신 역량이 필요하지만, 제2 영역과 제3 영역은 독립적이고 선행적인 모듈 혁신이 필요하므로 더욱더 내생적 혁신역량이 필요하다.

이러한 아키텍처의 심층 4분류 틀에서 우리가 관심을 가지고 봐야 할 것은 아키텍처의 변환이다. 여기서 선행적인 혁신 전략의 초점이 파악될 수 있다. 특히 아키텍처가 안정된 상태에 있다가 새롭게 신기술이 등장하면 이를 융합하는 과정에서 아키텍처는 모듈에서 인테그럴로 다시 복잡성이 올라가는 아키텍처 변환 현상이 내부에서 일어난다. 동시에 이를 단순화하려는 모듈화가 일어나는데, 요즘은 이 아키텍처 유형의 변환 속도가 빠르다. 속도(speed)는 4차 산업혁명의 데이터 기반 혁신 시대에 가장 큰 경쟁우위 요소이다. 센서 네트워크가 엄청나게 커지는 초연결시대에 연결 속도를 단축하고 복잡성을 신속히 처리하는 것은 곧 생산성 증대와 비용 절감의 핵심이다. 이를 도와주는 기술의 혁신, 즉 도구의 혁신(tool innovation)[2]이 외부에서 일어나 내부로 들어오면서 각 제품과 서비스, 그리고 시스템에서 기술의 융합 용이성이 크게 올라가고 아키텍처 변환 속도가 가속화되는 것이다. 그 유용성이 높아 도구 제품 자체의 산업규모도 엄청나게 커지고 있다. 이 도구의 아키텍처는 제2 영역 혹은 제3 영역에 속한다. 즉, 외부 모듈 혁신이 기존 아키텍처에 자극을 주면서 혁신이 유발된다. 이때 아키텍처의 내부에서는 모듈과

2. 윤석철 전 서울대 경영대학 교수는 『삶의 정도(正道)』(2011)에서 인류의 기술발전은 곧 수단매체의 혁신 역사라고 설파하고 있다.

모듈의 결합, 즉 복모듈화가 일어나고 나아가서는 삼중모듈화, 사중모듈화 식으로 결합이 늘어나면서 내부 결합방식을 비밀화시키는 블랙박스화가 일어난다. 생물체의 복합단백질이나 소재분야의 복합소재 혁신에 비유할 수 있다. 그리하여 최종적 사용 단계에는 단순 모듈 같이 보이지만, 내부는 시스템 통합도가 매우 높은 융합기술제품이 된다. 이처럼 모듈의 융합화 경쟁과 그 속에 필요한 시스템 인테그레이션 혁신이 산업 전역에서 일어나고 있는 세계 경쟁의 핵심인 것이다.

2. 아키텍처 전환기의 장인정신과 통합 혁신역량

원래 우수한 역량이라는 것은 갖추기 어려운 것이다. 역량은 축적하는 데 시간과 노력이 많이 드는 법이며 그래서 비싼 것이다. 서울대 이정동 교수가 2015년부터 주장하고 있는 "축적의 시간", "축적의 길"은 이러한 축적의 본질을 분명하게 인식할 것을 강조하고 있다. 과거의 습득 중심의 빠른 추격자 방식을 탈피하고 스스로 개념 설계(concept design)를 하고 작은 씨앗에서 큰 나무로 기술을 키우고 완성시켜 가는(scale-up) 장기간의 인내와 시행착오를 축적해 가는 노력이 우수한 경쟁력의 핵심이라고 강조한다.

축적의 정신은 내생적 혁신역량을 향상하는 데 불가분의 관계에 있다. 기술이나 지식을 단지 배우는 것에 그치지 않고, 소화하고 흡수해 원리와 원천을 완전히 깨닫게 되면서, 자기 것으로 새롭게 혁신하여 독자 기술을 만들어내게 된다. 기술도입에 비용 1이 들었다면 그후의 소화 흡수에 비용 3을 더 쓰는 식으로 축적의 노력이 필요하다. 그래서 핵심 경쟁력(core competence)이란 혁신역량(innovative capability)만이 아니라 흡수역량(absorptive capability)이 하나로 모여져 형성되는 것이다. 혁신역량은 우수 인재 확보로 짧은 시간에 갖출 수 있으나 흡수역량은 내부 체화(embedded) 과정에 시간이 걸린다. 일시적인 우수성 발휘가 아니라 지속적인 우수성 발휘가 핵심 경쟁력 보유 여부의 판단기준인 것이다.

이를 앞에서 살펴본 아키텍처의 4가지 심층분류 틀과 그 변환과정에 맞추어 좀 더 생각해 보자. 핵심 역량을 꾸준히 갈고 닦고 지속적으로 타사보다 앞선 기술력을 개발하는 노력이 장인정신이다. 기술에 성실하고 축적에 성실한 것이 장인정신이다.

그런데 장인정신은 모든 경우에 다 중시되는 것이 아니다. 아키텍처에 인테그럴성이 높은 경우에 더욱 빛을 발휘한다. 〈그림 2-1〉의 제1 영역에서 제3 영역까지의 아키텍처에서 그러하다. 내부적으로 인테그럴성이 높거나 외부적으로 인테그럴성이 높은 경우에 그러하다. 인테그럴은 관계가 여럿이고 복잡하며, 때로는 연동과정이 길다. 그만큼 노하우가 많이 필요하며, 정교한 상호 맞춤에는 심화된 역량이 필요하다. 하지만 내부도 모듈성이 높고 외부도 모듈성이 높은 제4 영역의 아키텍처에서는 노하우가 이미 기계와 장비에 체화되어 있어 장인정신이 중요하게 기능할 여지가 없다. 임가공이 중심인 업체에게 장인정신을 요구할 필요는 없는 것이다. 해외로 공장을 이전해도 가능한 이유가 그러한 것이다.

그런데 장인정신을 잃어버리는 경우가 현실에서는 잘 일어나고 있다. 그 시기는 바로 아키텍처가 인테그럴에서 모듈로 진행될 때이다. 아키텍처 내부에서 인테그럴이 모듈로 진행될 때 공정의 분화, 밸류 체인의 분화가 일어나고 이때 생산원가 절감 전략을 추구하여 아웃소싱을 하게 되는데, 이로 인해 현장이 없어지면서 기술 노하우를 점차 잃어버리고 단지 납품 테스트나 하는 조달전문가로 전락하게 된다. 시행착오를 인고하면서 새롭게 시도해 보고 단련하고 축적하는 장인정신도 같이 사라진다.

모듈화로 인한 과도한 아웃소싱은 장인정신을 잃어버리게 하는 함정이다. 일견 생산비용을 절감하는 좋은 경영기법으로 여겨질지 모르나 기업의 내생적 혁신역량 나아가 핵심 경쟁력을 잃어버리게 한다. 이것을 모듈화 함정(modularity trap)[3]이라고 한다. 이것은 자칫 유혹이며 위험한 것이다. 처음에는 이윤이 남겠지만, 신기술의 등장과 융합으로 아키텍처가 다시 복잡해지는, 즉 인테그럴성이 올라가는 시기에는 기술력 부족으로 적절히 대응하지 못하고 낙오되고 도태한다. 마치 착륙하려고 하강하던 비행기가 사정이 생겨 다시 급상승하려고 전환하면 추진력이 부족하여 추락해 버리는 모습과 같다. 높은 상공에서는 재상승이 가능하나 활주로 바닥 가까이까지 내려온 경우에는 불가능하다. 연구자가 실험을 맡기기만 한다든가 외과의사가 수술을 하지 않는다든가 하여 현장을 떠나면 디테일을 잃어버리는 것과 같다. 아키텍처의 전환기에 그러한 기업 추락 경우가 산업 역사에서 많이 있었다. 역량의 상실이 원인이지 신기술의 외부 등장이 원인이 아니다. 이 아키텍처 전환은 신기술 발전과 함께 주기적으로 되풀이 나타난다.

그러므로 아키텍처의 전환 속도와 전환 방향에 대해 촉각을 세우고 있으면서 인테그럴성 기술과 모듈성 기술의 균형 조정을 이루어가는 것이 중요하다. 모듈성은 아웃소싱을 해도 되지만, 인테그럴성도 내부에 많이 있는 것을 통째로 아웃소싱 하는 것은 균형을 잃어버리는 것이 된다. 단가 비중이 작아도 컨트롤러 유닛이나 시스템 칩과 같이 시스템의 조정과 통합 노하우에 중요한 구성품은 아키텍처의 핵심 기술로 제대로 인식하고 내부에서 장인정신을 갖고 역량을 유지 · 배양해야 지속적인 내생적 발전을 이룰 수 있다. 그러므로 아키텍처의 4가지 심층분류 틀을 적용하여 제품과 서비스를 구성하는 세부 구성품의 아키텍처 유형과 특성을 제대로 파악하고, 산업경쟁 환경 속에서 각기 다른 변화 속도를 보이는 아키텍처 혁신 시계를 알아보고, 그 혁신 속도에 맞추어 경영하는 것이 전략적 기술경영의 요체라고 할 것이다.

---

3. Chesbrough, H. and Kusunoki, K., "The modularity trap : innovation, technology phase shifts and the resulting limits of virtual organizations," in I. Nonaka and D. Teece (Eds.) *Managing Industrial Knowledge*, London : Sage, 2001.

3. 연구개발 투자로 본 한국 산업의 구조

아키텍처의 큰 전환은 항상 격동기이며 업계 기업 순위를 크게 올리고 내린다. 4차 산업혁명의 요체는 디지털 변혁의 심화(deepening of digital transformation)로 요약된다. 기술과 지식이 더한층 디지털화되고, 기하급수적으로 대량화되며, 심층화되는 방향으로 진행되고 있다. 인공지능과 컴퓨팅, 그리고 인터넷과 초고속통신을 통해 새롭게 모듈화된 제품이 전 산업에 걸쳐 확산되고 있다. 데이터 기반으로 상호 연결이 쉬워진 모듈의 대물결이 혁신을 가속화시키고 있다.

이때는 부품·소재·장비 산업에서 전문기업의 발달이 매우 큰 힘이 된다. 아키텍처의 전환은 산업구조의 변혁도 가져온다. 초기에는 상위의 완성품 기업을 중심으로 수직적인 계층적 네트워크로 부품·소재·장비 산업구조가 형성되지만, 모듈화가 진전되면 수직적 거래관계를 탈피하고 수평적인 거래관계로 네트워크가 펼쳐진다. MIT대학의 Sturgeon 교수는 2002년에 미국의 제조업 생산 시스템이 1990년대 후반부터 글로벌로 퍼져 나가는 모습을 모듈생산네트워크(modular production networks)라고 표현하였다.[4] 피츠버그대학의 Frits K. Pil & Matthias Holweg 교수는 2006년에 폐쇄형 네트워크도 벗어나 산업 밸류 체인의 코어 전문기업이 오히려 거래관계의 중심에 서는 오픈 그리드(grid) 구조로 변한다고 하였다.[5] 이는 앞의 아키텍처 심층 4분류 틀로 설명하면, 제2 영역 기업이 세계적으로 더욱 많아진다는 뜻이다. 독일의 헤르만 지몬 교수가 독일의 장기 지속적인 흑자경제의 원인으로 지칭한 히든챔피언 기업이나 중국이 제조강국으로 등장해도 꺼

4. Sturgeon, T. J., "Modular Production Networks : A new American Model of Industrial Organization," *Industrial and Corporate Change*, 11(3), 451–496, 2002.
5. Frits K. Pil and Matthias Holweg, "Evolving from Value Chain to Value Grid," *MIT Sloan Management Review*, July 01, 2006.

떡없이 군림하는 일본의 디지털 소재 강중기업은 그러한 예이다. 이들은 전 세계 기업과 글로벌 비즈니스를 영위하는 우수한 모듈 제품 아키텍처를 갖고 있다. 앞으로 디지털 변혁이 심화될 스마트 카를 생산하는 산업의 모습은 완성차 메이커보다는 핵심 모듈 부품을 생산하는 그리드형 전문기업이 더 중심에 서게 될 것이다.

따라서 한 나라에서 부품 · 소재 · 장비 기업의 발전 여하는 세계적으로 격변하는 아키텍처의 변혁기에 적절히 대처하고 있는지를 가늠하는 잣대가 된다. 구체적으로는 기업의 연구개발 투자 추이이다. 연구개발 투자는 내생적 혁신역량의 가장 확실한 지표이다. 투자규모의 증감 크기와 지속적 증가인지 일시적 증가인지로 산업의 혁신력과 축적력을 진단할 수 있다.

한국의 산업은 어떠할까? 주지하다시피 한국은 국가 전체의 연구개발 투자가 지속적으로 증가하여 현재는 영국과 프랑스를 능가한 세계 5위이며, 수년 전부터 이미 GDP 대비 연구개발 투자 비율은 일본을 능가한 세계 1위이다. 이만큼 투자의 힘이 좋다. 그런데 산업의 속을 들여다 보면 허실한 약점이 크다. 연구개발 투자가 편중된 양극화가 대기업들 안에도 있고 부품 · 소재 · 장비 산업 사이에도 크게 벌어져 있는 점이 발견된다.

3.1 R&D 투자 1조 클럽의 형성

우선 좋은 모습은 최상위 대기업의 연구개발비 투자가 크게 증가해 온 점이다. 전자공시 시스템(DART)의 사업보고서와 감사보고서에서 기업별 연구개발비를 추출하여 분석해 보면, 한국에는 "R&D 1조 클럽"의 성장 현상이 뚜렷하게 보인다.

가장 많이 투자하는 삼성전자는 이미 1998년에도 1조 6,642억원으로 R&D 1조 클럽에 들어 있다. 참고로 한국의 전자공시 시스템은 1998년 자료부터 업로드되어 있어 삼성전자가 언제부터 1조원 이상 투자했는지 확인할 수 없다. 2003년

표 2-1

한국 기업 R&D 투자 1조 클럽

(단위 : 백만원)

Name	2003년	2004년	2005년	2006년	2007년	2008년	2009년	2010년	2011년	2012년	2013년	2014년	2015년	2016년	2017년
삼성전자(주)	3,529,433	4,789,889	5,409,771	5,576,301	5,942,582	6,900,730	7,272,124	9,410,862	10,311,417	11,892,434	14,780,432	15,325,507	14,848,754	14,792,343	16,803,153
LG전자(주)	799,455	1,235,008	1,273,092	981,027	1,551,863	1,752,801	1,887,686	2,479,991	2,689,292	2,875,992	3,546,039	3,662,916	3,809,810	3,879,286	4,030,040
현대자동차(주)	710,625	865,519	1,002,280	1,047,200	1,064,210	1,176,634	1,277,709	1,386,518	1,445,268	1,631,670	1,849,044	2,128,904	2,172,406	2,352,229	2,499,518
SK하이닉스(주)	317,810	364,245	303,777	401,685	499,518	699,890	672,840	801,390	833,788	938,281	1,144,477	1,423,739	1,756,494	1,869,232	2,487,033
삼성디스플레이(주)	–	–	–	–	–	–	–	–	–	938,395	1,717,040	1,483,601	1,859,643	1,821,046	2,126,948
LG디스플레이(주)	318,071	253,205	361,761	436,112	414,416	501,192	774,338	1,117,268	1,314,031	1,372,787	1,674,780	1,787,593	1,546,840	1,423,247	1,911,690
기아자동차(주)	427,592	538,694	565,742	586,112	597,123	748,121	714,656	844,869	992,229	1,027,099	1,241,573	1,269,993	1,523,538	1,646,409	1,641,853
네이버	11,816	24,330	41,453	72,357	137,543	173,001	148,228	213,222	1,073,679	1,039,927	992,458	1,149,530	1,339,732	1,009,633	1,130,230
	삼성전자	삼성전자	삼성전자	삼성전자	삼성전자	삼성전자	삼성전자	삼성전자	삼성전자	삼성전자	삼성전자	삼성전자	삼성전자	삼성전자	삼성전자
		LG전자	LG전자	현대자동차	LG전자	LG전자	LG전자	LG전자	LG전자	LG전자	LG전자	LG전자	LG전자	LG전자	LG전자
			현대자동차	(LG전자)	현대자동차	현대자동차	현대자동차	현대자동차	현대자동차	현대자동차	현대자동차	현대자동차	현대자동차	현대자동차	현대자동차
								LG디스플레이	LG디스플레이	LG디스플레이	삼성디스플레이	LG디스플레이	삼성디스플레이	SK하이닉스	SK하이닉스
									네이버	네이버	LG디스플레이	삼성디스플레이	SK하이닉스	삼성디스플레이	삼성디스플레이
										기아자동차	기아자동차	SK하이닉스	LG디스플레이	기아자동차	LG디스플레이
											SK하이닉스	기아자동차	기아자동차	LG디스플레이	기아자동차
												네이버	네이버	네이버	네이버

표 2-2

R&D 1조 클럽 후보 기업(5천억 이상)

(단위 : 백만원)

Name	2003년	2004년	2005년	2006년	2007년	2008년	2009년	2010년	2011년	2012년	2013년	2014년	2015년	2016년	2017년
(주)LG화학	150,123	160,676	207,841	206,428	220,099	219,654	223,676	279,664	341,775	386,534	447,044	511,241	556,649	678,027	897,071
현대모비스(주)	52,318	88,043	98,392	80,657	93,498	121,262	204,349	277,172	326,108	357,863	424,054	492,700	623,169	695,683	769,569
삼성SDI(주)	293,021	389,196	362,429	417,640	424,394	250,883	203,276	216,312	225,045	326,999	428,511	620,517	571,018	552,529	525,934
LG이노텍(주)	9,964	12,167	29,200	39,396	56,388	68,604	131,828	198,191	274,171	288,922	296,604	418,555	442,593	445,579	522,212
(주)포스코	233,286	302,185	295,176	255,511	321,634	442,727	454,398	527,502	608,521	618,146	584,994	694,021	513,006	482,150	520,382
(주)한화	8,305	7,185	8,212	16,243	29,061	25,919	24,388	34,577	23,250	26,621	30,360	31,747	36,225	453,754	507,232
두산중공업(주)	32,509	37,537	39,903	52,819	78,892	96,420	100,344	124,170	144,090	177,272	530,083	533,704	568,291	468,364	507,127

까지는 삼성전자 혼자만 1조원 이상 투자하였는데, 드디어 2004년에 LG전자, 2005년에 현대자동차도 1조원 이상 투자하기 시작하였다. 그후 R&D 1조 클럽은 이렇게 한국을 대표하는 최상위 3개 회사에 오랫동안 한정되어 있었다. 중요한 변화가 나오기 시작한 것은 2010년부터다. 1조 1,173억원을 투자한 LG디스플레이를 시작으로 네이버, 기아자동차, 삼성디스플레이, SK하이닉스가 매년 연속 입장하여 드디어 2014년에 R&D 1조 클럽이 8개사로 늘어났다. 현재까지 투자순위가 일부 바뀌고 있을 뿐 이들 회사가 한국 산업에서 최상위 연구개발 투자 기업군으로 형성되었다.

R&D 1조 클럽의 형성 과정에서 읽어야 할 특징은 오랜 기간 한국 산업은 완성품 세트 메이커 중심이었다가 이제는 디스플레이, 반도체라는 부품 전문기업도 같이 산업의 강자로 등극하면서 혁신을 보조하고 리딩하는 역량을 갖추었다는 점이다. 아울러 제조업 기업뿐이었던 구도에서 서비스산업의 인터넷 기업도 최상층의 혁신 리드 기업으로 우뚝 섰다는 것이다. 아키텍처의 종합 혁신기업으로 일부 산업군에서는 세계적인 경쟁력을 가진 산업구조가 된 것이다.

그런데 다음으로 R&D 1조 클럽으로 올라올 5천억 이상 ~ 1조원 미만 투자기업층을 보면, 2017년 말까지 단지 8개사뿐이다. 외국 투자기업인 한국GM을 제외하면 7개사에 불과하다. 여기서 가장 가까운 기업은 LG화학이다. LG화학은 2014년도에야 겨우 5천억대 문턱을 넘었는데 3년 연속 10% 이상 R&D 투자를 증대시키면서 이제 8,971억원으로 1조원대 문턱까지 빠르게 올라왔다. 이제 2018년에는 1조원을 넘을 것으로 기대된다. 이렇게 되면 소재기업에서도 드디어 R&D 1조 클럽 기업이 탄생하는 것이다. 이것이 한국 산업발전 역사에서 의미하는 바는 크다. 드디어 세트 메이커와 부품 메이커, 그리고 소재 메이커가 다 R&D 1조 클럽 안에 갖추어지는 것이다. 아울러 자동차부품 기업인 현대모비스(주)가 2020년까지는 그 다음을 이어 진입할 것으로 예상된다.

아마도 이후에는 R&D 1조 클럽으로 올라오는 기업은 한참(2025년 이후) 기다려야 할 것이다. 원래 (주)포스코가 연구개발 투자를 많이 해왔는데 사업다각화 투자가 경영실적을 부정적으로 압박하면서 연구개발 투자도 같이 후퇴한 이후, 이제 겨우 다시 투자 회복을 하고 있다. 새롭게 리튬 이차전지의 소재사업 개발에 성공적인 모습을 보이면서 앞으로 R&D 1조 클럽에 진입하는 소재기업의 두 번째 기업이 될 것이다.

3.2 차상위 R&D 투자 100억 이상 기업층의 성장 속 양극화

다음으로 R&D 1조 클럽을 제외한 차상위 기업으로 R&D 투자를 일정 규모(100억원) 이상 투자하는 기업들을 살펴보자. 1년에 100억 투자한다는 것은 10년 동안에 1천억을 투자한다는 뜻이다. 이들은 대부분 매출액이 수천억원 혹은 수조원 이상, 때로는 수십조원 규모의 기업으로 세계적인 기술개발과 제품혁신 경쟁 속에서 한국 산업계에서 중추적인 역할을 한다. 이 기업층의 연구개발 투자, 즉 혁신력이 빠르게 두터워질수록 지금의 4차 산업혁명기에 잘 대처하고 나아가 세계 경쟁을 이겨나가는 힘이 될 것이다.

논의상 여기에는 앞에서 언급한 LG화학과 (주)포스코도 포함되는데, 이를 포함한 전체 모습으로 성장 추이를 살펴보자. 먼저 기업 수는 2003년에 총 106개뿐이었다. 이는 전 산업에 걸친 모습이다. 삼성전자, LG전자, 현대자동차 3사가 R&D 1조 클럽을 형성한 2005년에서 2009년까지 138개사가 218개사로 증가하였다. 아울러 2010년에 256개사가 2017년에는 342개사로 증가하였다. 기업 수는 이처럼 한번도 감소 없이 매년 증가를 거듭하여 왔다. 이는 아래쪽 기업에서 위쪽 기업으로 성장해 오는 기업이 계속 발생하고 있다는 것이며, 산업 전체에 일정 규모 이상 R&D 투자를 하는 기업층이 차근차근 두터워지고 있다는 의미이다. 다만, 연구개발 투자총액에서는 2014년, 2015년 두 해 동안에 역성장을 보이고 있다.

표 2-3 R&D 규모별 기업군 성장 추이(총액)

(단위 : 억원)

R&D 투자규모별 총액	2003년	2004년	2005년	2006년	2007년	2008년	2009년	2010년	2011년	2012년	2013년	2014년	2015년	2016년	2017년
1조원 이상 기업군	35,294	60,249	76,851	66,235	85,587	98,302	104,375	143,946	182,827	198,399	259,534	282,318	288,572	287,934	326,305
1조~5천억원 기업군	15,101	14,042	5,657	15,671	11,962	26,226	26,969	33,173	30,945	30,653	37,177	40,514	40,826	25,403	48,727
5천~1천억원 기업군	32,048	33,339	40,202	42,499	42,595	38,570	44,663	46,828	56,509	68,048	64,842	57,381	55,767	78,795	76,800
1천~5백억원 기업군	5,891	8,292	6,983	13,091	19,433	23,316	20,412	21,493	23,042	27,388	30,105	30,980	28,094	26,578	25,626
5백~1백억원 기업군	16,958	20,410	24,012	26,066	26,755	30,229	32,295	36,484	40,446	39,021	42,338	42,645	46,342	49,103	50,478
전체 R&D 합계	105,292	136,333	153,706	163,563	186,332	216,643	228,714	281,924	333,769	363,509	433,996	453,837	459,601	467,813	527,936
1조 클럽을 제외한 합계	69,997	76,084	76,855	97,328	100,745	118,341	124,339	137,978	150,942	165,110	174,462	171,519	171,029	179,879	201,631

표 2-4 R&D 규모별 기업군 성장 추이(기업 수)

(단위 : 개)

R&D 투자규모별 총액	2003년	2004년	2005년	2006년	2007년	2008년	2009년	2010년	2011년	2012년	2013년	2014년	2015년	2016년	2017년
1조원 이상 기업군	1	2	3	2	3	3	3	4	6	6	7	8	8	8	8
1조~5천억원 기업군	2	2	1	2	2	4	4	5	4	4	6	7	7	4	8
5천~1천억원 기업군	14	14	17	17	17	19	25	24	30	33	31	29	29	35	36
1천~5백억원 기업군	9	12	10	19	27	31	28	29	33	40	43	44	40	37	36
5백~1백억원 기업군	81	96	110	114	121	146	161	172	189	188	205	216	229	241	262
전체 기업 수	107	126	141	154	170	203	221	234	262	271	292	304	313	325	350
1조 클럽을 제외한 기업 수	106	124	138	152	167	200	218	230	256	265	285	296	305	317	342

그림 2-2 연구개발 투자 100억원 이상 기업군의 상대 비중

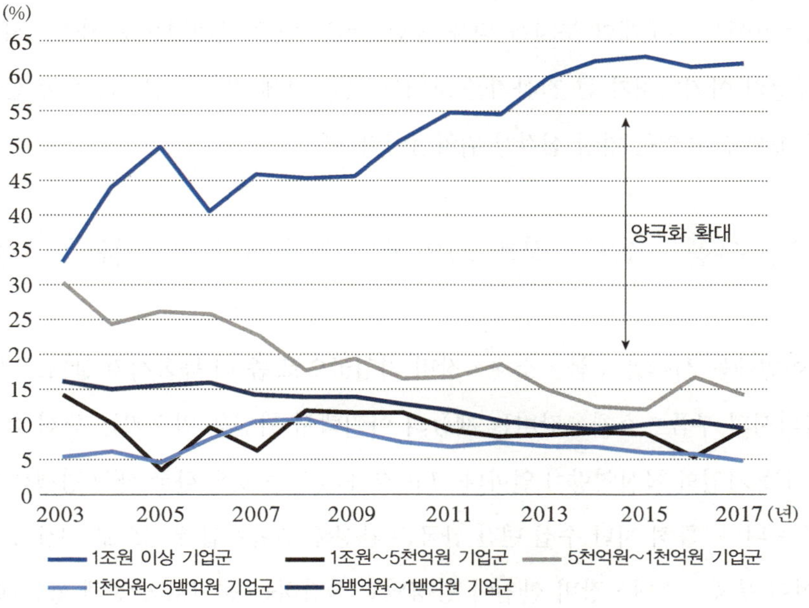

그런데 비록 총 기업 수는 증가하고 있어도 투자규모별 투자총액 추이를 분석해 보면, 최상위 R&D 1조 클럽 기업에 비해서 뒤처지는 투자 격차가 계속 벌어지고 있다는 사실이 발견된다. 2009년까지는 R&D 1조 클럽의 비중이 50% 이하에서 등락을 하고 있었는데 이 시기까지는 그 이하 규모 기업군의 연구개발 투자도 동반 증가하였다는 것을 의미한다. 그런데 2010년부터는 R&D 1조 클럽의 비중이 빠르게 높아지면서 8개사로 1조 클럽이 확대 형성된 2014년부터는 62% 정도까지 올라가 현재도 계속되고 있다. 이 기간 동안에 다른 기업층을 보면 비록 기업 수는 꾸준히 증가하면서도 투자총액의 상대적 비중은 모두 하락하고 있다. 즉, 성장 속의 양극화가 오히려 두드러지고 있었던 것이다. 특히 연구개발 투자 1천억에서 500억 규모의 기업층은 비중도 가장 작고 투자총액마저 계속 역성장하는 가장 심한 하락을 보이고 있다. 이들 기업은 모두가 대기업 내지 이에 근접한 중견기업들이다. 또한 산업 차원에서 볼 때 여러 주요 제품군에서 아키텍처 혁신을 리드하

는 중간 허리층에 위치한다. 지금이 4차 산업혁명의 신기술 도래 시기이고 세계 경쟁국가에서 연구개발 투자를 더욱 증진시키고 있고 세계적으로 제품 · 서비스 및 공정의 아키텍처가 큰 전환기를 보이고 있는 점에 비추어 볼 때, 한국 산업계 성장 속에 숨어 있는 가장 심각한 취약점이다.

3.3 부품 · 소재 · 장비 기업군의 연구개발 투자 불균형 성장

이번에는 시야를 부품 · 소재 · 장비 기업군으로 좀 더 특화시켜 살펴보자. 주지하다시피 부품 · 소재 · 장비는 제품의 아키텍처 혁신을 일으키는 핵심 요소이다. 이들 기업의 혁신역량이 얼마나 크고 강하냐 하는 것은 한국 산업 경쟁력의 지렛대가 된다. 특히 지난 수십 년간 한국은 완성품 조립기업 우선으로 성장하고 뒤를 이어 부품 · 소재 · 장비 산업이 형성되고 성장하는 순서로 발전해 왔는데, 세계적으로 디지털 변혁의 심층화로 아키텍처의 구성품에 모듈화가 크게 진전되면서 그 어느 때보다도 혁신의 중요 요소인 부품 · 소재 · 장비 기업의 발달이 더욱 중요시되고 있다.

여기서는 각 연도별로 일정 규모(100억) 이상 매출액 기업을 대상으로 분석하였다. 매출액이 10년간 1천억원 정도는 될 수 있는 기업들로 대기업, 중견기업, 중소기업이 모두 포함된다. 그리고 기업 초기의 죽음의 계곡을 넘어선 묘목 이상 기업이라고 할 수 있다. 부품 · 소재 · 장비 기업으로 구분하는 것은 기업정보데이터회사 FnGuide가 제공하는 Dataguide 자료에 있는 각 기업별 표준산업분류코드번호를 기준으로 판정하였다.[6]

---

6. 부품 · 소재 분류코드는 산업통상자원부가 공시한 "소재 · 부품전문기업 등의 육성에 관한 특별조치법 시행령"(2015. 6. 30.개정) 제2조 2 소재 · 부품 생산설비의 범위 조항에 의거하여 분류하였다. 이 분류는 통계청 고시 9차 표준산업분류로 되어 있어 현재의 10차 개정 분류코드로 전환작업을 했으며 그 과정에서 기계연구원 정책기획실 출신의 곽기호 부경대 교수 도움을 받아 장비산업을 새롭게 분류하였다.

표 2-5 **부품 · 소재 · 장비 산업의 연구개발비** (단위 : 백만원)

	부품산업	소재산업	장비산업	합계
2008년	4,625,917	1,107,624	1,091,813	6,825,354
2009년	5,005,086	1,212,889	969,073	7,232,897
2010년	6,224,396	1,462,063	1,310,945	9,048,726
2011년	6,853,892	1,899,594	1,465,121	10,218,608
2012년	8,563,367	2,133,313	1,689,504	12,386,184
2013년	10,999,535	2,468,227	1,556,945	15,024,707
2014년	11,997,008	2,368,938	1,578,745	15,944,691
2015년	13,008,434	2,419,813	1,553,109	16,981,356
2016년	13,006,134	2,640,015	1,654,878	17,301,027
2017년	15,266,763	2,913,354	1,774,581	19,954,698
증가 배율	3.3	2.6	1.6	2.9

추출된 분석대상 기업은 2017년 말 기준으로 총 5,870개 기업이며, 부품 · 소재 · 장비의 특성상 모두 제조업에 속한다. 정보통신업 등 서비스업은 제외되지만

그림 2-3 부품산업에 편중된 발전 모습

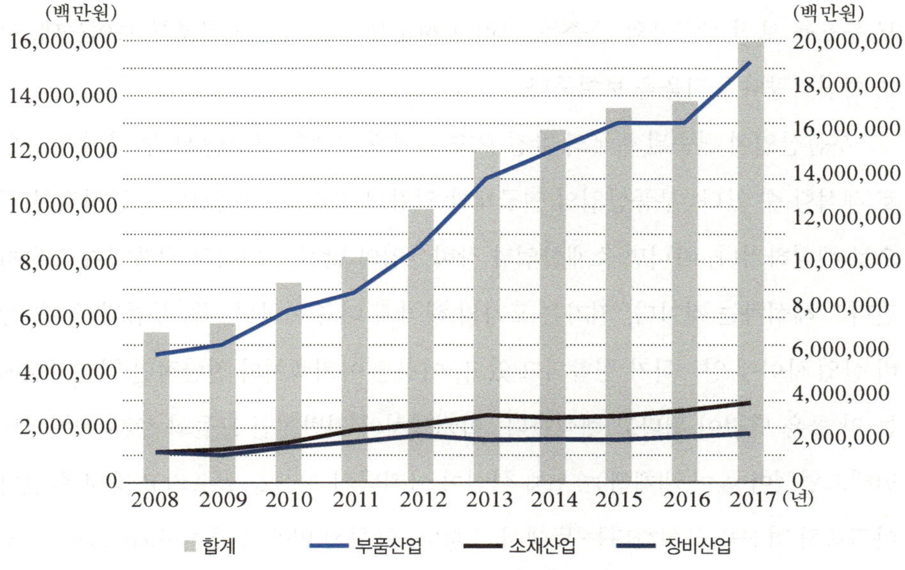

전자부품, 자동차부품, 기계부품, 화학소재, 전기장비, ICT 서비스장비, 의료기기 등이 모두 포함된 모집단이다. 이들 기업을 모수로 하여 연도별 연구개발 투자규모를 나누어 기업 수와 투자총액 추이를 살펴보자.

먼저 매출 100억원 이상 부품 · 소재 · 장비 기업의 연구개발 투자액 추이를 보자. 2008년부터 2017년까지의 10년간 추이를 보면, 총 연구비는 2.9배 증가하였다. 이는 매우 높은 증가율이다. 과학기술정보통신부의 통계(연구개발활동조사보고서 각 연도)에 의하면, 삼성전자를 포함한 산업 전체의 연구개발 투자는 2008년 대비 2016년에 2.07배 증가하였다. 한국이 부품 · 소재 수출에서 무역흑자를 크게 내는 성장세를 보이는 것도 그 배경에 연구개발 투자의 좋은 증가 모습이 있어서인 것이다.

그런데 부품과 소재, 그리고 장비에서는 현격한 격차를 보이고 있다. 가장 큰 증가율은 부품산업이 보이고 있다. 절대규모도 이제는 전체의 76%에 달하고 있다. 다음이 소재산업이고 그 다음이 장비산업의 순인데, 장비산업은 증가율이 매우 더디어 소재산업이 2012년에 2조원 연구비 투자를 넘긴 것을 아직 넘기지 못하고 있으며, 적어도 6년 정도의 격차를 보이고 있다. 부품산업의 연구비 투자규모 분포를 보면 상층부와 중층부, 그리고 하층부가 피라미드 구조를 보이는데, 이는 혁신역량의 두터움을 보여준다.

부품산업에 편중된 한국의 발전 모습은 세계 경쟁을 고려할 때 두 가지 방향으로 해석할 수 있다. 부품산업의 연구개발 역량이 점점 더 강해진다는 긍정적인 뜻으로 해석하거나, 아니면 소재산업과 장비산업의 발전이 더디고 경쟁열위로 뒤쳐진다고 해석하는 것이다. 저자는 후자의 해석에 더 주목한다. 즉, 부품과 소재, 장비 산업 사이에 양극화가 심화되고 있고, 이것은 아키텍처의 전반적인 혁신역량에는 안 좋은 단점이 된다고 해석한다. 아키텍처의 전반적인 모듈화 추세 속에서도 인테그럴성이 높이 내재하는 소재 혁신이 아키텍처 혁신을 일으키고 장비 혁신이 아키텍처 혁신을 구현한다는 뜻에서 그렇다. 균형된 비율로 공진화(co-evolution)

표 2-6 부품 · 소재 · 장비 산업의 R&D 규모별 기업군(총액)

(단위 : 백만원)

총 연구비 / R&D 투자규모별	부품기업		소재기업		장비기업	
	2016년	2017년	2016년	2017년	2016년	2017년
1조원 이상 기업군	5,113,525	6,525,671	–	–	–	–
1조원~5천억원 기업군	1,248,212	2,324,842	678,027	897,071	–	–
5천억원~1천억원 기업군	2,126,366	2,100,752	547,640	708,242	–	112,145
1천억원~5백억원 기업군	880,611	654,949	402,074	335,335	97,552	116,283
5백억원~1백억원 기업군	1,444,091	1,478,179	355,231	328,957	734,378	688,068
1백억원~10억원 기업군	1,723,651	1,716,327	468,797	453,093	709,870	730,162
10억원~1억원 기업군	458,769	456,454	181,472	183,389	111,994	125,993
1억원~1원 기업군	10,909	9,590	6,774	7,267	1,085	1,930
ZERO 기업군	–	–	–	–	–	–
합계	12,813,133	15,266,764	2,640,015	2,913,354	1,654,879	1,774,581

표 2-7 부품 · 소재 · 장비 산업의 R&D 규모별 기업군(기업 수)

(단위 : 개)

기업 수 / R&D 투자규모별	부품기업		소재기업		장비기업	
	2016년	2017년	2016년	2017년	2016년	2017년
1조원 이상 기업군	3	3	–	–	–	–
1조원~5천억원 기업군	2	4	1	1	–	–
5천억원~1천억원 기업군	7	9	3	4	–	1
1천억원~5백억원 기업군	12	9	6	5	1	2
5백억원~1백억원 기업군	70	76	18	19	36	37
1백억원~10억원 기업군	579	578	174	172	238	233
10억원~1억원 기업군	1,086	1,100	465	466	247	268
1억원~1원 기업군	263	242	157	165	36	46
ZERO 기업군	1,489	1,376	853	836	240	218
합계	3,511	3,397	1,677	1,668	798	805
1억원 이상 기업 수	1,759	1,779	667	667	522	541
1억원 미만 기업 수 비율	49.9%	47.6%	60.2%	60.0%	34.6%	32.8%
R&D zero 기업 수 비율	42,4%	40.5%	50.9%	50.1%	30.1%	27.1%

하는 발전 모습이 한국 산업의 내생적 혁신역량에 더 바람직한 것이다. 불균형 발전은 일정 기간은 강점이 되나 장기적으로는 취약점이 더 커진다는 위험도 된다.

그리고 연구비 규모와 기업 수를 가지고 3가지 산업 내의 혁신역량 구조를 가늠해 보자. 먼저 총 연구비에서는 부품산업 : 소재산업 : 장비산업 = 100 : 19 : 12 비율인데, 기업 수에서는 100 : 49 : 24 정도로 차이가 적다. 즉, 소재산업과 장비산업에 기업은 많은데 투자하는 연구비가 적다는 것이다.

그런데 소재산업과 장비산업만을 서로 비교해 보면, 소재산업에 더 취약점이 보이고 장비산업에 강점이 보인다. 소재산업에는 비록 아직 R&D 1조 투자기업이 없지만(LG화학의 가능성 있지만) 5개 기업이 1천억 이상 투자를 하고 있다. 이러한 상위 기업이 장비산업에는 전무하다가 2017년에 처음으로 1개사(두산인프라코어)가 생겼을 뿐이다. 장비산업의 혁신을 리드할 만한 상층부 기업이 아주 극소수에 불과하다.

그런데 그 이하의 연구비 500억~100억원 기업군과 100억~10억원 기업군에서는 소재산업보다 장비산업이 기업 수도 더 많고 연구비 총액도 더 많다. 이는 아주 큰 차이점이다. 즉, 소재산업은 소수의 대기업이 혁신을 이끌 뿐 허리층이나 그 이하층은 혁신역량이 아주 취약한데, 이에 비해 장비산업은 오히려 혁신역량의 발전 가능성이 더 큰 잠재력을 보이고 있다. 더구나 매출액이 100억 이상 기업인데도 소재산업은 전체 기업의 60%가 연구비 1억 미만이고 연구비 투자가 zero 기업도 무려 50%나 된다. 연구를 하지 않는 기업의 비율이 3가지 산업 중에서 가장 높다. 이에 비해 장비산업은 그런 기업이 30% 수준에 불과하여 가장 낮은 수준이다. 그동안 장비산업 전체의 연구비 투자는 적었어도 연구비 투자가 충실한 기업은 많이 발전해 온 산업구조를 보이고 있다. 그 배경에는 반도체 장비와 디스플레이 장비 기업의 발전이 있다.

이러한 부품 · 소재 · 장비 산업의 연구개발비 투자 추이와 구조 모습은 부품산업의 발달이 먼저 일어나고 소재산업이 뒷받침하고는 있으나 소수 대기업의 선행 발전에 의존하고 있으며 장비산업은 혁신과 성장잠재력이 두터운 기업층으로 점점 커지고 있다고 정리할 수 있다. 이제는 한국의 장비산업 발전 추이에 정부도 정책 초점을 본격화시킬 적절한 시기가 되었다고 본다.

4. 연구개발 투자의 양극화와 불균형이 가져올 우려

한국 산업의 모습은 성장 속의 불균형이 특징이다. 그래도 모두가 낮은 성장으로 머물러 있는 것보다는 일부라도 앞서 성장하는 것이 더 낫다. 성장 기업이 수요 시장을 창출하여 주는 것이 특히 부품 · 소재 · 장비 공급 기업에게는 나은 환경이 되기 때문이다. 현재 한국에서는 대기업과 중소기업 사이에 낙수효과가 있다 없다로 논란이 많다. 하지만 아키텍처 혁신 관점에서 보면, 수요 기업의 아키텍처가 세계적인 4차 산업혁명기 속에서 복잡성이 크게 높아질 것은 필연으로 예측되며, 이 시기에 수요 기업과 공급 기업 간에 R&D 격차가 더 심화되면 시장 메커니즘의 속성상 공급 vendor 탈락으로 이어질 가능성이 매우 크다. 그러면 현재 한국 산업의 내생적 발전역량 축적에 역효과가 발생할 것이다.

현재 연구개발 투자를 가장 많이 증가시키고 있는 기업층은 최상위 기업들이다. 2014년을 정점으로 2015～2016년 2년간 횡보하다가 2017년부터는 다시 10% 이상 증가시키고 있다. 상위 대기업의 연구비 투자 확대는 현재 세계적으로도 비슷한 모습을 보이고 있다. 일본경제신문사가 매년 실시하는 상위기업의 연구개발 투자규모 조사를 보면 2017년에 5.7%로 동일본 지진 이후 가장 높은 증가세를 보였으며 2018년에도 연이어 4.5% 높은 성장치를 보일 것으로 조사되었다.[7] 또한 미국의 GE사가 2018년에 발표한 보고서에도 같은 추세가 있음을 발표

7. 일본경제신문사 2017년 7월 27일자 기사 및 2018년 7월 25일 기사.

하고 있는데, 세계 2,090명의 혁신기업 임원들은 2014년에 비해 2018년에 중소기업과 스타트업의 혁신 드라이브는 크게 줄어드는 반면에 대기업 및 다국적기업의 비중이 크게 증가할 것으로 응답하고 있다.[8]

한국의 부품 · 소재 · 장비 기업은 이러한 대 격변기의 도래에 충분한 대응력을 갖추고 있는가? 현재 연구개발비 투자상태로 판단한다면 중위권 부품 · 소재 기업은 큰 취약성을 보이고 있다. 혁신기업 수도 적고 투자규모도 격차가 심하고 편중되어 있다. 연구개발 투자는 혁신역량의 축적에 지속성을 유지시키는 에너지이며 에너지가 줄면 결국 경쟁에서 낙오한다. 아키텍처 혁신의 주요 구성품인 부품 · 소재 · 장비 산업에서 취약 기업층의 부족한 혁신역량을 극복하는 연구개발 투자 확대가 그 어느 때보다도 긴요하다.

그림 2-4 공급 기업이 Architectural Complexity를 따라가지 못할 경우

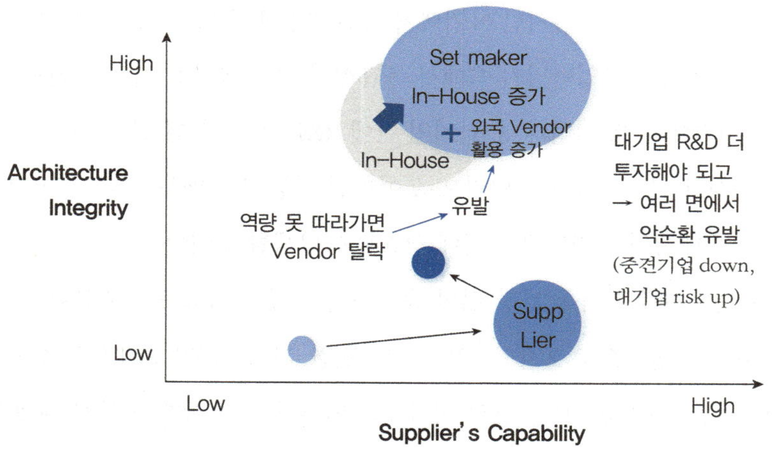

8. *GE Global Innovation Barometer 2018*, 2018년 2월, p.13.

5. 세계 평균보다 높은 연평균 7% 연구개발 투자 증가 필요

그렇다면 한국의 혁신역량 증대를 위해 얼마나 연구개발 투자가 필요한가? 이에 대한 한 가지 바로미터가 세계의 산업 연구개발비 투자 증가율이다. OECD의 MSTI 통계로 각국 통계를 집계하여 분석해 보면 세계의 총 연구비(current ppp)는 2016년에 1조 7,238억 달러로 지난 35년 동안 11.7배 증가하였다. 세계 경제는 호황과 불황 사이클을 반복해 왔지만, 혁신을 위한 연구개발 투자는 변함없이 우상향으로 꾸준히 증가해 왔다. 그중에서 산업계의 연구개발 투자 역시 30여 년간 감소 없이 꾸준히 증가 추세를 보이고 있다.

산업계의 투자는 그동안 세계 투자의 65~70% 범위 내에서 올라가고 내려가는 사이클을 반복하고 있었는데, 2014년에 드디어 70%를 넘기고 나서는 그 비중이 계속 올라가고 있다. 그만큼 현재는 산업계가 세계의 혁신을 강하게 이끌고 있으며 어디까지 올라갈 것인지 지켜봐야 할 정도이다.

그림 2-5 기업 연구비를 연평균 7% 이상 증대, 3년간 25% 증대, 10년간 100% 증대 목표

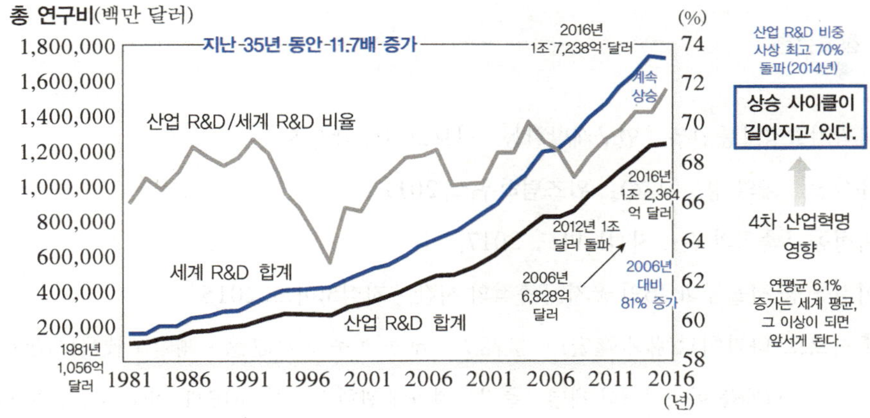

자료원 : OECD, MSTI Statistics 각 연도를 참조하여 작성.

그리고 그 증가율을 보면, 2006년 대비 2016년에 81% 증가하였다. 이는 연평균 증가율로 환산하면 연평균 6.1% 증가이다. 이것을 참고하여 한국의 기업도 세계 평균보다 조금 더 높은 연평균 7% 증가, 3년에 25% 증가, 10년에 100% 증가를 목표로 실천하면 세계 경쟁에서 앞서 갈 수 있다. 현재 연구비 1,000억원 이하의 차차상위 연구개발 투자 기업군은(앞의 〈그림 2-2〉 및 [표 2-7] 참조) 이보다 증가율이 훨씬 낮은 상태이다. 또한 소재기업과 장비기업도 세계 증가율보다 낮은 상태에 있다. 아키텍처 혁신의 허리층에 해당하는 만큼, 세계 격차가 축소되도록 한국 산업의 양극화된 취약 기업군에서 보다 적극적인 연구개발비 투자 증대로 내생적 혁신역량을 강화하는 것이 필요하다. 특히 아키텍처의 복잡성이 올라가면서 그만큼 경쟁이 점점 더 치열해지므로 지금의 대 변혁기에는 연구개발 투자의 톱니형 일시적 급증보다는 지속적인 계단식 축적형 증가가 경쟁에서 이길 수 있는 전략의 요체이다. 사실상 그것이 우수 기업들이 보이는 세계의 대세라는 점을 잘 인식해야 한다.

참고문헌

과학기술정보통신부, 『연구개발활동조사보고서』, 각 연도.

윤석철, 『삶의 정도(正道)』, 위즈덤하우스, 2011.

이정동, 『축적의 길』, 지식노마드, 2017.

이정동 등 서울공대 26인 공저, 『축적의 시간』, 지식노마드, 2015.

후지모토 타카히로(藤本隆宏), "製品アーキテクチャの概念・測定・戦略に関するノート (제품 아키텍처의 개념・측정・전략에 관한 노트)", RIETI Discussion Paper Series 02-J-008, 2002.

______________, 『ものづくり経営学(모노즈쿠리 경영학)』, 光文社, 2007.

Chesbrough, H. and Kusunoki, K., "The modularity trap: innovation, technology phase shifts and the resulting limits of virtual organizations," in I. Nonaka and D. Teece (Eds.) *Managing Industrial Knowledge*, London: Sage, 2001.

Frits K. Pil and Matthias Holweg, "Evolving from Value Chain to Value Grid," *MIT Sloan Management Review,* July 01, 2006.

GE Global Innovation Barometer 2018, 2018년 2월, p.13.

Sturgeon, T. J., "Modular Production Networks : A new American Model of Industrial Organization," *Industrial and Corporate Change*, 11(3), 451-496, 2002.

1. 서비스와 서비스 혁신

2. 생활 속의 서비스 혁신 사례

3. 서비스 혁신을 실천하기 위한 키워드

생활 속의 서비스 혁신

윤태성(KAIST 기술경영전문대학원 교수, 서비스 혁신)

3

〈요약〉

우리나라 경제에서 제조업이 차지하는 비중은 점점 줄어들고 서비스업이 차지하는 비중은 점점 늘어나고 있다. 서비스업의 비중 증가는 피할 수 없는 추세지만 낮은 생산성은 여전히 개선되지 않고 있다. 제조업의 경영 환경은 점점 힘들어지고 있다. 이런 상황을 개선하려면 서비스업은 제조업에서 생산성 향상 기술을 배워야 하고 제조업은 서비스업에서 고객 맞춤형 컨텍스트를 배워야 한다. 서비스 혁신은 서비스업의 공업화와 제조업의 서비스화를 포함한다. 서비스업의 공업화란 어떻게 하면 기계화, 자동화, 표준화를 통해서 서비스업의 생산성을 높일까라는 문제다. 제조업의 서비스화란 제품에 서비스를 융합하여 새로운 업으로 발전시키는 문제다. 본고에서는 서비스 혁신의 다양한 사례를 소개하지만 이들 사례에는 혁신의 단초를 생활 속에서 찾았다는 공통점이 있다. 서비스 혁신에 성공하면 그 결과는 새로운 사업 모델이라는 형태로 나타난다. 기업의 업종이나 규모에 상관없이 서비스 혁신은 누구에게나 문이 열려 있다.

1. 서비스와 서비스 혁신

경제학자 클라크는 서비스를 3차 산업으로 정의하였다. 서비스는 공장에서 제조하지 않으며 무형의 자산이라는 특징이 있기 때문이다. 서비스는 일반적으로 형태가 없는 프로세스나 활동이기 때문에 과거에는 서비스와 재화를 무형과 유형으로 구분하였다. 제품에 부속되는 활동으로 서비스를 정의하기도 하였다. 어디까지나 제품이 주축이고 서비스는 부속이라는 관점이다. 그러나 세계 경제가 서비스를 중심으로 하는 서비스 경제로 발전하면서 더 이상 서비스를 제품에 부속하는 차원의 문제로 다루기는 어려워졌다. OECD 국가에서 서비스업이 경제에서 차지하는 규모는 꾸준히 늘어나고 있는데 일부 선진국에서는 GDP와 고용 모두 80%를 넘어서고 있다.

이에 비해 우리나라에서 서비스업이 경제에서 차지하는 비중은 상대적으로 낮다. 자료에 의하면 우리나라 서비스업의 고용은 2013년 기준 1,750만 명인데, 이는 전체 고용의 69.8%에 해당한다. 2004년의 1,465만 명 고용과 비중 65%에 비하면 해마다 2.5%대의 증가율로 성장하고 있다.

서비스업의 비중이 낮다는 사실을 뒤집어 말하면 그만큼 우리나라 경제에서 제조업의 비중이 크다는 증표가 된다. GDP에서 제조업이 차지하는 비중은 1990년 27.3%에서 지속적으로 증가해서 2015년에는 29.5%를 기록했다. 제조업의 고용은 1990년 27.2%에서 지속적으로 하락하여 2015년에는 17.3%로 줄어들었다. 하지만 GDP와 고용 모두 OECD 국가 중에서 가장 높은 수준에 머물러 있다. 대부분의 OECD 국가가 제조업의 비중을 줄이고 서비스업의 비중을 늘리고 있는 흐름과는 어울리지 않는 수치다.

우리나라 역시 고용과 GDP의 중심이 제조업에서 서비스업으로 이동하는 흐름은 앞으로도 지속될 것으로 보인다. 여기에는 우려할 만한 수치도 여전히 존재한다. 서비스업의 낮은 생산성이다. 우리나라 전체 산업의 1인당 노동생산성은 2004년 32.9백만원에서 2012년 46.4백만원으로 지속적으로 늘어나고 있다. 여기서 말하는 생산성이란 명목부가가치를 취업자 수로 나눈 값이다.

서비스업의 노동생산성은 2004년 29.5백만원에서 2012년 38.8백만원으로 늘어났지만 전체 산업 평균을 밑돌고 있다. 제조업은 2004년 49.3백만원에서 2012년 86.7백만원으로 늘었다. 서비스업의 생산성은 제조업에 비해서 크게 떨어지는데 제조업의 45% 이하 수준에 불과하다. 이는 OECD 국가의 최하위 수준이다([5] 서비스산업 총연합회).

OECD 회원국과 우리나라 모두 경제의 중심이 제조업에서 서비스업으로 이동하고 있다는 사실을 바탕으로 두 가지 행동규범을 생각할 수 있다.

첫째, 제조업은 서비스업의 성장에 동반한다. GDP와 고용에서 서비스업이 차지하는 비중은 점점 늘어나고 있으며 상대적으로 제조업의 비중은 점점 줄어들고 있다. 그렇다고 해서 제조업이 완전히 사라지지는 않겠지만 제조업의 위상이 약해지는 현실은 부인하기 어렵다. 제조업이 계속 살아남으려면 서비스업의 성장에 동반하는 길 이외에는 없다.

실제로 글로벌 제조업에서는 서비스업과 융합하여 새로운 길을 모색한 사례가 속속 등장하고 있다. 예를 들어 GE는 항공기 엔진 제조업에서 벗어나 항공기 엔진의 수리와 보수는 물론 항공기 운항에 이르기까지 사업 모델을 확장하고 있다. 제조업과 서비스업을 융합해서 전혀 새로운 업을 창조하고 있는 셈이다. 실제로 우리 주변을 살펴보면 제품과 서비스를 분리하기 어려우며 더 나아가 제품과 서비스가 합쳐져야만 하나의 상품으로 존재하는 경우가 점점 더 늘어나고 있다.

둘째, 서비스업은 제조업에서 생산성 향상의 비결을 배운다. 우리나라는 조선, 반도체, 전자, 기계 등 세계 어느 나라와 비교해도 제조업이 다루는 제품이 다양하다. 스마트폰, 자동차, 대형 선박에서 석유화학제품까지 한 국가 내에서 모두 제조하는 경우는 흔치 않다. 우리나라의 경제성장을 주도해 온 제조업은 굴뚝산업이라고 해서 서비스 경제 시대에 어울리지 않는다는 평가도 있지만 현실적으로 제조업은 국가의 근간이다.

제조업은 치열한 경쟁에서 이기기 위해 새로운 기술을 개발하고 효율적인 공법을 적용하면서 지속적으로 생산성을 향상시켜 왔다. 생산성이 낮은 서비스업으로서는 바로 곁에 가정교사를 두고 있는 셈이다. 서비스업이 제조업에서 당장 배워야 하는 비결은 기계화, 자동화, 표준화다. 제조현장에 로봇이 가장 많은 국가는 바로 우리나라다. 작업자 만 명당 로봇 631대가 있다. 이에 비해 로봇을 산업현장이 아니라 서비스 현장에서 가장 많이 사용하고 있는 국가는 일본이다. 호텔 프론토에서 로봇이 예약을 확인하고 판매점에서 로봇이 안내하고 있다. 같은 로봇이라도 산업현장에서 쓰면 제조업의 생산성이 올라가고 서비스 현장에서 쓰면 서비스업의 생산성이 올라간다.

1.1 서비스 혁신

경제활동의 패러다임을 완전히 바꾼 결과 생기는 비연속적인 변화를 슘페터는 혁신이라 하였다. 역마차에서 기차로 수송수단이 바뀐 사례처럼 혁신은 비연속적 변화의 결과다. 기차와 마차는 모두 물자이동을 위한 수단이다. 하지만 기차는 새로운 생산요소인 증기기관을 결합하여 혁신의 아이콘이 되었다. 슘페터는 생산요소가 새롭게 결합하는 경우를 다섯 가지 제시하였다. 새로운 재화, 새로운 생산방식, 새로운 판로, 원재료나 반제품의 새로운 공급원, 새로운 조직이다. 슘페터의 제안은 널리 보급되어 지금은 어느 기업 할 것 없이 혁신을 외치고 있다.

우리나라에서도 혁신은 중요한 과제지만 지금까지는 제조업의 비중이 크다는 이유로 인해 제품혁신에 집중하였다. 최근에서야 혁신의 대상이 서비스업으로 확대되고 있다. 제품과 서비스가 융합한 상품이 시장에 등장하면서부터다. 글로벌 제조업이 전통적인 제조에서 벗어나 서비스업과 융합하여 새로운 사업 모델을 제시하면서부터다.

제품을 대상으로 혁신을 실천하던 기업이 어느 날 갑자기 혁신의 대상에 서비스를 포함시키면 위화감을 느끼는 부분이 두 가지 있다. 서비스의 무형성과 이질성이다.

무형성이란 서비스에는 형태가 없다는 사실이다. 제품은 형태가 있어 도면으로 표현하고 이를 이용해서 제조할 수 있다. 고객과의 소통도 수월하다. 서비스는 그 자체를 형태로 나타내기 어렵기 때문에 고객과의 소통도 힘들다. 컨셉이나 실행순서와 같은 부수적인 요소를 이용해서 설명할 수밖에 없다. 서비스는 제품처럼 샘플을 만들어 테스트할 수도 없다. 특히 새로운 서비스가 등장하면 고객에게 이미지를 전달하는 작업조차 어렵다. 예를 들어 처음으로 패스트푸드점을 이용하는 고객은 익숙하게 주문하게 될 때까지 시간을 들여 여러 번 반복해야 한다. 스마트폰에 앱을 깔고 이용하는 고객이라면 처음 사용할 때에는 매우 어렵다. 앱을 깐다는 표현조차 이해하기 어렵다.

서비스의 이질성이란 서비스의 품질이 동일하지 않다는 것이다. 제조업에서는 같은 제품을 백만 개 만들어도 모든 제품의 품질이 동일하다. 이는 제조업의 상식이다. 품질이 동일하지 않은 제품은 불량품이기 때문에 처분하지만 불량품의 비율은 제품 백만 개당 한두 개에 불과하다.

서비스의 품질이 동일하지 않은 이유는 바로 서비스를 제공하는 사람에 있다. 기계화와 자동화가 되지 않으니 여전히 사람이 직접 서비스를 실행하는 경우가 대부분이다. 표준화가 되어 있지 않으니 사람마다 실행순서가 다르다. 산출물로서의 서비스는 품질이 동일하지 않다. 동일하지 않은 게 당연하다. 서비스를 실행하는 사람이 달라도 서비스 품질이 달라진다. 같은 사람이 같은 서비스를 반복해서 실행해도 그때마다 서비스 품질이 달라진다. 이는 서비스 컨셉의 문제라기보다 실행의 문제다.

서비스의 이질성을 없애려면 기계화와 자동화가 필요하다. 예를 들어 패스트푸드점에서 사람이 주문을 받으면 실수하는 경우도 있지만 키오스크를 사용해서 기계화하면 동질성을 유지할 수 있다. 서비스의 동질성을 유지하기 위해서 표준화도 필요하다. 미용실에서는 컨셉이 같더라도 미용사마다 커트하는 순서가 다르다. 미용실 큐비하우스는 실행순서를 표준화하여 동질성을 확보하고 생산성을 높였다.

서비스 혁신의 첫 번째 과제는 산업의 서비스화다. 다양한 산업에 서비스업의 특징을 부가하여 새로운 업을 창조하려는 노력이다. 제조업이라면 고객마다 다른 맞춤형 컨텍스트를 부가하여 새로운 업을 창조하는 것이다. 지금까지는 제조업이 생산한 제품은 모두 동질이며 모든 고객은 동질의 제품을 사용하는 게 당연하였다. 하지만 서비스업처럼 각 고객마다 맞춤형 컨텍스트를 제공할 수 있다면 새로운 업을 창조할 수 있다. 예를 들어 스피커는 모든 고객이 동질의 제품을 구입하더라도 인공지능을 탑재해서 각 고객에게 맞춤형 컨텍스트를 제공할 수 있다. 이런 노력을 통해서 제조업은 서비스업의 성장에 동반한다.

서비스업의 특징을 부가할 수 있는 영역은 모든 산업이다. 농업이라면 정보처리서비스를 부가하여 스마트 팜이라는 새로운 업을 창조할 수 있다. 농장에서 채소를 재배하면 1차 산업이지만 이를 가공해서 판매하면 2차 산업이다. 농장을 찾은 고객에게 채소를 요리해서 음식을 판매하면 이는 3차 산업이다. 농장에서 위의 세 가지 사업을 모두 실행한다면 1차, 2차, 3차를 모두 곱하여 6차 산업이라고 부른다.

서비스 혁신의 두 번째 과제는 서비스업의 공업화다. 서비스업에 기존 산업의 특징을 부가하여 새로운 업을 창조하려는 노력이다. 제조업에서는 상식처럼 실행하는 기계화와 자동화를 서비스업에 부가하여 생산성을 높이는 문제도 여기에 속한다. 로봇이 음식을 조리해서 판매하는 식당도 등장했다. 아직은 볶음밥이나 덮밥 정도로 그치지만 시간이 가면 로봇이 더 많은 요리를 조리할 것이다. 주문할 때 키오스크를 이용하는 패스트푸드점도 점점 더 늘어나고 있다. 주방에서 그릇을 설거지할 때 자동세척기를 사용하는 방식도 기계화와 자동화다. 서비스업의 생산성을 올리기 위해서는 반드시 필요한 노력이다.

서비스업은 고유한 컨텍스트가 있기 때문에 표준화하기 어렵다고 한다. 고유한 컨텍스트야말로 서비스업의 특징이라고 말하기도 한다. 하지만 그 결과 서비스 품질이 균일하지 않기 때문에 컨텍스트를 명시적으로 표준화할 필요가 있다. 예를 들어 숙련된 미용사가 고객의 머리를 손질하면 그 미용사만의 컨텍스트가 있다. 이를 표준화하여 명시하면 초보 미용사가 숙련자의 지식을 빠른 시간에 모방할 수 있다.

서비스 혁신은 산업의 서비스화나 서비스업의 공업화라는 과제를 포함한다. 만약 서비스 혁신이 성공하면 그 결과는 새로운 업이라는 형태로 나타난다. 문제는 서비스 혁신의 출발점이다. 산업의 서비스화에 대한 성공사례로 GE가 자주 등장하지만 우리나라 제조업이 모방하기는 어렵다. 중견중소 제조업이 모방할 만한 사례가 필요하다. 서비스업의 공업화에는 넷플릭스나 아마존과 같은 성공사례가 있지만 이 역시 우리나라의 영세한 서비스업이 모방하기 어렵다.

서비스 혁신을 추진하고 싶지만 현실적으로 어디서부터 시작하면 좋을지 판단하기 어렵다는 기업이 많다. 이런 경우에는 먼저 고객의 얼굴을 쳐다보면 된다. 고객의 생활을 깊이 이해하면 고객이 원하는 니즈와 고객이 원하지 않는 불편함이 보인다. 서비스 혁신의 단초는 바로 고객의 불편함에 있다. 고객은 더 큰 이익을 얻는 것보다 작은 손해를 보는 것을 더욱 싫어한다. 고객이 손해 보지 않고 이익을 얻게 하려면 어떻게 하면 될까? 이런 발상이 바로 서비스 혁신의 출발점이다. 이런 발상은 멀리 외국을 볼 필요도 없다. 바로 우리 고객의 생활을 들여다보면 된다. 다음 절에서는 다양한 서비스 혁신 사례를 소개하는데, 모든 사례에는 고객의 생활 속에서 혁신의 단초를 발견했다는 공통점이 있다.

2. 생활 속의 서비스 혁신 사례

2.1 공장에서 복제하는 명인의 손맛

이런 상황을 생각해 보자. 명절에 귀한 분이 선물을 보내왔다. 열어보니 곰탕 재료가 들어 있다. 비싼 한우인데 정성껏 끓여 먹으면 몸에도 좋을 거라는 기분이 든다. 즐거운 마음으로 주방에 들어갔다. 우선 커다란 솥이 있어야 한다. 곰탕 재료를 다 넣을 수 있는 솥이 없으면 고민이 된다. 새로 하나 사야 하나? 하지만 언제 또 곰탕을 끓일지 모르니 솥을 사기도 망설여진다. 만약 곰탕을 주고 싶은 사람이 있다면 곰탕 재료는 다른 사람에게 선물하고 나는 그냥 먹었다는 기분만 내면 된다. 사실은 이게 가장 편하다.

다행이 솥이 있는 경우에는 더 큰 문제가 생긴다. 꼼짝없이 가스 불 앞에 7시간 머물러야 한다. 계속해서 가스 불을 조절해야 하기 때문이다. 낮에는 일하기 때문에 시간이 없으니 할 수 없이 밤에 잠을 못 자고 곰탕을 끓인다. 이렇게 끓인 곰탕이 과연 맛이 있을까?

이런 일이 매일 생긴다면 커다란 고민거리다. 곰탕 식당이라면 하루도 쉬지 않고 대량의 곰탕을 끓여야만 한다. 이는 중노동이다. 매일 밤 주방에 남아 가스 불을 지켜보고 있는 장면을 생각해 보라. 요리사 한 명은 기껏해야 하룻밤에 100인분의 곰탕을 끓이는 정도로 만족해야 한다. 서비스 생산성이 낮은 이유도 여기에 있다.

이런 상황에서 요리사는 어떤 마음이 들까? 가능하다면 곰탕 끓이는 작업을 기계화 · 자동화하고 싶다. 만약 할 수 있다면 공장에서 위생적으로 대량으로 곰탕을 끓여주면 좋겠다. 요리사의 이런 불만을 알고 식당의 곰탕을 전문적으로 끓여주는 기업이 있다. 아리아케 재팬이다. 고객이 스스로 해결할 수도 있지만 시간이 너무 많이 걸리고 힘이 들며 위험하고 귀찮은 작업을 대신해 주는 기업이다. 식당이라면 곰탕 끓이는 작업 말고도 고객이 스스로 하기 싫어하는 작업이 많다. 이런 작업일수록 기업이 대신해 주면 고객이 기뻐한다. 사업이 성공할 가능성도 높다.

아리아케 재팬은 스프도 대신 만들어준다. 스프를 만들기 위해서 필요한 시간은 누가 만들더라도 똑같이 필요하다. 아리아케 재팬은 요리사를 대신해서 이 시간을 쓴다. 요리사 대신 만들어주는 제품은 10만 개 기업의 2,500가지 상품에 이른다. 미쉘린 별 세 개 식당도 고객이고 라면 체인점도 고객이다. 일본에서 판매되는 컵라면 스프의 50%, 카레의 30%, 냉동식품의 30%는 아리아케 재팬이 대신 만들어주고 있다.

대신 만들어준다고 해서 맛이 없거나 다른 맛이 나거나 하지는 않는다. 요리사와 똑같은 맛을 보증한다. 비결은 바로 숫자에 있다. 음식의 신맛, 짠맛, 떫은맛 등 8가지 맛을 숫자로 나타낸다. 숫자로 나타낼 수 있는 맛이라면 그대로 재현하는 작업도 가능하다.

기업에서 요리사를 대신해서 농축 스프를 만들어 주니 유명식당은 해외진출이나 체인점 개업이 용이하게 되었다. 식당이 해외에 진출하면 현지인을 교육시켜야 한다. 그러나 아무리 교육하여도 현지인 사원의 혀와 맛에 대한 감각은 바꿀 수 없다. 농축스프가 있다면 현지에서는 물만 부어 희석하면 된다. 요리사는 고객에게 요리를 팔고 아리아케 재팬은 요리사에게 시간을 판다. 지금까지 없었던 사업 모델이다([2] 윤태성, 2016).

[교훈]

- 서비스업은 시간이 많이 걸리는 요리과정을 제조업에 위탁함으로써 생산성을 올렸다.
- 제조업은 서비스업의 애로점을 대신 해결해 줌으로써 서비스업의 성장에 동반하였다.
- 서비스업과 제조업의 협업에 의해서 새로운 사업 모델이 탄생하였다.

2.2 절삭공정을 모방한 헤어 커트

미용실에서 의자에 앉아 헤어 커트하는 장면을 상상해 보시기 바란다. 당신은 눈을 감고 미용사의 가위질 소리를 듣고 있다. 사각 사각 사각. 적당한 속도로 진행되는 가위질 소리에 당신은 졸리기 시작한다. 미용실에서는 가위질이 가장 기본이다. 펌을 하든지 커트를 하든지 가위질을 제대로 해야 미용사 자격이 있다. 그래서 가위질은 미용사의 실력이며 컨텍스트다. 미용사가 현란하게 가위를 허공에서 돌리거나 자극적인 퍼포먼스를 하면서 헤어 커트하는 모습에 고객은 비싼 비용을 기꺼이 지불한다.

고객의 헤어 커트는 공정이 어렵지는 않지만 그렇다고 해서 표준화할 정도로 간단하지도 않다. 하지만 가위질을 포함해서 미용실에서 헤어 커트하는 작업 모두를 표준화한 사례가 있다. 큐비하우스다. 미용실 체인으로 일본 증시에 상장한 기업이다. 이 기업은 헤어 커트를 제조업의 절삭공정으로 해석하고 미용실을 머시닝센터로 해석한다.

헤어 커트는 마치 제조업에서 금속을 절삭하는 공정과 같다. 공장에서 밀링머신을 사용해서 금속 소재를 절삭한다면 적어도 세 번은 깎아야 한다. 처음에는 약간 거칠게 절삭하는 황삭을 하고 그후에는 정삭을 한다. 마지막에는 매끈하게 완료하는 마무리 작업을 한다. 한 번 만에 가공을 끝내는 경우는 거의 없다. 만약 한 번에 절삭공정을 끝낼 수 있다면 생산성은 크게 향상되겠지만 현실적으로는 매우 어려운 문제다.

헤어 커트도 마찬가지다. 과거에는 이발소에 가면 60분 동안 이발하였다. 시간에 여유가 많기 때문에 가위질도 여러 번 했다. 같은 장소에 세 번 정도 가위질을 한다. 이에 비해 큐비하우스는 10분에 이발을 마친다. 가장 핵심인 가위질에서 시간을 절약해야 하는데 미용사는 같은 장소는 한 번만 가위질을 한다. 같은 곳을 여러 번 가위질한다면 표준공정을 크게 위반한 셈이다. 이는 공정의 손실이다. 그러면 10분이라는 표준시간을 맞추지 못한다. 큐비하우스의 미용사가 헤어 커트하는 가위질은 마치 금속 소재를 한 번 만에 매끈하게 절삭하는 방식과 같다.

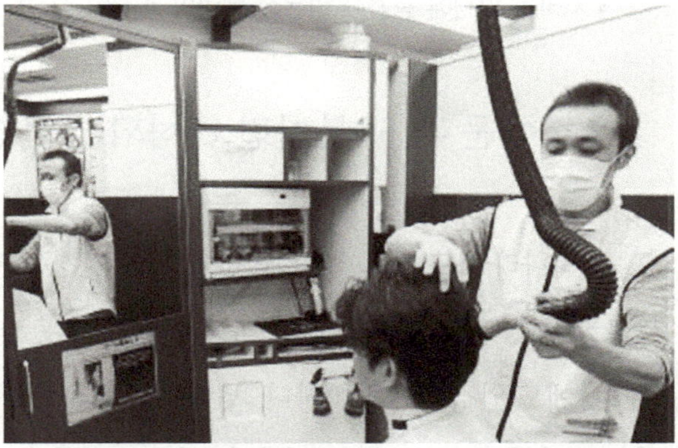
▲ 큐비하우스에서 이발사가 헤어 커트한 후에 머리카락을 진공으로 빨아 당긴다.

이발을 마친 고객이 나가고 다음 고객이 들어오는 과정은 재료의 투입처럼 생각한다. 재료를 투입하고 가공을 끝내면 얼른 배출해야 한다. 다음 재료를 투입하는 시간까지 효율적으로 진행되어야 총 생산시간이 줄어든다. 헤어 커트가 끝나고 고객이 의자에서 일어나 밖으로 나가면 미용사는 바닥에 떨어진 머리카락을 청소한다.

청소하는 공정은 모두 6단계다. "솔로 머리카락을 턴다 → 바닥으로 떨어 뜨린다 → 빗자루로 쓴다 → 한 곳으로 모은다 → 쓰레받기로 뜬다 → 쓰레기통에 버린다" 이를 큐비하우스는 한 개 공정으로 줄였다. "빨아들인다"

잘린 머리카락은 무겁지는 않지만 바닥에 붙어 잘 떨어지지 않는다. 이전에는 솔로 쓸어 바닥으로 떨어뜨리는 작업을 했지만 지금은 진공청소기를 이용해서 빨아들인다. 그 결과 청소시간을 크게 줄였다. 이는 제조업에서 일상적으로 실행하는 개선활동과 유사하다.

[교훈]

- 서비스업에 제조업의 표준화 개념을 도입함으로써 이발시간을 줄였다.
- 서비스업에 제조업의 개선활동을 적용함으로써 총 공정시간을 크게 줄였다.
- 서비스 혁신에 성공한 미용실 체인이 증시에 상장하였다.

2.3 주문 후 30분이면 완성되는 안경

우리나라 사람의 두 사람 중 한 사람은 안경을 쓴다는 조사결과가 있다. 그 정도로 안경은 우리 생활에 깊이 파고든 제품이다. 어디 가나 안경점이 있다. 남대문시장에도 안경점이 즐비하다. 남대문시장의 특징은 고객을 반드시 우리나라 사람으로 한정짓지 않는다는 점이다. 일본인 관광객이 많이 올 때면 매장 앞에 일본어로 크게 선전을 한다. 남대문시장에서 안경을 사면 가격이 싸고 금방 만들어주기 때문에 일본인 관광객도 많이 구입한다.

어느 날 일본인 관광객이 우연히 남대문시장에 있는 안경점을 찾았다. 광고를 보니 제작시간 15분에 가격은 3만원이다. 이 관광객은 내심 놀랐다. 가격도 저렴하지만 정말 놀란 이유는 바로 속도다. 이렇게 빨리 만들어주는 안경점을 처음 보았다. 빨리 만들어도 제대로 된 안경을 만들 수 있는지 궁금했다. 그래서 실제로 주문을 하고 안경을 받아보니 사용하는 데 전혀 문제가 없다.

이 관광객은 일본으로 돌아가 안경점을 설립했다. 그리고 빠른 속도를 실현하였다. 매장을 방문한 고객이 프레임과 렌즈를 선택하면 30분 후에 상품이 완성된다. 일본의 복잡한 유통구조를 생각해 보면 매우 빠른 속도다. 세계 최초로 안경 가공 자동화 설비도 개발해서 10분이면 안경을 만들 수 있다. 진스라는 기업의 사례인데 현재 일본에서 가장 많은 안경을 판매한다. 일본 국내 280여 점포에서 연간 550만 개 이상의 안경을 판매한다. 각 점포에는 1,200개 이상의 프레임을 보유하며 가격은 10만원 이하다.

▲ 안경 체인점 진스의 체인점 풍경

이는 안경업계에서 보기 드문 혁신 사례다. 한국에서 빨리빨리 문화를 접하고 충격을 받은 그 관광객은 고민했다. 왜 일본에서는 가격이 열 배인 안경을 며칠이 걸려야만 완성하는가. 유통이 문제라는 사실을 확인하고서는 해결방법을 궁리했다. 그가 찾은 방법은 간단하다. 각 점포에 렌즈를 다량 보관하면 된다. 그 결과 30분에 안경을 완성하게 되었다. 진스는 상품의 다양성과 저렴한 가격으로 성공하였지만 더 본질적인 성공요인은 빠른 속도다.

[교훈]

- 서비스 혁신의 단초는 우리 주변에 있다. 외국 사례만 보려고 하지 말라.
- 아무리 혁신적인 아이디어라도 체계적으로 경영해야 사업에 성공한다.
- 서비스 혁신에 성공한 안경 체인이 증시에 상장하였다.

2.4 내 몸 사이즈를 몰라도 살 수 있는 옷

당신은 자신의 신체 사이즈를 정확하게 알고 있는가? 키와 가슴둘레 정도가 아니라 허벅지 둘레에 발목 둘레도 아는가? 남성이라면 와이셔츠 한 벌을 사기 위해서 목둘레, 어깨 넓이, 팔 길이를 알아야 한다. 여기에 가슴둘레까지 알면 자신의 신체에 잘 맞는 기성복을 구입할 수 있다. 하지만 대부분의 사람들은 자신의 신체 사이즈를 제대로 알지 못한다. 그래서 옷을 사러 가더라도 마음에 드는 옷이 있으면 시착실에 갖고 들어가서 직접 입어봐야 한다. 어느 정도 사이즈가 맞는 기성복이라도 구입한 후에 수선집에 맡겨서 길이를 줄이거나 폭을 줄이는 경우도 있다.

패션업계에서는 이런 상황을 당연하다고 여겼다. 하지만 인터넷에서 옷을 판매하는 기업인 조조타운은 고객이 불편해 하는 상황을 일거에 해결하였다. 신체 사이즈 확인용 전용 슈트를 고객에게 배포하여 고객이 집에서 자신의 신체치수를 잴 수 있게 했다. 고객은 일상복을 입듯이 조조슈트를 입고 스마트폰으로 사진을 찍는다. 조조슈트에는 마킹이 되어 있는데 스마트폰 앞에서 360도 회전하면서 사진을 찍으면 고객의 체형이 3차원 모델로 변환되어 체형을 표시한다.

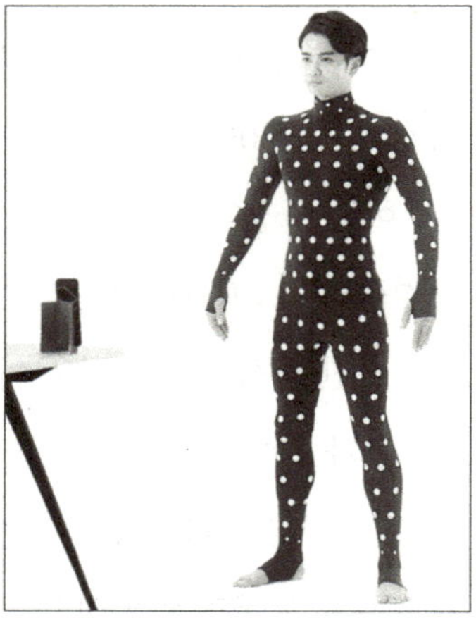

▲ 조조슈트로 신체 사이즈를 3차원 측정한다.

조조슈트는 세탁할 수 있으며 한 벌당 생산비용은 만원 정도 한다. 고객이 조조타운으로 정장을 주문하면 이 데이터를 이용해서 맞춤형 정장을 제작할 수 있다. 물론 고객의 신체에 잘 맞는 크기로 만들어 준다. 조조슈트를 입고 정장을 주문하는 방식은 지금까지 없었던 사업 모델이다. 기업으로서는 미리 재고를 만들어 둘 필요가 없다. 고객의 신체 데이터는 정장만이 아니라 다른 상품에도 적용이 가능하다. 현재까지 7백만 명 이상의 고객이 조조슈트를 구입해서 자신의 신체 사이즈를 측정하였다. 여기에 인공지능 기술이 더해지면 새로운 혁신이 계속해서 이루어질 것으로 보인다.

[교훈]

- 서비스업에 신기술을 도입하여 원격지원 신체 사이즈 확인이라는 새로운 방식을 창조하였다.
- 서비스업이야말로 가장 치열한 연구개발업이라는 사실을 일깨워주었다.
- 서비스 혁신에 성공한 기업이 패션시장의 경쟁구도를 크게 변화시키고 1위가 되었다.

2.5 식당을 운영하는 체중계 메이커

만약 당신이 어제 과식을 하였으며 오늘 아침에는 후회하고 있다고 생각해 보자. 이럴 때 옆에 체중계가 있으면 얼른 올라가서 체중이 얼마나 늘었는지 확인하고 싶을까? 체중계에 부담을 느끼기 쉽다. 최근에 몸무게가 늘었다고 느끼는 사람이라면 굳이 자신의 체중을 알려고 하지 않는다.

체중계를 만드는 기업은 어떨까? 체중계는 내구성이 뛰어난 제품이다. 너무 튼튼하다 보니 거의 반영구적으로 사용한다. 아무리 혁신적인 제품이 나와도 고객은 기다렸다는 듯이 이 제품을 구입하지는 않는다. 바로 여기에 기업의 딜레마가 있다. 고객이 구입하지 않아도 기업은 끊임없이 제품혁신을 할 수밖에 없다. 바로 타니타의 사례다. 이 기업은 가정용 체중계를 주력상품으로 하고 있다. 타니타가 세계 최초로 개발한 체지방계는 2,500만 대 이상 판매된 혁신적인 제품이다. 제품혁신에 성공하면 사업이 크게 번성할 것 같지만 현실은 반드시 그렇지만은 않다. 체중계처럼 고객이 수시로 신제품을 구입하지 않으면 제품혁신과 매출 확대는 큰 상관이 없다.

타니타의 혁신은 음식에서 시작되었다. 체중계와 관련이 큰 영역이다. 타니타는 500킬로 칼로리 이하의 식단을 개발하여 사원에게 제공하였다. 만복감을 느끼면서도 체중이 늘지 않는 메뉴다. 이 메뉴가 인기를 끌자 오피스타운에 타니타 식당을 개업하였다. 음식의 가장 큰 특징은 소금을 적게 사용한다는 점이다. 칼로리가 낮고 맛이 있고 만복감을 주는 데 집중하였다. 타니타의 음식에 고객들이 민감하게 반응했으며 식당은 크게 성공하였다.

음식에서 식당으로, 그리고 디저트로 나아가면서 타니타가 손을 대는 영역은 계속 확대되고 있다. 최근에는 도시락 기업에 음식 레시피를 제공하고 있다. 100킬로칼로리 이하의 디저트도 만들어 편의점에서 판매한다. 아파트 단지와도 협력한다. 단지 내에 식당과 카페를 만들어 직접 운영한다. 아파트 주민은 타니타 식당에서 배부르게 먹고 디저트까지 즐긴다. 집에 가서는 체중과 활동량을 체크한다. 물론 타니타 체중계를 이용해서다. 타나타는 건강 프로그램도 제공하는데, 여기에 가입한 단체와 기업은 백여 곳 이상이다. 회원은 매일 활동량을 확인하고 매주 1회 이상 건강을 확인한다. 그 결과 회원기업의 연간 의료비가 평균 12% 절감되었다고 한다. 타니타는 더 이상 체중계 제조기업이 아니다. 고객의 건강을 보호해 주는 건강 파트너로 변신하였다.

[교훈]

- 제조업은 끊임없이 제품혁신을 추구하지만 반드시 매출 증가로 이어지는 것은 아니다.
- 제조업의 혁신적인 제품과 고객의 건강생활을 연결하여 새로운 사업 모델을 창조하였다.
- 제조업이 제품 메이커라는 좁은 범위를 벗어나려면 서비스 혁신을 추구해야 한다.

2.6 기부하려고 만든 빵 통조림

어느 마을에 착한 마음을 가진 제빵사가 있다. 누가 재해를 당해 어려움에 처했다는 말을 들으면 제과점에 있는 빵을 무료로 주면서 아픔을 나누는 사람이다. 재해를 당하면 당장 먹을 음식이 없는데 빵이 있으면 크게 도움이 된다. 1995년

한신 아와지 대지진이 발생했을 때에도 이 제빵사는 재해민을 위해 빵 2,000개를 기부했다. 그러나 뜻하지 않은 문제가 생겼다. 재해지역이 워낙 넓고 피해규모가 크다 보니 기부한 빵을 재해지역까지 운반하기가 어려웠다. 간신히 운반하고 피해자들에게 나눠주었지만 시간이 너무 오래 걸리다 보니 이 과정에서 절반 이상의 빵을 폐기하게 되었다.

이런 사실을 안타깝게 여긴 제빵사는 어떻게 하면 빵을 오랫동안 보존할 수 있을지 궁리하였다. 그리고 찾은 답이 바로 통조림이다. 빵을 통조림에 넣고 보존하면 3년 이상 신선한 상태로 보존할 수 있다. 이후 빵 통조림을 재해민에게 기부하기 시작했다. 하지만 또 다른 문제가 생겼다. 아무리 재해민이고 먹을 음식이 없다 하더라도 매끼마다 빵만 먹으면 질리게 된다. 이 문제를 해결하기 위해서 통조림에 넣는 빵의 맛을 25가지로 늘렸다.

▲ 빵 통조림

빵 통조림은 현재 많은 기업과 학교에서 재난 방지용으로 구입한다. 통조림 2개에 8,000원 정도 하는데 현재 300개 이상의 단체가 정기적으로 구입해 비축하고 있다. 단체에서 구입한 후 2년이 경과하면 제품을 전량 회수한다. 그 대신 새로운 제품을 약간 할인된 가격으로 교환해 준다. 회수한 통조림은 전량 재해지역이나 극빈지역에 기부한다. 이 사례는 빵 아키모토의 사례다. 인구 10만 명의 도시에서 60여 년 동안 운영되고 있는 작은 기업이다. 이 기업은 혁신을 거듭한 결과 작은 기부를 커다란 사업 모델로 발전시켰다([3] 윤태성, 2015).

[교훈]

- 서비스업에 제조업의 노하우를 적용하여 전혀 새로운 상품을 창조하였다.

- 작은 기부에 서비스 혁신이 더해져서 커다란 사업 모델을 창조하였다.
- 서비스 혁신의 결과는 사회혁신으로 연결된다.

2.7 재해대책으로 만든 상품

자연재해는 인명을 앗아가며 재산에 커다란 손실을 가져온다. 재해가 발생했을 경우에 피해를 복구하거나 평상시에 위협에 대비한 대책을 세우다 보면 자연스럽게 혁신적인 상품을 개발하거나 새로운 사업 기회로 연결된다.

소재기업인 테이진은 방재커튼을 개발했다. 화재가 발생하고 온도가 250도에 이르면 커튼에서 소화가스가 발생하기 때문에 초기 소화용으로 이용한다. 화재현장에서 방재커튼으로 몸을 감싸고 피난할 수도 있다. 미쓰이화학에서는 폴리우레아수지를 이용한 방수방식 소재를 개발했다. 이 소재를 건물 외벽이나 방파제에 사용하면 외부에서 강한 충격이 가해져도 형태를 유지할 수 있다. 다지마 모터는 경주용 차량에 사용하는 가볍고 강한 섬유강화 플라스틱을 이용해 이동식 피난처를 개발했다. 20명 정도가 들어가는 박스인데 물에 뜨기 때문에 쓰나미나 홍수를 피할 수 있다. 지금까지는 쓰나미가 오면 피난하기 위해 수 미터에 이르는 피난 타워를 설치하는 방식이 주류를 이루고 있지만 박스가 개량되면 모든 기업이 재해대책 용품으로 보유할 수 있다.

재해구조 자판기도 있다. 평상시에는 일반 자판기로 고객에게 음료수를 판매하지만, 재해가 일어나면 지정된 시간 동안 지정한 수량만큼 음료수를 무료로 제공한다. 지자체는 자판기 기업과 협정함으로써 재해대책용 음료수를 보관하지 않아도 된다. 재해구조 자판기는 그 자체가 진화하여 최근에는 모니터와 경보장치를 탑재하고 있다. 소리와 영상으로 긴급 지진 속보와 쓰나미 경보를 빛과 소리로 알린다. 귀가가 곤란한 사람은 자판기에 의지하여 피난장소까지 이동할 수 있다 ([4] 윤태성, 2015).

[교훈]

- 아무리 작은 서비스나 상품이라도 이 세상에 도움이 되어야 한다.
- 재해대책을 새로운 상품과 사업 모델로 연결하여 확대 재생산한다.
- 서비스 혁신의 결과는 우리 생활에 직접 도움이 된다.

2.8 어디서 몇 시간 일하는지 알려주는 건설기계

외진 곳에 있는 광산이나 건설현장에 가면 반드시 건설기계가 있다. 블로저나 포클레인과 같은 기계다. 코마츠는 건설기계 제조업이다. 지금은 상식이 되었지만 코마츠는 가장 일찍부터 모든 기계에 GPS를 장착하였다. 장비가 어디에 있더라도 정확한 위치를 파악할 수 있다. 건설기계는 주로 오지에서 사용하기 때문에 면적이 넓은 나라에서는 기계가 어디 있는지조차 파악하기 어렵다. 만약 고객이 할부금을 납부하지 않고 잠적하면 GPS가 있어야만 장비를 찾아 회수할 수 있다.

건설기계의 할부금에는 또 하나의 문제가 있다. 고객이 할부금을 일정 기간 이상 납부하지 않으면 기계를 회수해야 하지만 이 역시 어려운 문제다. 너무 크고 무겁기 때문이다. 코마츠는 연체가 계속된 기계는 원격조정으로 엔진을 끊다. 할부금이 회수되면 다시 엔진을 가동해서 작업할 수 있게 한다.

건설기계는 경기의 선행지표다. 건설기계가 투입되어 지반을 고르고 건설작업을 하고 나면 몇 달 후에 그 지역에 공장이나 건물이 들어선다. 돈이 돌아간다. 건설기계 가동률을 지역별로 구분해서 분석하면 전 세계 주요 지역의 경기선행지표로 이용할 수 있다.

건설기계에 센서를 장착해 장비 가동상황을 파악한 결과 예상하지 않았던 효과가 일어났다. 장비의 예방보전이 가능해졌다. 만약 산골짜기나 오지에서 작업하는 도중에 부품이 하나 고장났다고 생각해 보자. 부품을 즉시 교환하지 못하면 기계를 놀려야 한다. 건설기계는 정해진 시간 동안 임대해서 사용하는 경우가 대부분이다.

만약 부품 하나 때문에 기계가 하루 쉰다면 그만큼 기회손실이 발생한다.

장비의 상태를 알게 되면 부품 하나하나에 대한 수명관리가 가능해진다. 가장 적절한 시기에 부품을 교환할 수 있기 때문에 예방보전이 가능하다. 사후보전으로는 아무리 노력해도 기회손실을 피할 수 없다. 예방보전이 정착되면 장비의 가동률이 올라간다. 코마츠는 건설기계의 제조 · 판매에 더해서 제품 주변에 부가가치를 붙인 밸류 패키지를 판매하고 있다. 기계의 유지 · 보수에 적시성을 도입함으로써 제조업의 서비스화를 실현하였다([1] 윤태성, 2014).

[교훈]

- 전통적인 제품은 서비스 혁신을 통해서 전혀 새로운 가치를 제안할 수 있다.
- 서비스 혁신은 제품의 코모디티화를 방지한다.
- 제조업의 서비스화로 인해 사후보전에서 예방보존으로 진화한다.

2.9 중고서적의 가격을 쉽게 정하는 중고서점

중고서적을 취급하는 중고서점은 판매자에게서 중고서적을 구입한 후에 다시 고객에게 판매한다. 이 사업 모델에서 가장 중요한 부분은 어떤 중고서적을 얼마에 구입해야 하는가의 문제다. 만약 시장가치보다 높은 가격으로 구입하면 기업이 적자를 본다. 적자가 누적되면 문을 닫아야 한다. 오래된 서적은 가격이 일정하지 않지만 어느 정도 시장가치를 갖고 있다. 하지만 시장가치를 알고 서적의 구매가격을 정하는 작업은 지금까지 경험이 오래된 베테랑 사원이 담당하였다. 신입사원으로 입사해서 중고서적의 매입가격을 감정할 수준까지 가려면 적어도 10년은 필요하다고 말했다.

북오프는 중고서적을 매입하고 판매하는 기업이다. 전국에 체인점을 전개하며 어디에 가더라도 대량의 중고서적을 보유하고 있다. 매장의 컨셉은 '중고서적의 편의점' 이다. 북오프는 중고서적 매입가격 방식을 표준화했다. 기존의 중고서

점이 중시한 서적의 희소성이나 자료가치를 모두 배제하였다. 그 대신 정가의 10%에 매입하여 50%에 판매하는 방식을 적용하였다. 아주 오래된 고서적이나 정가의 10%에 매입한다는 발상이 통하지 않을 정도로 가치가 있는 중고서적은 취급하지 않는다. 북오프에서 취급하는 중고서적은 그리 오래 되지 않은 서적으로 아직 희귀성이 없는 서적이다. 중고서적 매입가격을 표준화하니 신입사원도 중고서적을 쉽게 매입할 수 있다. 업무의 생산성이 크게 향상되었으며 그 결과 증시에 상장하였다.

[교훈]

- 서비스업에서 경험에 의존하던 부분을 표준화하여 생산성을 높였다.
- 서비스업에 정보기술을 도입하여 판매효율을 극대화하였다.
- 서비스업의 공업화는 규모의 경제를 가능하게 한다.

3. 서비스 혁신을 실천하기 위한 키워드

서비스 혁신을 실천하려면 많은 노력이 필요하지만 몇 가지 반드시 알아야 할 키워드가 있다. 아래에서는 키워드에 대한 설명과 사례를 소개한다.

3.1 서비스업의 공업화

서비스는 고객에게 기능이나 효용을 제공한다. 사람이 직접 서비스를 제공하는 경우에는 컨셉은 정해지더라도 실행순서는 제공자가 정하는 경우가 많다. 그 결과 서비스는 동질성을 상실하고 이질적이 된다. 바로 이 점으로 인해 서비스의 품질에 대한 고객의 불만이 생긴다. 서비스를 제공하는 사람이 컨셉을 제대로 이해하지 못하는 경우도 있다.

서비스의 이질성을 극복하고 서비스 품질을 올리기 위해서 서비스업은 제조업에서 비결을 배워야 한다. 서비스업에 제조업의 논리가 부가된 형태를 서비스업의 공업화라고 한다. 제조업의 논리 중에서도 특히 다음과 같은 논리를 활용한다. 업무의 단순화, 업무의 명확한 분업, 설비 자동화와 기계화, 사원의 재량권 제한.

서비스업의 공업화는 테일러가 제안한 과학적 관리법을 서비스업에 적용한 상황이다. 예를 들어 맥도날드는 가장 먼저 이 방식을 적용해서 사업 확대에 성공하였다. 맥도날드에 취업한 사원은 고객에게 인사하는 법부터 교육을 받는다. 주문은 어떻게 받는지도 훈련한다. 주문받은 상품을 준비하고 트레이에 올리는 방법도 교육 훈련을 거친다. 돈을 받고 거스름돈을 내어주는 순서 역시 교육 훈련의 대상이다. 고객에게 상품을 주면서 동시에 인사를 하는 것도 교육훈련대로다.

맥도날드 방식은 고객에게 안정감을 준다. 서비스 품질도 동일하게 유지된다. 어떤 사원이 어떤 고객을 접객하더라도 서비스 품질이 동일하다. 맥도날드 방식은 높은 효율성과 저비용으로 인해 서비스를 대량 생산 · 대량 소비하는 제조업과 동일한 차원에서 바라볼 수 있게 하였다.

3.2 제조업의 서비스화

제품은 서비스를 담는 용기라고 생각하는 방식이 서비스 도미넌트 로직이다. 제품을 제대로 사용하려면 이에 적절한 서비스가 필요하다는 논리다. 문제는 제품과 서비스를 어떻게 묶어서 판매하는가이다. 제품과 서비스를 묶어서 판매하는 방식은 세 가지 있다.

첫째, 제품과 서비스를 별개로 취급하지만 동시에 판매한다. 서비스는 고객이 요구하면 판매한다. 제조업이 판매하는 서비스는 제품을 구매하면 제공할 수밖에 없는 서비스다. 제품의 포장, 배달, 설치, 불량품 교환이나 수리와 같은 서비스다. 서비스 품질이 기업의 경쟁우위에는 큰 도움이 되지 않는다.

둘째, 제품에 서비스가 약간 섞인 상태로 판매한다. 제품과 서비스는 구분이 가능하다. 제품에 서비스가 부가되어 있지만 어디까지나 별개다. 서비스는 차별화 요인이 된다. 제품과 직접 관련된 서비스로는, 예를 들어 노트북의 사용방법이나 고장에 대해 문의하는 콜센터가 있다. 서비스는 유료와 무료가 섞여 있으며 제품과 서비스 내용에 따라 구분된다. 부수적인 서비스는 제품과의 관련성에 따라 범위의 경제를 이루기 쉽다.

셋째, 제품과 서비스가 완전히 융합된 상태로 판매한다. 제품과 서비스를 구분하는 작업이 의미가 없다. 제품과 서비스가 일체화해서 하나의 상품이 된다. 예를 들어 애플의 아이팟은 기계 본체와 음악 판매가 융합되어야만 비로소 하나의 제품이 된다. 제품과 서비스 모두 수익을 얻는 사업 모델이다. 제품과 서비스를 완전 융합해서 제품에 부가가치를 부가하는 활동을 서비타이제이션(servitization)이라고 한다. 고객이 원하는 제품, 서비스, 고객지원센터, 지식을 조합하여 하나의 상품으로 만든다. 기업의 관점이 아니라 고객의 관점에서 상품 패키지를 만든다는 점이 특징이다.

3.3 차별화와 슈퍼 차별화

제품과 서비스가 경쟁에서 이기기 위해서는 차별화가 필요하다. 차별화는 플러스 차별화, 마이너스 차별화, 슈퍼 차별화가 있다. 플러스 차별화는 더해가는 방식이다. 식당에서 반찬을 하나 더 주거나 상품을 하나 구입하면 악세사리를 하나 끼워주는 방식이다. 플러스 차별화는 점점 확산되어 나중에는 상품 자체보다 끼워주는 악세사리에 관심이 집중되기도 한다. 예를 들어 패션잡지는 부록을 끼워주는 경우가 많은데 독자는 잡지기사보다 이 부록을 손에 넣기 위해서 잡지를 구입한다. 같은 가격의 자동차에 선루프나 크루즈 기능을 추가하는 경우도 플러스 차별화다. 마트에서는 1 + 1 마케팅을 통해서 하나를 사면 하나를 더 플러스한다. 기업끼리 판매경쟁이 붙으면 플러스 차별화는 점점 더 격렬해진다. 제품가격은 유지하면서 기능은 계속 추가하는 기능개발 경쟁도 플러스 차별화다. 경쟁제품에 없는 기능을 플러스함으로써 고객이 선택하도록 유도한다.

마이너스 차별화는 하나씩 덜어내는 방식이다. 예를 들어 자동차의 사이드밀러를 하나 없애고 그 대신 생산원가를 줄인다. 기능을 제거함으로써 가격을 낮추고 경쟁력을 확보하려는 전략이다. 제품 본질에 충실해진다는 장점도 있다. 제품에서 브랜드를 제거하고 그 대신 가격을 낮추는 전략 역시 마이너스 차별화다. 제품 가격에서 브랜드 가치가 차지하는 부분을 덜어낸 방식이다.

슈퍼 차별화는 일반적인 기능이나 거래범위를 초월해서 실행하는 차별화다. 예를 들어 1억원 하는 세계일주 여행의 경우 이동은 호화로운 프라이빗 제트기를 이용한다. 숙박은 왕궁이나 대저택에서 한다. 한 번에 모집하는 인원은 극히 제한되며 어떤 사람이 참가했는지는 비밀에 부친다.

서비스업에서는 고객에게 새로운 경험을 제공하기 위해서 노력한다. 어디에 가나 비슷한 서비스가 비슷한 가격으로 제공되고 있기 때문에 고객의 입장에서는 재미가 없다. 최근에는 고객이 직접 체험하게 하거나 고객이 직접 제품을 만들게 하는 방식도 퍼지고 있다. 플러스 차별화건 마이너스 차별화건 고객이 차이를 느끼지 않으면 구매하지 않기 때문이다. 슈퍼 차별화는 실제로 실행하려면 비용이 극단적으로 많이 필요하기 때문에 현실적이지는 않다.

기업에서는 고객의 만족도를 마이너스, 제로, 플러스로 나누어 우선 마이너스를 제로로 만들어야 한다. 고객 불만은 기업 경영에 치명적인 약점이 되기 때문이다. 하지만 의도적으로 고객에게 마이너스 차별화를 제공하고 고객도 이를 받아들인다면 마이너스 차별화도 사용할 만하다. 예를 들어 실내조명을 완전히 끄고 완전한 어둠 속에서 식사를 하는 식당이 있다. 고객은 오로지 자신의 감각에만 의존해서 식사를 한다. 이 식당에서 판매하는 상품은 식사가 아니라 어둠 체험이다.

3.4 지식 비즈니스 사이클

서비스업의 공업화나 제조업의 서비스화를 실행하려면 지식이전이라는 과정이 필요하다. 지식을 이전하려면 먼저 지식을 정리해야 한다. 문제는 어느 기업이든 명시적으로 정리할 수 있는 형식지에 비해 정리할 수 없는 암묵지가 훨씬 더 많다는 사실이다. 지금은 인터넷에서도 많은 자료를 검색하고 수집하지만 이 역시 마찬가지다. 인터넷에서 수집한 자료는 일단 보존은 하지만 이대로 사용하지는 않는다. 내 목적에 맞게끔 나 자신에게 지식을 이전하여야 한다.

지식 비즈니스 사이클은 지식의 구조화, 재구축, 유통, 활성화로 이어지는 사이클이다. 활성화에서는 다시 구조화로 이어지기 때문에 사이클은 연속적으로 끊임없이 회전한다.

예를 들어 어느 제조업에 기술 도면과 기술 사양서가 데이터베이스에 보존되어 있다고 하자. 마치 도서관에 많은 책을 보존한 것과 같은 이미지다. 이런 지식을 구조화된 지식이라고 한다. 이는 다양한 목적과 관점에 대해서 중립적이기 때문에 모든 조직에 보편타당한 지식이며 비경쟁 지식이다.

그러나 새로운 제품을 개발한다면 기존의 지식만으로는 개발하기 어렵다. 다른 제품의 도면이나 사양서를 살펴보면서 새로운 제품에 사용할 수 있는 지식인지 판단한다. 그리고 기존의 지식과 새로운 지식을 관련짓는다. 이와 같이 목적과 관점을 갖고 지식과 지식을 관련짓는 작업을 지식의 재구축이라고 한다. 재구축된 지식은 경쟁지식이 된다. 재구축된 지식을 이용해서 새로운 제품을 개발한다. 지식의 재구축은 목적과 관점에 따라 변하기 때문에 모든 조직에 보편타당한 지식이 아니다.

구조화된 지식을 목적과 관점에 적합하게 재구축하고 나면 지식을 유통한다. 이는 지식의 제공자에게서 수요자로 지식이 전달되는 흐름을 말한다. 지식을 유통하려면 유통의 단위가 정해져야 한다. 제조업에서는 설계도면이나 제품사양서가 유통단위가 된다. 게시판에 올라온 문서 한 건도 유통단위다. 지식의 수요자는 유통된 지식을 이용해 자신의 지식을 활성화시킨다. 예를 들어 설계도면을 보면서 지식을 활성화시키거나 전혀 새로운 지식을 추론하기도 한다. 이와 같은 지식의 구조화, 재구축, 유통, 활성화를 지식 비즈니스 사이클이라고 한다. 이 사이클을 얼마나 원활하게 돌리는지가 조직이 얼마나 지식을 활용하는지를 결정한다.

지식 비즈니스 사이클을 서비스 혁신 사례연구에 적용해 보자. 많은 사례를 수집하고 유사한 사례끼리 묶어서 분류하는 작업은 지식의 구조화다. 사례를 보는 사람은 자신이 이미 알고 있던 사례와 관련지어 가면서 성공요인을 해석한다. 이는 지식의 재구축이다. 재구축한 결과는 자료로 정리해서 유통한다. 이를 본 다른 사람들은 자신만의 새로운 지식을 창조한다. 이는 지식의 활성화다.

새로운 지식을 창조하는 작업은 시간에 비례하지 않는다. 오랫동안 새로운 지식이 창조되지 않다가 어느 순간 새로운 지식이 창조되기도 한다. 만약 새로운 지식을 계획적으로 창조할 수 있다면 좋겠지만 이런 일은 일어나기 어렵다. 현실적으로는 지식 비즈니스 사이클을 의도적으로 돌리는 방법이 가장 효과적이다.

3.5 가치 공동 창조

만약 당신이 지금 막 최신형 스마트폰을 구입했다면 이 상태에서는 스마트폰의 가치를 느끼지 못한다. 고객 스스로 사진을 찍거나 지도를 찾아보거나 게임을 해보아야만 다양한 가치를 느낄 수 있다. 이때의 가치는 두 가지 있다. 첫째, 고객이 사진을 찍거나 게임을 하기 위한 수단으로서의 스마트폰에 관한 가치다. 둘째, 스스로 사진을 찍는 즐거움이라는 가치도 있고 친구와 소통하는 즐거움이라는 가치도 있다. 스마트폰 자체의 가치는 제조업이 제공하였지만 사진을 찍거나 소통하는 즐거움은 고객이 스스로 만든 가치다. 만약 고객이 스마트폰을 제대로 사용하지 못하거나 제품의 컨셉이 제대로 고객에게 전달되지 않았다면 고객은 사진을 찍거나 소통하는 즐거움이라는 가치를 만들지 못한다. 기업이 제안한 가치를 실현하지 못한다. 기업이 가치를 제안하고 고객이 가치를 만들어내는 작업을 가치 공동 창조라고 한다.

요리 레시피를 공유하는 플랫폼이 있다고 하자. 플랫폼을 운영하는 기업은 고객에게 장소를 제공하고 그 대가로 고객정보를 얻는다. 고객들은 플랫폼에 서로의 레시피를 공개하고 경험을 공유한다. 여기에서 나온 새로운 정보를 이용해서 기업이 제품을 개발하는 방식도 가치 공동 창조라고 한다.

가치 공동 창조는 기업과 고객이 함께 가치를 창조하는 작업이지만 가치를 창조하는 주체는 기업이든 고객이든 상관없다. 한 주체가 가치를 창조하는 과정에 다른 주체가 적극적으로 참여하면 된다. 하지만 서비스 도미넌트 로직에서는 고객이 가치를 창조하는 방식을 의미한다. 서비스 도미넌트 로직은 경제교환의 대상이 제품 중심에서 서비스 중심으로 변화한다는 로직이다. 여기서 말하는 서비스는 기업이 보유한 전문지식이나 기술을 말한다. 이에 비해 개방형 혁신에서는 기업의 연구개발에 고객이 참여하여 가치를 창조하는 방식을 의미한다.

참고문헌

서비스산업 총연합회 홈페이지, http://www.fsi.or.kr/01/03.asp

윤태성, 『탁월한 혁신은 어떻게 만들어지는가』, 레인메이커, 2014.

______, "세상을 아름답게 만드는 사업", 2015.
http://opinion.mk.co.kr/view.php?year=2015&no=997769

______, "재해대책에서 기회를 만드는 일본", 2015.
http://news.mk.co.kr/column/view.php?sc=30500114&year=2015&no=8

62568
_____, 『고객은 독이다』, 한국경제신문사, 2016.

1. 내생적 창업이란 무엇인가?

2. 린스타트업의 탄생 배경

3. 내생적 창업과 린스타트업의 공통점

4. 거점시장 확보 전략

5. 가치 제안과 핵심 역량

6. 스타트업의 지속적 혁신

7. 혁신 결과의 축적과 스노볼 효과

8. 좋은 창업을 넘어 위대한 창업으로

9. 맺음말

가치를 창출하는 위대한 창업 사회

윤정호(KAIST 기술경영전문대학원 교수, 벤처창업)

4

〈요약〉

우리는 창업이 활발한 사회를 원한다. 창업이 활발한 사회는 역동성이 있는 사회이고, 그 경제적 역동성에 의해 일자리가 창출되고 그로부터 사회의 부가 창출되며, 사회가 발전하기 때문이다. 이 글에서는 우선 내생적 창업이 무엇인지 정의해 본다. 그리고 비즈니스 모델과 사업의 기본 원리와 내생적 창업의 관계를 살펴본다. 미국의 실리콘밸리를 중심으로 탄생한 린스타트업의 탄생 배경과 그 핵심 사상을 살펴보고, 그 린스타트업의 원리와 내생적 창업의 공통점을 살펴본다.

이와 함께 창업과정에서 고려해야 할 구체적인 방법과 전략을 살펴본다. 예를 들면, 린스타트업의 방법론과 원리를 살펴보고, 창업가들이 스타트업을 창업할 때 반드시 고려해야 할 거점시장 확보전략, 가치 제안과 핵심 역량의 개념과 전략을 살펴본다. 아울러 스타트업이 일회성 혁신에 머무르지 않고, 지속적 혁신 혹은 혁신의 축적과 스노볼 효과를 살펴 지속적으로 발전하는 개념과 방법을 제안한다. 스타트업들이 좋은 창업을 넘어 위대한 창업으로 발전하기 위해서 경제적 가치를 넘어 사회적 가치를 창출하는 방법을 살펴보고, 이와 함께 리더십의 중요성을 생각해 봄으로써 위대한 창업으로의 길을 제안하고, 창업이 활발한 사회가 우리에게 주는 혜택과 내생적 창업의 방법을 고찰한다.

1. 내생적 창업이란 무엇인가?

우리 사회는 현재 일자리 창출을 외치며 창업을 권하고 있다. 요즘의 창업 생태계는 정부 주도의 지원정책 아래 정부지원을 받아 창업하려는 분위기가 있는 게 사실이다. 창업을 통해 어떤 가치를 창출할 것인가보다는 정부지원을 받기 쉬운 분야에 쏠림 현상이 있거나 새로운 트렌드를 따라가려는 경향이 있다. 그러나 그 속을 자세히 들여다보면 정부지원 없이도 자생력을 갖추는 스타트업이 흔치 않은 게 현실이다.

반면에 창업이 세계에서 가장 활성화되어 있는 실리콘밸리에서는 자생력을 갖추는 것을 부트스트래핑(Bootstrapping)이라고 하며, 스타트업들이 부트스트래핑 할 수 있는 방법을 찾기 위해 여러 방법론을 도입하며 생존을 위한 노력을 하고 있다. 그러한 스타트업의 생존 방법론 중에 가장 널리 적용되고 있는 것 중 하나가 린스타트업 방법론이다. 린스타트업의 스승으로 알려진 스티브 블랑크는 스타트업이란 확장 가능하고, 반복 가능하고, 수익성이 있는 비즈니스 모델을 탐색하는 임시 조직이라고 정의한 바 있는데,[1] 이는 우리에게 시사하는 바가 크다.

비즈니스 모델의 핵심은 가치를 창출하고 수익원을 확보하며 그 수익원(매출)이 내부의 원가를 넘어설 수 있도록 효율적으로 내부 운영을 하여 이익을 창출하는 것이다.[2] 여기서 우리는 이익이라는 단어에 잠깐 주목해 볼 필요가 있다. 이익이란 무엇인가? 영업이익이란 매출(수익)에서 영업활동에 소요되는 모든 비용(원가)을 뺀 나머지라고 할 수 있다. 기업이 생존하기 위해서는 그 기업이 창출하는 가치가 고객이 지불하는 가격보다 커야 하고, 고객이 지불하는 가격이 기업에서 소요되는 원가보다 커야 한다. 이것을 흔히 기업의 생존 법칙이라고 말하기도 하고 혹은 기업의 생존 부등식이라고 말하기도 한다. 다시 말해, 기업이 창출하는 가치가 기업이 벌어드리는 매출보다 커야 그 기업이 생존할 수 있다는 것이고, 그 기업이 벌어드리는 매출이 기업에서 사용하는 총 비용보다 커야 그 기업이 생존할 수 있다는 것으로 이것은 그 기업이 생존하기 위한 일종의 법칙인 것이다. 이러한 법칙을 지키지 못한다면 그 기업은 장기적으로 생존할 수 없는 것이다.

그러나 요즘 국내 창업 생태계는 정부의 R&D 지원금을 받는 것이 마치 가치 창출을 하는 것인양 착각하는 분위기가 있는 것이 안타까운 현실이다. 무엇이 가치 창출이고 정부의 R&D 지원금의 의미가 무엇인지 그 의미를 정확히 이해할 필

1. Steve Blank and Bob Dorf, *The Startup Owner's Manual : The Step-By-Step Guide for Building a Great Company*, K and S Ranch Inc., 2012.
2. Alexander Osterwalder and Yves Pigneur, *Business Model Generation*, 2010.

요가 있다. 내생적 창업이란 외부의 정책지원금이나 부추김에 따라 창업하는 대신 고객에게 가치를 창출하는 기본으로 돌아가는 것이라 할 수 있다. 새로운 가치 창출 없이 새로운 매출을 확보하는 것은 불가능하다. 창업 기업이 어떤 새로운 가치를 창출할 것인지 선명하게 정의하는 것이 창업의 첫 시작이라고 할 수 있을 것이다. 우리는 이런 사업의 기본 원리에 충실하여 다시 기본으로 돌아가야 한다.

2. 린스타트업의 탄생 배경

현재 미국은 실리콘밸리를 중심으로 린스타트업(Lean Startup) 운동이 활발히 진행 중에 있다. 린스타트업의 창시자라고 할 수 있는 에릭 리스(Eric Ries)는 자신의 스승인 스티브 블랑크의 도움을 받아 린스타트업 방법론을 제안하였다. 에릭 리스가 제안한 린스타트업을 언급하기 이전에 에릭 리스가 린스타트업을 제안하는 데 영향을 준 스티브 블랑크가 주장한 내용을 먼저 살펴볼 필요가 있다.

스티브는 창업가들이 흔히 비즈니스 스쿨에서 가르치는 “큰 사업”에서 사용되는 방법들을 스타트업에 적용한 결과, 그 “계획”을 실행하는 데 실패한다고 주장한다. 스타트업은 단순히 대기업의 작은 버전이 아니다. 대기업들은 그들의 고객이나 문제 혹은 제품에 필요한 특징들이 이미 “알려진” 비즈니스 모델을 “실행”한다. 그러나 스타트업은 반복 가능하고 이익 확보가 가능한 비즈니스 모델을 “탐색” 모드로 운영한다. 이후 비즈니스 확장에는 대개 외부 투자가 필요하다.

대부분의 대기업들은 그들의 핵심 제품의 변형품을 새로운 제품으로 제안하면서 성장한다. 이것을 흔히 존속적 혁신(Sustaining Innovation)이라고 한다. 그러나 이들 대기업들은 새로운 제품을 새로운 시장과 새로운 고객에게 제공하는 파괴적 혁신(Disruptive Innovation)은 실행하기 매우 어렵다. 대기업 내부에서 확장

가능한 스타트업을 출범시키는 것은 매우 어려운 일이다.

스티브 블랑크는 흔히 스타트업들이 대기업의 개발방식을 따라 하면서 잘못 하는 아홉 가지 유형을 언급한 바 있는데, 이는 우리 창업 기업들에게 시사하는 바가 크다. 이를 간략하게 요약하면 다음과 같다. 첫 번째 잘못은 창업가가 자신이 고객을 잘 알고 있다고 착각하는 것이다. 창업가는 특정 분야의 전문가라고 할지라도 고객, 고객의 문제, 비즈니스 모델에 대해 단지 추측할 뿐이다.

두 번째 잘못은 "나는 어떤 기능을 포함한 제품을 만들어야 할지를 안다" 고 착각하는 것이다. 실패하는 창업가는 현장으로 나가지 않고 대기업의 전통적인 개발 방법론을 사용하여 전체 기능을 포함한 제품을 정의, 설계, 제조를 진행하여 궁극적으로 실패한다.

세 번째 잘못은 제품 출시 일정에 집중하는 것이다. 전통적인 신사업 추진 전략처럼 제품 출시일을 정하고, 출시일에 맞춰 개발, 판매, 마케팅에 집중한다. 일정을 지연시킬지 모를 '잘못된 변화' 를 용납하지 않는다. '지금의 가정이 틀리면 다른 시도를 해보자' 고 말하는 반복 순환을 무시하고 무조건적인 제품 출시를 강행하여 결국 실패한다.

네 번째 잘못은 가설, 검증, 학습, 반복을 고려하지 않고 "실행" 을 강조한다는 것이다. 기존 대기업이 실행하는 비즈니스 모델은 고객, 고객의 문제, 제품의 필요한 기능 등을 모두 알고 있지만, 스타트업은 다르다. 초기의 가설을 검증하고 증명하는 '탐색' 과정을 먼저 거쳐야 한다. 이러한 '탐색' 과정은 반복 · 확장 · 수익화가 가능한 비즈니스 모델을 찾는 과정이다. 가설 검증에서 학습한 정보로 가설을 보완하고 재검증하면서 실수로부터 배우는 능력이 성공하는 스타트업을 만든다.

다섯 번째 잘못은 전통적인 사업계획서가 시도나 오류를 가정하지 않는다는 점이다. 대기업의 전통적인 상품개발 방식의 경우 모든 개발과정이 명확하고 모든 참여자가 그 과정을 잘 알고 있다. 측정지표로서 재무관리의 손익계산서, 대차

대조표, 현금흐름을 측정한다. 그러나 이런 지표를 측정하는 것은 기존 고객을 갖고 있고, 잘 알려진 비즈니스 모델을 가진 대기업에서는 유용하지만, 스타트업은 이런 지표로 사업 상황을 점검할 수 없다.

여섯 번째 잘못은 전통적인 직책을 스타트업에서의 역할과 혼동한다는 점이다. 많은 스타트업들이 기존 대기업의 직책을 그대로 사용한다. 그러나 스타트업의 고객 발굴에는 변화와 혼란에 적응하고, 실패를 통해 배우며, 위험하고 불확실한 상황에서 일할 사람이 필요하다. 따라서 스타트업에서는 전통적인 직책 대신 새로운 것을 배우고 발견하는 데 개방적이고, 호기심과 탐구심이 많으며, 창의적인 기업가적 성향을 가진 소수의 사람을 중시해야 한다.

일곱 번째 잘못은 전통적인 대기업의 경우 계획에 따라 판매와 마케팅을 실행한다는 것이다. 대기업은 목표한 것을 실행할 계획을 세우고, 경영진은 측정 가능한 지표로 계획의 진척도를 파악한다. 대기업에서 20년 이상 근무한 경험이 있는 필자도 대기업에서 이런 경험을 했다. 그러나 스타트업에서는 제품 출시, 수익 계획에 대한 단순한 진척도 파악은 의미가 없다.

여덟 번째 잘못은 성공에 대한 이른 예측이 섣부른 확장으로 이어진다는 점이다. 전통적인 기업에서는 "고객을 먼저 파악하기 전까지 신규 채용을 멈추거나 줄여야 한다"거나 "고객의 의견을 얻은 뒤에 진행한다"고 말하지 않는 경우가 많다. 스타트업의 경우에 정해진 계획에 따라 신규 채용을 하고, 섣부른 확장으로 이어질 경우 재앙을 맞는 경우가 많다.

아홉 번째 잘못은 위기 관리가 악순환으로 이어진다는 점이다. 대부분의 실패한 사업계획은 "검증"되지 않는 가설이었다는 사실과 어떤 사업계획도 고객과 만나는 순간 더 이상 통하지 않는다는 것이 문제였다는 사실이다. 스타트업에 있어서 "실패"는 비즈니스 모델 탐색과정의 필수적인 부분이라는 것을 인정해야 한다.

3. 내생적 창업과 린스타트업의 공통점

린스타트업(Lean Startup)[3]의 핵심 개념은 린생산 방식에서 나온 린사상에서 출발한다. 린사상은 낭비를 줄이는 것이다. 고객이 무엇을 원하는지 알아내고, 고객에게 혜택을 주는 것만이 가치이고, 그 이외의 것은 낭비라고 보는 생각이 린사상의 근본 핵심이다. 결국 핵심은 어떤 노력이 가치를 창출하고, 어떤 노력이 낭비인지를 판단하고 낭비를 체계적으로 제거하는 것이다.

그러기 위해서는 고객이 무엇을 원하는지 "실험"을 하거나 고객의 행동을 관찰함으로써 그들의 니즈를 "측정(Measure)" 할 필요가 있다. 아울러 그 측정 결과로부터 스타트업은 "학습(Learn)" 해야 한다. 이때 실험을 하거나 고객의 행동을 관찰하기 위해서는 먼저 고객에게 제공할 제품 혹은 서비스를 만들어야(Build) 한다. 이러한 순환을 만들기-측정하기-학습하기(Build-Measure-Learn ; 이하 BML이라 한다) 피드백 순환이라고 한다. 스타트업이 성공하려면 이러한 피드백 순환을 최대한 빨리 돌려야 한다. 이때 고객이 어떻게 반응하는지를 측정한 후 이 부분을 그대로 지켜야 할 것인지, 혹은 다른 쪽으로 방향전환해야 할 것인지를 학습해 나가는 것이다.

이러한 BML 피드백 순환을 거치게 될 경우 창업가로서 좋은 성과를 내려면 역설적으로 지루한 것에 집중해야 한다. 성과를 어떻게 측정하고, 마일스톤을 어떻게 세팅하며, 일의 우선순위를 어떻게 정할지 집중해야 한다. 이것들은 스타트업을 위한 새로운 측정방식을 필요로 한다. 이것은 기존의 재무적 회계 이전에 다른 형태의 회계를 필요로 한다. 이것을 린스타트업에서는 혁신 회계라고 한다. 이것을 다르게 표현하면 핵심 지표를 측정하는 것이라고도 할 수 있다. 이러한 핵

3. Eric Ries, *The Lean Startup : How Today's Entrepreneurs Use Continuous Innovation to Create Radically Successful Business*, 2011.

심 지표를 측정하는 방법으로 오늘날 데이터 마이닝 혹은 데이터 분석기법을 사용한다.

기업을 운영할 때 측정할 지표에는 선행지표와 후행지표가 있다. 재무제표상에 나타나는 매출, 비용, 영업이익, 세전이익, 자산, 부채, 자본 등은 일종의 후행지표라고 할 수 있다. 이러한 재무제표상의 지표는 사업의 결과물이기 때문에 사업이 상당히 진행된 후에 나타난다. 당연히, 사업을 하는 데 재무제표상의 지표는 매우 중요하다. 오마하의 현인으로 잘 알려진 주식투자의 대가 워렌 버핏도 재무제표를 매우 중요시한 것을 보면 회사를 경영하는 경영자가 재무제표상의 지표를 측정하고 분석하는 것은 당연한 일이다. 그러나 스타트업의 경우에는 재무제표상의 지표를 보고 사업의 방향을 판단하면 너무 늦는 경우가 많다. 재무제표상의 지표에는 이미 사업에 실패한 후의 결과가 나타나고, 이들만으로는 고객이 무엇을 원하는지 혹은 고객이 어떤 행동을 보이는지를 알 수 없기 때문이다. 따라서 재무제표상의 지표와 같은 후행지표보다 앞서 고객이 무엇을 원하는지 혹은 고객이 어떤 행동을 보이는지를 먼저 "측정" 하는 선행지표의 측정과 분석이 필요하다.

이러한 선행지표와 후행지표를 "측정" 하지 않으면서 사업을 하는 것은 마치 계기판 없이 운전하는 것과 유사하다. 만약 초행길을 운전하는데 네비게이션이 없다면 얼마나 불편하겠는가? 목적지에 쉽게 도달할 수 있겠는가? 창업가는 먼저 그 회사에 맞는 핵심 지표를 측정하는 네비게이션을 만들어서 고객이 무엇을 원하는지, 사업이 어디로 가고 있는지를 먼저 측정할 필요가 있다.

자동차의 예에서 중요한 피드백 순환 중 하나는 운전대와 운전자의 관계이다. 이 피드백은 즉각적이고 당연하게 생각할지도 모르겠지만, 사실상 매우 중요한 피드백이다. 이와 반대로 로켓은 모든 동작을 미리 계획해 놓아야 한다. 이 과정에서 작은 오류가 하나라도 발생하면 그 결과는 대형 사고로 이어진다. 불행하게도 많은 스타트업들은 사업계획서를 자동차 운전하는 것보다 로켓 발사하는 것에 더 가깝게 만들어 놓고 진행한다. 린스타트업 방법론은 반대로 회사를 어떻게 '운전' 해 나갈 것인지를 알게 해준다. '만들기-측정하기-학습하기(BML)' 라는 피드백 순환을 통해 운전자와 운전대가 서로 상호작용해 나가는 것처럼 끊임없이 조정해 나가는 방식을 알려준다.

얼마나 많은 제품을 만들었느냐를 가지고 생산성을 측정하는 것이 아니라 얼마나 제대로 된 "학습" 을 했느냐를 가지고 생산성을 측정해야 한다. 이것을 린스타트업에서는 유효한 학습이라고 한다. "고객이 제품을 사는 이유를 깨달은 스타트업이 시장의 승자가 된다. 패자는 고객에게 관심을 기울이지 않는다" 라고 얘기한 스티브 블랑크의 말은 우리에게 시사하는 바가 크다. 나중에 버려질 가능성이 있는 쓸데없는 낭비를 유효한 학습을 통해 줄여야 한다. 네비게이션을 통해 길을 잘못 드는 것을 미리 예방함으로써 낭비를 줄일 수 있는 것이다. 설혹 길을 잘못 들었다고 하더라도 현재의 위치와 방향을 다시 "측정" 하여 경로를 새롭게 설정함으로써 낭비를 줄일 수 있다. 기업의 생존 능력은 얼마나 많이 만드는 것이냐에 달려 있는 것이 아니라 얼마나 빨리 "학습" 할 수 있는 능력이 있느냐로 평가 되어야 한다.

우리 스타트업들은 "이 제품을 만들 수 있을까?" 하는 것이 주요 질문이 되어서는 안 된다. 오히려 더 중요한 질문은 "이 제품이 과연 만들 가치가 있는가?", "이 제품과 서비스를 기반으로 우리가 지속 가능한 사업을 만들 수 있는가?" 이다. 이러한 질문에 답하려면 사업계획서를 체계적으로 쪼개 하나씩 실제로 실험해 보는 방법론이 필요하다. 린스타트업에서는 제품, 기능, 마케팅 캠페인 등 스타트업에서 행하는 모든 활동이 유효한 학습을 위한 실험이 되어야 한다.

우리나라에서 정부 주도의 지원금을 활용하는 것이 고객에게 어떤 가치를 창출하는 것과 관련 없이 스타트업의 연명을 위한 것이라면, 그것은 린사상의 관점에서 낭비다. 낭비를 줄이기 위해서 우리는 기본으로 다시 돌아가야 한다. 무엇이 진정으로 고객에게 가치를 창출해 줄 것인지 살펴봐야 한다. 그 기본에 충실하는 것이 바로 린스타트업이며 내생적 창업이다.

4. 거점시장 확보 전략

미국 MIT대학의 교수이며 기업가정신 분야의 대가로 알려진 빌 올렛(Bill Aulet) 교수는 그의 저서 *Disciplined Entrepreneurship*[4]에서 스타트업의 경우 거점시장에 먼저 집중하는 전략을 권하고 있는데, 이는 우리의 스타트업이 주목해야 할 부분이다. 우리나라 창업 기업의 대표들을 만나보면, 이 부분을 간과하는 경우를 흔히 볼 수 있다. 창업가들이 갖고 있는 기술을 바탕으로 자신들의 사업을 여러 분야에 적용 가능한 아이템으로 확대할 수 있다고 주장하는 경우가 많다. 다양한 사업 기회를 설파하며 투자를 유치하려는 경우를 흔히 접할 수 있다. 그러나 이것은 착각이다.

스타트업은 우선 살아남아야 한다. 생존이 가능해야 그 다음 시장을 얘기할 수 있는 것이다. 따라서 스타트업은 최초의 타겟 시장을 어디로 할 것이며, 그 선정된 시장에 대해 어떻게 공략할 것인지에 좀 더 구체적으로 집중할 필요가 있다. 그 집중된 타겟 시장을 거점으로 일단 살아남아야 한다. 그 거점시장에서 살아남아야 할 뿐만 아니라, 빠른 시간 안에 100% 시장점유율을 차지할 수 있을 정도로 그 시장의 지배력을 강화하는 것이 매우 중요한 생존 전략이다.

대개 스타트업들은 대기업에 비해 자원이 매우 부족하다. 따라서 스타트업들이 매력적이면서 커다란 시장에서 자원이 풍부한 대기업과 경쟁하고자 하는 것은 계란으로 바위치기 하는 식이나 마찬가지이다. 그런 방식으로는 스타트업이 대기업을 이길 수 없다. 그러나 한편으론, 대기업은 작은 시장에는 관심을 갖지 않는다. 대기업으로서는 기존 사업의 매출규모에 비해 작은 시장은 거들떠보지 않는다. 대기업의 경영자로서는 당장의 현안 사업을 더 키워 매출과 이익을 확대하고

---

4. Bill Aulet, *Disciplined Entrepreneurship : 24 Steps to a Successful Startup*, 2013.

자 하는 것이 당연한 이치이다. 이것은 대부분의 대기업들이 경영자를 평가할 때 현안 사업의 매출과 이익을 중시하기 때문이다.

오히려 역설적으로 거기에 스타트업의 기회가 있다. 스타트업들은 대기업이 쳐다보지 않을 만한 작은 시장에 집중해야 한다. 그러나 그 시장이 지금은 작은 시장이라 할지라도 그 거점시장을 발판으로 차츰 주변 시장으로 확장 가능한 시장을 집중 공략해야 한다. 우리는 역사적으로 이와 같은 사례를 경험했다. 우리나라의 경우 한국전쟁 당시에 실시했던 인천상륙작전이 그것이다. 인천상륙작전은 한국전쟁이 한창이던 1950년 9월 15일 UN군 사령관 더글러스 맥아더의 주도로 시작된 상륙작전이다. 이 작전에는 7만 5천여 명의 병력과 261척의 해군 함정이 투입되었고, 대한민국의 서울 탈환으로 이어져 한국전쟁 전반의 전세를 뒤집는 계기가 되었다.

이와 유사한 사례는 해외에도 있다. 노르망디 상륙작전이 그것이다. 노르망디 상륙은 제2차 세계대전 중 연합군의 오버로드 작전의 일환으로서 1944년 6월 6일 D데이에 실시되었다. 역사상 가장 큰 규모의 상륙작전이었던 노르망디 상륙은 나치 독일이 점령하고 있던 북서유럽 해방의 시작이었으며, 서부전선에서 연합군의 승리에 크게 기여하였다.

스타트업에서 거점 전략이 적용된 사례는 무수히 많이 있으며, 〈페이팔〉의 공동 창업자 피터 틸(Peter Thiel) 은 그의 저서 『제로투원(Zero to One)』[5]에서 스타트업은 경쟁하지 말고 독점하라고 주장한다. 이와 같이 스타트업은 대기업과 경쟁하는 것이 목표가 되어서는 안 되고, 대기업이 관심을 갖고 있지 않을 만큼 작지만 기회가 확대될 수 있는 시장을 타겟으로 하여 거점시장에서 우선 독점적 지위를 확보하는 것이 중요하다.

그 거점시장에서 독점적 지위인 “원(One)”이 되는 순간, 아무리 그 시장이 작

---

5. Peter Thiel and Blake Masters, *Zero to One: Notes on Startups, or How to Build the Future*, 2014.

은 시장이라고 하더라도 어떠한 대기업도 그 작은 스타트업을 무너뜨리는 건 쉽지 않다. 그것이 스타트업의 생존전략 1호가 되는 것이다. 그 작지만 확대 가능성이 있는 거점시장을 기반으로 해서 점차 주변 시장으로 확대해 나간다면 그 스타트업은 생존에 이어서 확장에도 성공할 수 있다.

우리나라의 사례에서도 이와 같은 성공사례가 있다. 우리는 가깝게 카카오톡에서 그런 사례를 살펴볼 수 있다. 카카오톡은 탄생할 때 우선 모바일 환경에서 SNS 기능과 커뮤니케이션 기능을 위한 카카오톡 솔루션에 먼저 집중하여 성공했다. 카카오톡은 스마트폰이 국내에 확산되던 초기에 그 기회를 보았고, 그 거점시장에 집중했다. 다른 대기업이나 다른 경쟁자들이 그 시장에 들어올 새도 없이 짧은 시간에 그 거점시장을 완전히 정복한 것이다. 일단 카카오톡이 거점시장을 정복한 이후에는 그 어떤 대기업도 그 거점시장의 아성을 무너뜨릴 수 없었다. 그것이 거점 전략의 핵심이다. 그 거점시장에서의 성공을 바탕으로 카카오택시, 카카오네비, 카카오뱅크 등 주변 시장으로 점차 시장을 확대해 나가고 있는 전략은 신생 스타트업들에게 시사하는 바가 크다.

5. 가치 제안과 핵심 역량

흔히 신생 스타트업의 경우 창업자의 아이디어에 집착하는 경향이 있다. 자신의 아이디어 혹은 기술에 대한 확신이 너무 지나쳐서, 자신의 아이디어나 기술만으로도 충분히 사업성이 있다고 생각하고 사업계획서를 완성한다. 심지어 자신의 아이디어 혹은 기술을 극비로 생각하며, 혹시라도 남이 알게 되면 자신의 아이디어를 빼앗길까봐 두려워서 타인과 공유하거나 토론조차 하지 않으려는 경향이 있다. 심지어 잠재고객에게조차 공개하기를 꺼려 한다. 이것은 흔히 고객에게 제공하는 가치 제안(Value Proposition)과 핵심 역량(Core Competency)을 구별하지 못해서 발생하는 오류이다.

가치 제안은 고객에게 제안하는 가치를 의미한다. 창업자들이 쉽게 빠지는 오류 중 하나는 자신의 아이디어나 기술을 맹신한 결과 제품의 기능과 특징 등 세부 사항에 집착하는 것이다. 그러나 고객은 창업자가 관심을 갖고 있는 아이디어나 기술에는 별로 관심이 없다. 고객은 그것이 자신에게 어떤 혜택을 주는지, 그 제품이나 서비스를 사용할 경우 자신에게 무엇이 좋아지는지 외에는 별로 관심이 없다. 즉, 창업자의 관점과 고객의 관점이 다르다.

가치 제안은 간단하고 명료해야 한다. 창업자 자신의 관점이 아니라 고객의 관점에서 고객에게 어떤 가치를 제공하고 있는지 한눈에 보여주어야 한다. 그렇기 때문에 가치 제안은 가급적 가시화하는 것이 좋다. 고객은 한눈에 그 제품이나 서비스가 자신의 마음에 드는지 아닌지를 보고 판단한다. 디테일한 기능이나 기술은 그 다음 얘기다.

한편, 핵심 역량은 가치 제안과 완전히 다르다. 핵심 역량은 남들은 못 갖고 있는데 스타트업 자신만이 갖고 있는 역량을 말한다. 이는 전쟁을 할 때 핵심 무기와 같은 것이고, 유명한 식당의 경우 비밀 소스에 해당한다. 그런데 고객은 그 회사의 핵심 역량을 보고 제품이나 서비스를 사는 것이 아니다. 고객은 스타트업이 제안하는 가치에만 관심을 갖고 있고, 그 회사의 핵심 역량이 무엇이냐에는 별로 관심이 없다. 하지만 스타트업 입장에서는 그 핵심 역량이 앞으로 지켜야 하고 키워 나가야 할 능력이며 자산이다.

핵심 역량을 구성하는 요소는 크게 두 가지이다. 하나는 "할 수 있는 능력(Capability)" 이고 다른 하나는 "자원(Resource)" 이다.[6] 그런데 이 두 가지는 상호 확대 재생산되는 특징을 갖고 있다. 스타트업의 경우 사업 초기에 이 두 가지가 대

---

6. Thomas H. Byers, Richard C. Dorf, Andrew J. Nelson, *Technology Ventures : From Idea to Enterprise*, 2014, pp.67~71.

기업에 비하여 매우 빈약한 상태에 있는 것은 당연하다.

스타트업은 처음에 그 능력과 자원이 매우 빈약하지만 거점시장을 빠른 속도로 점령하는 동안 그 거점시장을 확보 · 유지할 수 있을 정도의 능력과 자원을 갖게 된다. 즉, 스타트업은 거점시장 확보뿐만 아니라 그 과정에서 자신만의 능력과 자원을 확보하는 것이 중요하다. 필자는 그것을 씨앗 스노볼(Seed Snowball)이라고 부르고 싶다. 씨앗 스노볼이란 눈사람을 만들 때 눈을 굴려 눈덩이를 키우기 전에 먼저 손으로 꽉꽉 눌러 만들어진 작은 눈덩이를 말한다. 이 씨앗 스노볼이 단단하면 단단할수록 눈덩이를 굴릴 때 눈이 잘 뭉쳐진다. 씨앗 스노볼이 없을 경우에는 눈덩이를 굴릴 수 없거나 설혹 눈덩이를 굴릴 수 있다고 하더라도 금방 눈덩이가 깨지기 쉽다는 것을 우리는 대개 어린 시절의 경험을 통해 알고 있다.

스타트업은 점차 인접 시장으로 사업을 확장하면서 그 핵심 역량의 스노볼을 키워나가야 한다. 그런데 그 핵심 역량을 키워나가는 과정을 살펴보면 작은 "능력"을 통해서 거점시장을 확보하여, 작지만 소중한 "자원"을 확보하게 된다. 그 다음에는 그 자원을 활용하여 더 큰 능력을 갖게 된다. 그렇게 키워진 능력으로 좀 더 큰 인접시장으로 사업을 확장할 수 있게 되고 그럼으로써 또 새로운 자원을 확보할 수 있게 된다. 이와 같이 능력과 자원은 확대 재생산되면서 스노볼처럼 커진다. 그와 동시에 회사의 부(Wealth)도 점차 커진다. 이것이 전설적인 투자가 워렌 버핏(Warren Buffet) 이 지향하는 스노볼 효과[7]이다.

투자의 전설 워렌 버핏은 1999년 포춘지와의 인터뷰에서 자신의 투자 전략의 핵심 원칙을 요약하는 말로 "경제적 해자(Moat)"를 언급한 바 있다. 해자는 적의 침략으로부터 성을 방어하기 위해 성 주위에 만들어 놓는 것이다. 워렌 버핏이 "경제적 해자"에 대해 언급한 내용을 인용하면 다음과 같다: "투자의 열쇠는 그 산업이 사회에 얼마나 영향을 미칠 것인가 혹은 그 산업이 얼마나 성장할 것인가

7. Alice Schroeder, *The Snowball : Warren Buffett and the Business of Life*, 2009.

를 평가하는 것이 아니라, 어느 특정 회사의 경쟁우위(Competitive Advantage), 그리고 무엇보다도 그 경쟁우위의 지속성을 평가하는 것이다. 넓고, 지속 가능한 해자를 보유하고 있는 제품이나 서비스들은 투자자들에게 대가로 보상을 한다."[8] 경쟁우위는 그 회사의 핵심 역량으로부터 만들어지는 것으로 고객의 관점에서 경쟁자보다 더 큰 경제적 가치를 창출하는 능력이다. 경제적 해자는 어떤 사업이 그 수익성을 보호하기 위하여 그 사업 주위에 만들어 놓는 것이라고 할 수 있다.

여기서 워렌 버핏은 한 걸음 더 나아가 지속 가능한 경쟁우위를 강조하고 있다. 일시적인 경쟁우위에 그치는 것이 아니라 경쟁우위를 지속적으로 확보하는 것을 강조한 메시지는 스타트업 창업가들이 고민하고 마음에 품어야 할 주제이다.

6. 스타트업의 지속적 혁신

스타트업들이 거점시장을 확보하고 이익을 내기 시작하면서 어느 정도 궤도에 올라간 이후에는 지속적 혁신(Continuous Innovation)이 필요하다. 린스타트업의 중요한 특징 중 하나가 만들기(Build)-측정하기(Measure)-학습하기(Learn)의 피드백 순환을 반복하는 것이라고 앞에서 설명하였다. 이때 만들기(Build)는 MVP(Minimum Viable Product, 최소 요건 제품)를 만드는 것이다. MVP는 고객에게 판매하여 매출을 일으키는 것이 목적이 아니라, 고객이 그 제품을 사용할 것인지 아닌지 가설을 테스트하는 것이 목적이다.

창업자들이 흔히 범하기 쉬운 오류는 자신들이 개발한 제품을 사용자들이 많이 사용할 것이고, 그 대가를 지불할 것이라고 단정하는 것이다. 그러나 현실에서

---

8. https://archive.fortune.com/magazines/fortune/fortune_archive/1999/11/22/269071/index.htm

는 그 반대의 경우가 더 많다. 창업자들이 자신의 제품이 잘 팔릴 것이라고 생각하는 것은 단지 가정일 뿐이다. 이 가정은 반드시 고객을 통해 검증을 거쳐야 한다.

린스타트업의 핵심은 이 가정에 대한 검증을 통해 만들기(Build)-측정하기(Measure)-학습하기(Learn) 순환을 반복적으로 행하면서 확인하고 완성도를 높이는 것이다. 이때 테스트해야 할 '가장 위험한 가정' 두 가지 중 하나는 가치 가설(Value hypothesis)이고, 다른 하나는 성장 가설(Growth hypothesis)이다. 가치 가설은 제품이나 서비스가 그것을 사용하는 고객들에게 진정으로 가치를 제공하는지를 테스트하는 것이고, 성장 가설은 새로운 고객들이 어떻게 제품이나 서비스를 발견할 것인지, 그리고 그들이 다른 잠재고객들에게 적극적으로 전파할 것인지를 테스트하는 것이다.

이런 과정에서 창업 기업은 지속적 혁신(Continuous Innovation)을 하게 된다. 에릭 리스가 린스타트업에서 제안한 MVP는 스타트업이 세운 가정을 테스트하는 것을 목적으로 하는 반면, MIT대학의 빌 올렛 교수가 제안한 MVBP(Minimum Viable Business Product)는 MVP 중에서 고객이 가치를 느끼게 되어 그 제품에 대해 가격을 지불하게 되는 것을 목적으로 한다. 이 두 사람의 주장을 종합 · 정리하면, MVP를 통해 만들기(Build)-측정하기(Measure)-학습하기(Learn) 순환을 반복적으로 거치면서 완성도를 높여 고객이 돈을 지불할 만한 수준에 도달했을 때 MVBP를 완성하게 되는 것이다. 그 과정에서 스타트업은 지속적인 혁신을 이룬다.

7. 혁신 결과의 축적과 스노볼 효과

이렇게 MVP의 BML 피드백 순환을 거치면서 지속적인 혁신을 이루고, 그 혁신이 MVBP로 완성되는 것도 중요하지만 혁신 결과의 "축적" 또한 중요하다. 흔히 스타트업을 한 번의 반짝이는 아이디어로 창업하여 매출을 일으키고 이익을 확보하거나, 혹은 인수합병(M&A) 과정을 통해 매각하여 큰 돈을 손에 쥐게 되는 일회성 기업으로 생각하는 경우가 있다. 그것도 창업 생태계가 활성화되는 데 기여한다는 점에서 일종의 기업가정신이라고 볼 수도 있겠지만, 그것이 일회성에 그친다면 그것은 진정한 기업가정신이라고 보기 어렵다. 설혹 인수합병을 통해 회사를 매각하더라도 그 매각을 통해 얻은 자금을 기반으로 새로운 창업에 도전하여 더 큰 성취를 하는 경우도 있다.

한 번 성공해 본 사람은 어떤 과정을 통해 성공을 할 수 있는지 노하우를 갖게 되었을 것이므로 매각으로 얻은 자금을 활용하여 더 크고 도전적인 창업을 할 수 있다. 이와 같이 한 번의 창업에서 성공한 후 재도전하거나 실패 후에도 재도전하는 기업가정신을 연속적 기업가정신(Serial Entrepreneurship)이라 한다. 세계 최대 상거래 결제서비스 회사로 성공한 페이팔(PayPal)이 이베이(e-Bay)에 매각된 후 창업 멤버들은 부에 안주하지 않고 연속적 기업가로서 재도전을 시작했다. 엘런 머스크의 '테슬라'와 '스페이스엑스', 리드 호프먼의 '링크트인', 스티브 첸, 채드 헐리, 자웨드 카림의 '유튜브', 피터 틸의 '팰런티어' 등이 그 사례이다. 이들을 소위 페이팔 마피아라 부르기도 한다. 이들 연속적 기업가들에게는 창업의 노하우가 축적된다. 진정한 기업가정신은 한 번의 성공에 안주하는 것이 아니라, 혁신의 결과물을 축적하고 또 다른 새로운 혁신을 시도하는 것이다. 끊임없이 무한 루프(Loop)를 돌면서 새로운 혁신을 시도하고 그 결과물을 축적하는 것이다.

세계적인 거부의 반열에 오른 워렌 버핏을 오마하의 현인으로 높게 평가하는 이유 중 하나는 그가 단기적인 이익에 집착하거나 단기적인 나쁜 뉴스에 휘둘리지 않고 적어도 10년 이상의 장기적인 안목을 갖고 통찰력을 갖는 투자를 통해 성공을 이루었기 때문이다. 그는 스노볼 효과를 극대화하여 활용한 투자자라고 말할 수 있다. 이와 같이 스노볼 효과는 오랜 기간을 거치면서 축적의 위대한 힘을 발휘한다.

우리 스타트업 기업들이나 창업가들도 장기적인 안목을 가질 필요가 있다. 단기적으로 반짝이는 아이디어 하나로 승부를 보거나, 단기적인 반짝 아이디어로 기업을 매각한 후 새로운 것을 발굴하지 못하고 수그러들거나 부에 안주하는 사례들이 있다. 그런 면에서, 우리 스타트업 기업들과 창업가들도 이제 장기적인 관점에서 혁신의 결과물을 축적하고 또 다른 새로운 혁신을 지속적으로 추진할 필요가 있다. 그것을 통해 얻어지는 스노볼 효과를 통해 우리 스타트업들도 장기적으로 위대한 기업으로 발전할 수 있다고 본다.

이때 스노볼 효과는 부(Wealth)의 축적에만 해당되는 것이 아니라, 핵심 역량의 축적에도 해당된다. 기존에 확보된 핵심 역량에 또 다른 새로운 도전을 통해 확보된 새로운 핵심 역량을 추가하여 축적해 나가는 것 또한 스노볼 효과를 통해 얻어지는 큰 축복이라고 할 수 있다. 그런데 여기서 한 가지 간과해서는 안 될 중요한 것이 무엇을 축적할 것인가이다.

짐 콜린스(Jim Collins)는 그의 유명한 저서 *Good To Great*[9]에서 "좋은(Good)" 회사가 "훌륭한(Great)" 회사로 전환된 사례 기업들을 연구한 결과를 바탕으로 여섯 가지 공통적 특징을 제시하였다. 그 특징 중 하나를 요약하면, Good-to-Great 전환은 그 기업이 축적의 플라이휠을 돌리면서 축적을 해나갈 때 어느 시점부터 획기적인 돌파가 일어나면서 발생한다는 것이다. 이는 신생 스타트업 기업에도 시사하는 바가 크다.

9. Jim Collins, *Good to Great : Why Some Companies Make the Leap … and Others Don't*, 2001.

짐 콜린스는 Good-to-Great 전환의 여섯 가지 특징 중 하나로 고슴도치 개념을 제시했다. 이 아이디어는 "고슴도치와 여우"라는 그리스 우화의 바탕 위에서 만들어진 것인데, 여우는 많은 결과를 좇고 세상의 복잡함을 보며 산만해지지만, 반대로 고슴도치는 모든 일을 하나의 생각과 원칙으로 단순화한다. 소위 "선택과 집중"을 하는 것이다. Good-to-Great 전환 회사들은 "세 가지 원"에 대한 깊은 이해를 바탕으로 전략을 세운다. 그 세 가지 원 중의 하나는 그들이 무엇을 진정으로 하고 싶은가, 무엇에 진심으로 열정을 느끼는가에 관한 원이고, 두 번째 원은 그들이 세계에서 가장 잘할 수 있는 일이 무엇인가에 관한 원이며, 세 번째 원은 어떤 경제적 결과를 줄 수 있는 것에 관한 것이다. 중요한 것은 Good-to-Great 전환 기업은 세 가지 원이 중첩되는 곳에 단순하고도 투명하게 집중한다는 것이다.

우리 벤처기업들은 사업 초기부터 하나에 집중하기보다는 다양성이라는 기회를 좇느라 자원도 부족해진 상태에서 집중된 결과도 얻지 못하는 경우가 있다. 설혹 사업 초기에 하나에 집중하여 성공을 거두었다가도 사업이 확장되면서 자신의 핵심 역량을 축적하지 못하고, 이분야 저분야를 기웃거리다가 사업이 방향성을 잃는 경우를 흔히 볼 수 있다. 우리 벤처기업들도 이제는 축적의 힘과 스노볼 효과의 원리를 잘 활용해야 할 것이다. 그러면 우리 벤처기업들 중에서도 위대한 기업이 탄생하게 될 것이다.

8. 좋은 창업을 넘어 위대한 창업으로

우리의 스타트업들은 반짝이는 아이디어 하나로 승부수를 띄우다가 실패하는 경우도 많고, 설혹 성공하더라도 일시적인 성공에 그치고 지속성을 유지하지 못하는 경우가 있다. 이제는 우리 벤처기업들도 장기적인 관점에서 부(Wealth)와 함께 핵심 역량을 축적하는 데 더욱 힘을 쏟아야 할 것으로 판단된다. 그 축적이 이루어지는 곳에서 Good-to-Great 전환이 이루어진다는 점을 짐 콜린스의 역사적 연구결과가 우리에게 전해 주고 있다.

필자는 앞에서 얘기한 세 가지 원 중에서 세 번째 원에 대해 경제적 관점을 넘어 좀 더 확대 해석하여 "가치(Value)"를 줄 수 있는 것이라고 확장하여 보고 싶다. "가치"에는 경제적 가치 이외에 정신적 가치 혹은 사회적 가치도 포함되기 때문이다. 기업가는 경제적 가치를 넘어 사회적 가치를 추구할 때 그 사회적 가치가 다시 기업의 경제적 가치로 순환되어 되돌아온다는 원리를 이해할 필요가 있다. 이것은 마치 한 기업에서 비즈니스 모델을 만드는 원리와 같다. 어떤 기업이 비즈니스 모델을 만들 경우, 먼저 가치창출(Value Creation)을 하고 그 대가로 가치 확보(Value Capture)를 하게 된다. 여기에는 두 가지 원리가 내포되어 있다. 그 하나는 비즈니스가 쌍방향이라는 점이다. 가치를 창출하고 그 대가로 가치를 확보하는 것이지, 가치를 창출하지 않고 가치를 확보할 수는 없는 것이다.

또 다른 원리는 내가 "먼저" 가치를 만들어야 한다는 것이다. 내가 먼저 가치를 창출해서 고객에게 제공해야 그 대가로 고객이 나에게 대가를 지불한다는 것이다. 고객이 먼저 대가를 지불하고 나중에 기업이 가치를 제공하는 방식으로 진행될 경우, 일시적으로는 가능할지 몰라도 지속적으로 가능하기는 어렵다. 마찬가지로 어떤 기업이 사회로부터 가치 확보를 하고 싶다면, 그 기업이 "먼저" 사회에 가치창출을 해야 한다. 그리고 나서 그 대가로 가치 확보를 해야 하는 것이다. 이제는 더 크게 볼 필요가 있다. 경제적 가치를 넘어 사회적 가치를 "먼저" 창출하는 기업이 다시 그 대가로 "경제적 가치"를 되돌려 받을 수 있다는 원리를 생각할 필요가 있다.

여기에 또 하나 간과할 수 없는 것이 리더십이다. 짐 콜린스는 Good-to-Great 전환의 여섯 가지 특징 중 하나로 "레벨 5 리더십"을 제시하고 있다. 레벨 5 리더십은 리더십 레벨에서 최상위에 위치한 리더십 레벨이다. 레벨 5 리더들은

"개인적 겸손"과 "직업적 의지"를 동시에 보여준다. 레벨 5 리더들이 갖는 "직업적 의지"에서 중요한 것은, 그들은 그들 자신만을 위한 야망이 아니라 그들의 소속 기관을 위해 큰 야망을 갖고 있다는 점이다. 그들은 자신만의 성공이 아니라 소속 기관이 좋은 결과를 얻을 수 있도록 열정적이고, 엄격한 기준을 세우며, 확고한 해결책과 조용한 집요함을 보여준다. 레벨 5 리더십의 또 다른 특징 중 하나는 "개인적 겸손"이다. 레벨 5 리더들은 그들의 자존심을 멀리하고 회사의 장기적 관심에 초점을 맞추며, 공개적으로 칭찬받기를 피하고 자랑하지 않는다. 그들은 자기 개인이 아니라 회사에 대해 얘기한다.

우리 기업들은 수많은 리더십을 경험해 왔고, 수많은 리더들이 지금도 기업을 경영하고 있다. 그러나 소속 공동체의 이익을 위해 조용하고도 겸손하며 헌신적으로 일하는 리더는 쉽게 만나기 어려운 게 우리의 상황인 듯하다. 우리는 지금도 소위 갑질하는 기업인들에 대한 뉴스를 어렵지 않게 접한다. 자기 개인의 이익을 위해서가 아니라 조직 공동체의 공동 목표를 우선시하는 그런 리더십이 탄생하고 그런 레벨 5 리더십이 확산되기를 바란다. 이는 창업가 교육과 함께 인성 교육과 리더십 교육이 병행되어야 하는 이유이기도 하다.

9. 맺음말

창업은 고객에게 가치를 창출해 주고 수익 획득을 통하여 이윤을 창출하는 활동이다. 그 과정에서 일자리도 창출되고, 사회적 가치도 창출된다. 창업이 없는 사회는 동력을 잃은 사회이며, 창업이 활발한 사회는 고객들에게 새로운 가치를 창출해 줌과 동시에 사회적 가치도 창출한다.

그렇다고 정부 주도의 창업지원금을 받아가며 연명하는 형태의 창업을 진정한 창업이라고 하기는 어렵다. 진정한 창업은 새로운 기회를 발견하고, 불확실성 하에서도 팀을 조직화하고, 자원의 한계를 극복하며, 목표를 세워 도전하고, 지속적인 시도를 통해 학습하며, 학습의 피드백 순환을 통해 고객이 진정으로 필요로 하는 가치를 창출하고, 이윤을 창출한 결과 일자리 창출과 함께 사회적 가치를 창출하는 것이다.

창업이 활발한 사회가 되기 위해서는, 앞에서 살펴본 창업의 원리와 사례에서 알 수 있듯이 정부 정책을 따라가는 Top-down식 창업보다는 가치를 창출하는 Bottom-up식 내생적 창업이 필요하다.

참고문헌

Alexander Osterwalder and Yves Pigneur, *Business Model Generation*, 2010.

Alice Schroeder, *The Snowball : Warren Buffett and the Business of Life*, 2009.

Bill Aulet, *Disciplined Entrepreneurship: 24 Steps to a Successful Startup*, 2013.

Eric Ries, *The Lean Startup: How Today's Entrepreneurs Use Continuous Innovation to Create Radically Successful Business*, 2011.

https://archive.fortune.com/magazines/fortune/fortune_archive/1999/11/22/269071/index.htm

Jim Collins, *Good to Great : Why Some Companies Make the Leap … and Others Don't*, 2001.

Peter Thiel and Blake Masters, *Zero to One : Notes on Startups, or How to Build the Future*, 2014.

Steve Blank and Bob Dorf, *The Startup Owner's Manual : The Step-By-Step*

Guide for Building a Great Company, K and S Ranch Inc., 2012.
Thomas H. Byers, Richard C. Dorf, Andrew J. Nelson, *Technology Ventures : From Idea to Enterprise*, 2014.

1. 좋은 지적재산권 전략이란?

2. 영업비밀 수비 전략

3. 특허 수비 전략

4. 영업비밀 공격 전략

5. 특허 공격 전략

6. 지적재산권 전략의 업그레이드를 위하여

지적재산권 전략과 기업 경쟁력

김병필(KAIST 기술경영전문대학원 교수, 지적재산권)

5

〈요약〉

지적재산권 전략이라고 하면, 많은 기업들이 자신들의 기술을 보호하고 지켜나가는 방법만을 떠올린다. 하지만 좋은 지적재산권 전략은 타사의 영업비밀이나 특허권을 침해하지 않는 수비 전략에서부터 시작해야 한다. 최근 들어 특허권이나 영업비밀 침해로 인한 소송이 잇따르고 있으며, 만약 이러한 소송에서 패소할 경우 기업이나 사업의 존폐 여부가 문제되는 경우도 적지 않다. 이렇듯 타사의 영업비밀이나 특허권을 침해하지 않는 것은 사업을 안정적이고 지속적으로 유지하기 위한 기본 전제가 된다. 또한 영업비밀과 특허권도 나눠서 고민해야 한다. 특허는 기술 '공개'를 전제로 하는 것이고, 영업비밀은 '기밀' 유지를 전제로 하는 것이어서 전략의 기본 접근법이 다르기 때문이다. 따라서 기업의 지적재산권 전략은 ① 영업비밀 수비 전략, ② 특허 수비 전략, ③ 영업비밀 공격 전략, ④ 특허 공격 전략으로 구분해서 수립해야 한다. 이처럼 기업의 지적재산권 전략은 기업의 기술 가치를 스스로 보호하고 향상시킴으로써 지속적인 혁신을 가능케 하는 필수적인 전략으로서 점차 그 중요성이 높아지고 있다.

1. 좋은 지적재산권 전략이란?

여러분이 축구팀 감독이 되어 경기에서 승리하기 위한 전략을 세운다고 생각해 보자. 공격과 수비 중 무엇이 더 중요한가? 공격이 최선의 수비라는 말도 있지만, 상대방의 객관적 전력이 우위에 있다면 우선 수비를 두텁게 하는 것이 상책이다. 수비를 잘 하면 무승부로 승점 1점을 챙기거나, 토너먼트 경기에서는 승부차기를 노려볼 수도 있다. '침대 축구'라는 비아냥거림을 들을지언정, 실점 가능성을 최소화한 다음 득점 가능성을 높이는 전략을 취하는 것이 단연 안정적이다.

기업의 지적재산권 전략도 마찬가지이다. 경쟁기업으로부터 특허나 영업비밀을 침해했다는 소송을 제기당하면, 해당 사업이 존폐 기로에 서는 경우가 적지 않다. 특허권 침해로 인해 사업을 중단하게 된 대표적인 사례가 레이저 프린터 재생 토너 사업이다. 해외 유명 프린터 제조사는 재생 토너 사업을 막기 위해서 토너의 연결부에 사용되는 나사의 형상에 관하여 특허권을 취득하였다. 즉, 해당 특허권을 침해하지 않고서는 재생 토너를 제조하거나 판매할 수 없도록 족쇄를 채워 놓은 것이다. 프린터 제조사는 자신의 특허권에 기하여 국내 중소기업들을 상대로 특허 침해 물품의 제조 금지 및 손해배상을 청구하는 소송을 제기하였고, 법원은 프린터 제조사의 손을 들어 주었다. 그 결과 국내 여러 중소기업들이 재생 토너 사업을 접어야 했다.

뿐만 아니라 행여나 경쟁사의 선행 특허가 존재한다는 사실을 알면서도 고의적으로 특허 침해 제품을 생산한 경우 막대한 징벌적 손해배상금까지 물어야 한다. 제품 개발 비용과 리드 타임을 줄이기 위해서 이른바 '영업비밀 보따리 장사꾼'으로부터 경쟁사의 영업비밀을 취득했다면, 이것은 시한폭탄을 안고 있는 셈이다. 경쟁사는 공격수 역할을 할 로펌을 선임하고 영업비밀 침해 사실을 밝혀내고자 할 것이다. 소송이 제기된 후에서야 부랴부랴 방어 방법을 찾는 것은, 적군이 공격을 시작한 이후에서야 성벽을 쌓기 시작하는 것과 다름없다. 미리 수비 전략을 수립하고 방어책을 마련해 놓아야 한다.

만약 수비 전략이 잘 세워졌다면, 그 다음으로 공격 전략을 세워야 한다. 지적재산권 경기장에는 2가지 서로 다른 종류의 공격수단이 있다. 하나는 특허권이고, 다른 하나는 영업비밀이다. 특허권은 자신의 기술을 세상에 공개하고, 그 대가로 국가로부터 20년간 독점배타권을 부여받는 것이다. 반면 영업비밀은 회사가 정보를 '비밀'로 보호하고 있는 상태를 보호해 주는 것이다. 즉, 영업비밀은 노하우나 기밀을 함부로 유출하면 형사처벌을 하고 손해배상 책임을 지우도록 법으로 정해 놓은 것이고, 그 정보에 대한 독점권은 주장할 수 없다. 예를 들어 경쟁 사업자가 독자적으로 똑같은 기술을 개발하여 사용하고자 할 경우, 특허권이 있는 경우에는 독점배타권을 근거로 경쟁 사업자가 그 기술을 사용할 수 없도록 막을 수 있

그림 5-1 지적재산권 전략 개요도

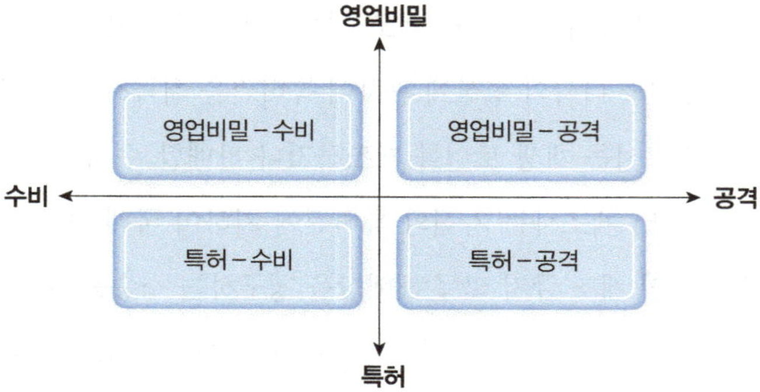

다. 이에 비해서 특허로 출원하지 않고 영업비밀로만 해당 기술을 보호하고 있는 경우에는 다른 회사가 영업비밀을 불법적으로 빼내어 간 것이 아닌 이상, 같은 기술을 독자적으로 개발해서 쓰는 것은 막을 수 없다.

이처럼 특허권은 기술을 세상에 '공개' 했다는 이유로 보호되는 것이고, 영업비밀 보호 제도는 기술을 '비밀' 로 보호하고 있는 상태가 보호되는 것이므로 그 근본 원리에서부터 본질적인 차이가 있다. 따라서 공격 무기가 특허권인지 영업비밀인지에 따라서 공격 전략도 전혀 달라진다. 양자는 각기 장단점을 갖고 있으면서 별도로 존재하는 것이라서 회사의 상황에 맞춰 어떤 무기를 주력으로 삼을 것인지 정해야 한다.

그런데 이처럼 공격수단이 특허권과 영업비밀로 나누어진다면, 수비 전략도 이를 나눠서 수립해야 하지 않겠는가? 당연히 그렇다. 그래서 지적재산권 전략은 〈그림 5-1〉과 같이 4가지로 구분해서 생각해야 한다. 즉, ① 타사의 영업비밀을 침해하지 않기 위한 전략(영업비밀 수비 전략), ② 타사의 특허권을 침해하지 않기 위한 전략(특허 수비 전략), ③ 기업의 영업비밀을 보호하고, 침해당한 경우에 적절한 공격을 할 수 있는 전략(영업비밀 공격 전략), ④ 좋은 특허권을 획득하고 적절하게 권리행사를 할 수 있는 전략(특허 공격 전략). 좋은 지적재산권 전략을 수립하기 위해서는 무엇보다도 각각의 영역들이 명확히 구분된다는 점을 이해해야 한다.

이제부터 '지적재산권 전략' 이라는 말을 들으면, 머릿속에 〈그림 5-1〉을 떠올리고 논의되는 쟁점이 4분면 중 어디에 위치하는 것인지 생각하는 것이 좋다.

이 글은 각각의 영역마다 전략을 세우는 데 있어 필요한 핵심적 요소들이 무엇인지 안내하는 길라잡이 역할을 하고자 한다. 온고지신(溫故知新)의 자세로 이제까지 한국 기업들이 겪어 온 주요 사례들을 되짚어 보고, 우리가 배워야 할 교훈을 찾아보겠다.

2. 영업비밀 수비 전략

한국의 중견 부품 제조사인 A회사는 십수 년이 넘도록 일본 회사와의 사이에 특정 부품 제조에 관한 기술 및 노하우 라이선스 계약을 체결하고 매출의 일정액을 로열티로 지급해 왔다. 이제 관련 특허도 기간이 모두 만료되었고, A회사도 자체적으로 부품을 설계 · 생산할 충분한 역량을 갖추게 되었다. 이제까지 5년 단위로 계약을 갱신해 왔으나, 이번 계약기간이 만료되면 더 이상 계약을 갱신하지 않고 자체적으로 제품을 설계 · 생산하고자 계획하고 있었다. 이에 로펌을 찾아가서 어떻게 하면 좋을지 의견을 구하였다. 계약서를 살펴보니 다행히도 계약이 만료된 이후에 일정 기간 동종 제품의 생산 자체를 금지하는 이른바 '경업 금지' 조항은 없었다. 하지만 계약기간이 만료된 이후에 동일 제품류를 생산한다면, 일본 회사가 이를 가만히 좌시할 리가 없으므로 어떻게 진행하는 것이 좋을지 자문을 구한 것이다.

관련 특허를 검토해 보니 이미 그 존속기간이 모두 만료되어 있었다. 따라서 다행히도 일본 회사가 특허권 침해를 주장할 가능성은 없는 상황이었다. 하지만 일본 회사와의 라이선스 계약에 따르면, 계약기간이 끝나면 이제까지 제공받은 기술(즉, 영업비밀)을 더 이상 사용하면 안 되도록 규정되어 있었다. 따라서 같은 제품을 계속 생산한다면 일본 회사는 A회사가 영업비밀을 무단으로 도용했다고 주장하면서 소송을 제기할 공산이 컸다. 이제까지 A회사가 일본 회사 기술의 가치를 인정하고, 오랜 기간 동안 로열티를 납부하고 기술을 사용해 왔으므로 승소가 쉽지 않은 싸움이었다. 그렇다고 소송이 무서워서 울며 겨자 먹기로 무한정 로열티를 계속 낼 수도 없는 노릇이었다. 영업비밀 침해 소송을 제기당할 것을 각오하고서라도 라이선스 계약을 더 이상 갱신하지 않고 사업을 계속하려면 어떻게 해야 할까?

2.1 영업비밀 수비 전략의 포인트(1)—소송은 100% 증거 싸움이다

우선 필요한 것은 일단 일본 회사의 영업비밀을 사용하지 않았다는 점을 객관적인 제3자에게 납득시킬 수 있는 제품을 개발해 내는 것이다. 기존 일본 업체의 영업비밀에 접촉한 적이 없는 인력으로 신규 연구개발팀을 조직해야 할 것이고, 가능하면 연구개발을 위한 별도 법인을 신설하는 것이 더 좋다. 여기서 가장 중요한 점은 A회사가 아무리 일본 업체의 영업비밀을 사용하지 않고 제품을 개발했다고 하더라도 소송절차에서 판사나 배심원들이 이를 믿어주지 않으면 아무 소용이 없다는 것이다. 그래서 자체 개발을 증명할 수 있는 서류들을 꼼꼼하게 하나하나 미리 만들어야 한다. 만약 그런 역량을 충분히 갖추지 못한 것처럼 보일까 염려가 된다면, 제3의 업체 또는 전문가를 섭외하여 짧게라도 라이선스 계약이나 기술지원 계약(technical assistance agreement)을 체결함으로써 다른 경로를 통하여 신제품을 개발했다는 점을 보여줄 수 있는 것이 도움이 될 수 있다.

이처럼 영업비밀 소송에 대한 효과적 수비를 위해서는 장래에 소송이 제기될 수 있다는 점을 미리 염두에 둔 '스마트'한 전략을 수립해야 한다. 소송에 대한 대비란 무엇인가? 증거를 잘 모으고, 유리한 사실관계를 서류로 잘 정리해 놓는 것이다. 어느 나라에서 무슨 사건이 제기되든지 소송은 100% 증거 싸움이다. 아무리 억울해도 증거가 없으면 패소할 수밖에 없고, 혹여 잘못한 것이 있더라도 상대방이 증거를 가진 것이 없으면 우리가 이길 수도 있는 것이 소송이다. 영업비밀 소송에 대비하기 위한 핵심은 무엇보다 유리한 증거를 충분히 만들어 놓는 것이다. 좋은 증거를 만들어 놓기 위해 필요한 것은 해당 업무에 직접 관여하는 직원들에게 이 점을 교육하고, 충분히 숙지할 수 있도록 하는 것이다. 많은 직원들은 자신의 업무가 소송과는 무관하고, 그래서 지금 작성하는 보고서나 이메일이 나중에 소송 절차에 제출될 수 있다고 생각하지 않는다. 하지만 이것은 정말 위험한 생각이다. 만약 A회사의 신제품 개발 담당 직원이 일본 기업의 영업비밀 문서를 참고하면서 아무런 문제 인식 없이 기술문서에 버젓이 인용한다면, 영업비밀 소송에서 승소하기란 불가능할 것이다.

2.2 영업비밀 수비 전략의 포인트(2)—코오롱이 1조원 배상 명령을 받은 이유

영업비밀 침해에 대비한 문서관리의 중요성을 잘 보여준 사건이 코오롱과 듀폰 간의 '아라미드' 섬유 영업비밀 침해 사건이다. 아라미드는 강도가 매우 높은 신섬유로 방탄복 등 군사용으로 사용되고 있었고, 향후 성장 가능성이 높다고 알려진 제품이었다. 그런데 2011년 11월 미국 버지니아 동부 법원은 코오롱이 미국 듀폰의 아라미드 관련 영업비밀을 침해했다는 이유로, 듀폰에게 미화 9억 2,000만 달러, 한화로 약 1조원이 넘는 손해배상금을 지급하라고 판결했다. 코오롱이 지급해야 할 배상금의 액수가 천문학적이기도 했지만, FBI가 직접 나서서 한국 기업을 상대로 영업비밀 유출에 관한 수사를 진행했다는 점에서도 충격적이었다.

사건의 배경은 이러하다. 2006년 6월 마이클 미첼이라는 듀폰 직원이 해고당

했다. 그는 25년간 근무한 베테랑 직원이었는데, 해고 직전에 아라미드 신섬유의 영업 담당 업무를 맡고 있었다. 해고 이후 마이클 미첼은 기술 컨설턴트로 활동하면서 아라미드 섬유 관련 정보를 코오롱에 넘겼고, 이를 알게 된 듀폰은 2009년 2월 코오롱을 상대로 미국 법원에 영업비밀 도용에 관한 소송을 제기했다. FBI에 의한 수사가 진행되자 결국 마이클 미첼은 자수하여 실형을 선고받게 되었고, 이로써 코오롱은 매우 불리한 상황에 처하게 되었다. 코오롱 소송은 배심 재판에 의해 진행되었는데, 미국 버지니아 주의 배심원들 눈에는 코오롱이 미국 기업의 영업비밀을 해고자로부터 불법적으로 취득한 비도덕적 기업으로 비춰졌을 것이다. 그 결과 미국 배심원들은 무려 1조원이나 되는 손해배상액을 지급하라고 명령하였다. 다행히도 미국 항소심 법원은 1심 판결이 부당하다고 판단하고 재심리를 명했고, 2015년 4월 코오롱은 듀폰에게 3억 6,000만 달러, 한화 약 3,800억원을 지급하기로 합의하고 6년간의 분쟁을 매듭지었다.

그런데 이 사건 소송 진행 중 코오롱은 미국 소송절차상의 '디스커버리(discovery)' 절차에 대응하는 데 큰 어려움을 겪었던 것으로 알려져 있다. 디스커버리는 '발견' 이라는 뜻이지만 소송법에서는 소송과 관련된 모든 문서를 상대방에게 공개하는 절차를 의미한다. 미국, 영국 등의 이른바 영미법계 국가의 소송에서 발달한 제도이기 때문에 한국 기업들에게는 생소한 제도이고, 그 결과 디스커버리 절차에 제대로 대응하지 못하여 낭패를 보는 경우가 많다. 코오롱 사건이 바로 그러한 사례였다. 코오롱은 영업비밀 침해 사건과 관련된 자료를 이미 폐기해 버렸고, 그 결과 듀폰이 미국 소송에서 요구한 문서를 충분하게 제출하지 못하였다. 그러자 미국 1심 법원은 코오롱이 파기한 문서에는 코오롱에게 불리한 내용이 적혀 있을 것이라고 추정된다고 결정했다. 안이한 문서관리로 인해 소송에서 치명적으로 불리한 상황에 처하게 되었던 것이다.

디스커버리 절차와 관련하여 특히 유의할 점은 이메일, 내부 회의록, 보고자료, 발표자료, 심지어 내부 메신저 교신기록 등 일체의 내외부 협의 자료가 공개

대상이 된다는 것이다. 이것은 한국 소송과 차이가 있는 부분이라 미리 유의하고 대응할 필요가 있다. 만약 상식적으로 당연히 있을 것으로 예상되는 자료를 제출하지 않는다거나, 그러한 자료를 소송이 제기된 후 파기했다는 사실이 밝혀지게 되면 소송이 건잡을 수 없이 불리해질 수 있다. 이러한 상황에 대비한 수비 전략으로 가장 중요한 것은 소송에 대비한 조직적인 기록관리 시스템을 수립하는 것이다. 코오롱 사건은 회사 내부 기록을 제대로 관리하지 못한 결과가 얼마나 치명적일 수 있는지 잘 보여준다.

2.3 영업비밀 수비 전략의 포인트(3)—영업비밀 컴플라이언스 제도

물론 경쟁사로부터의 영업비밀 공격에 대해 수비하기 위해 가장 중요한 것은 애초부터 경쟁사의 영업비밀을 취득하는 행위 자체를 하지 않는 것이다. 직원들에게 다른 회사 영업비밀을 회사로 가져오면 안 된다는 점을 주지시켜야 하고, 특히 타사에서 이직해 온 경우 종전 회사의 기술자료, 영업자료 등을 가져오지 않도록 주의할 필요가 있다. 조직에 따라서는 개인적 친분관계를 이용하여 다른 회사 영업비밀을 얻어온 직원에 대해 능력이 우수하다고 하며 성과로 인정하는 분위기가 있는 경우도 있는데 없어져야 할 관행이다.

타기업의 영업비밀을 침해하지 않기 위한 컴플라이언스 제도에서 가장 중요하고도 어려운 일은 개발팀이 영업비밀에 관하여 자의적으로 판단하지 않는 시스템을 갖추는 것이다. 개발 일정에 쫓긴 개발팀이 영업비밀을 비정상적인 경로로 입수하거나, 기술 컨설턴트 등으로부터 조력을 얻고자 하는 유혹을 갖게 되는 경우가 있다. 이러한 일을 예방하려면, 출처를 알 수 없거나 출처를 알더라도 그 획득 경위가 미심쩍은 경우 그 정보를 사용해도 좋은지 반드시 법무팀에 문의하는 시스템을 갖추어야 한다. 만약 법무팀이 승인하지 않으면 해당 정보는 사용하지 않도록 해야 한다. 협력업체라고 하여 함부로 기술자료를 요구하고 전달받을 수 있다고 생각해서도 안 된다. 공문을 발송하거나 결재라인을 거친 후 이메일을 발송하여 정식으로 요청한 다음 수령하여야 하고, 개인적인 친분 등을 통하여 비공식적으로 수령한 자료는 회사에 가져오지 말아야 한다. 물론 곧바로 엄격한 제도를 도입하는 것은 쉽지 않을 수 있겠지만, 리스크 관리의 측면에서 선진 경영으로 발전하기 위해서는 필요한 시스템임을 기억하자.

3. 특허 수비 전략

전자부품 공급 회사인 B회사는 미국 소재 고객으로부터 급한 연락을 받았다. B회사가 납품한 제품에 대해서 미국 대기업 M회사로부터 특허권 침해 경고장을 받았으니 이에 대응해 달라는 것이었다. B회사와 미국 고객 간의 공급계약서를 다시 열어 확인해 보니, 공급받은 제품이 제3자의 특허를 침해할 경우 B회사가 자신의 비용으로 변호사를 선임하여 일체의 대응을 하여야 하고, 만약 특허소송에서 패소할 경우 모든 손해액을 고객사에 배상하도록 되어 있었다. 이러한 규정을 면책(indemnification)조항이라고 하는데, 해당 계약서 문구가 고객사에게 다소 유리하게 작성된 측면이 없지는 않았지만, 누가 보더라도 부품을 공급받는 고객사의 입장에서는 반드시 필요한 조항이었다. 특허권을 침해한 제품을 사용하는 것만으로도 특허권 침해 행위가 성립하기 때문에, 만약 B회사가 생산한 제품이 제3자의 미국 특허권을 침해한다면, 해당 고객사로서는 더 이상 B회사 부품을 사용할 수 없게 될 뿐만 아니라, 해당 부품이 포함된 제품 전체를 판매할 수 없게 되는 곤란한 상황이었다. 따라서 B회사로서는 미국 고객사가 제기당한 미국 특허소송에 직접 대응하는 것 이외에 달리 방도가 없었다. 이처럼 미국 소송에 대응해야 하는 일은 예기치 못하게 찾아올 수 있다.

일단 외국에서 특허소송이 제기되면 막대한 변호사 비용이 들어간다. 웬만한 특허 침해 사건을 실제 법정 재판까지 진행한다면 원화로 수십 억원 상당의 변호사 비용을 지출해야 한다. 약 1～2주 진행하는 심리기일 진행비용만으로 약 10억원 정도를 예상한다. 만약 소송에서 승소하더라도 이미 지출한 비용을 상대방으로부터 돌려받지도 못한다. 언론의 주목을 받는 대기업 간의 초대형 사건의 경우는 변호사 비용만 연간 백억원 이상 소요되는 경우가 적지 않다. 그러면 불시에 제기될 수 있는 특허소송에 대비해서 어떠한 조치를 취해 두어야 할까?

3.1 특허 수비 전략의 포인트(1)—방어용 특허 포트폴리오 구축

특허소송에 대비하는 좋은 방어 전략은 역설적이게도 회사 스스로가 많은 특허를 확보해 놓음으로써 다른 경쟁기업의 견제로부터 보호하는 것이다. 예컨대 2011년 애플이 삼성전자를 상대로 전 세계 법원에 전방위적으로 특허소송 공격을 제기하였을 때, 삼성은 곧바로 자신의 특허를 이용하여 반격에 나섰다. 이처럼 좋은 특허를 많이 보유하는 것은 스스로를 방어하는 가장 강력한 수단이 된다. 당시 애플은 HTC도 공격하였으나 HTC는 마땅한 특허가 없어서 제대로 된 반격을 하지 못하였다.

앞선 사례로 돌아가 보자. 다행히도 B회사는 반격에 나설 특허권을 보유하고 있었다. B회사는 미국 특허권자의 국내 사업범위를 파악한 다음 자신이 보유한 특허 포트폴리오를 재검토하여 그중 가장 강력한 특허를 선정했다. 그리고 곧장 한국 법원에 미국 특허권자를 상대로 특허 침해 금지 및 손해배상 소송을 제기했다. 한국 소송의 궁극적인 목표는 승소를 해서 미국 특허권자로부터 손해배상을 받아내는 것이 아니라, 미국 특허권자에 압박을 가하여 종국적으로 우호적인 합의에 이르도록 하는 것이었다. 2018년 6월 애플과 삼성전자가 7년간의 전 세계에 걸친 특허 분쟁을 최종적으로 합의로 마무리하였던 것처럼, B회사의 전략도 미국 특허권자와 합의에 이르는 것이었다. B회사의 이러한 전략은 효과를 발휘하여 B회사의 임직원들과 변호사들이 미국을 오가면서 수차례 합의를 위한 협상을 진행했고, 미국 소송이 제기된 지 1년이 채 되지 않아 미국 특허권자에게 일정한 손해배상액을 지급하는 것을 조건으로 하여 마침내 최종 합의가 이루어졌다. 그 결과 미국 특허권자가 고객사를 상대로 제기한 미국 소송과 B회사가 미국 특허권자를 상대로 제기한 한국 소송은 모두 취하되었다. 평소에 특허 포트폴리오를 구축하고자 애써 온 노력이 결실을 맺은 순간이었다.

3.2 특허 수비 전략의 포인트(2) ― 실시 자유(FTO) 분석

최근 들어 특허소송은 경쟁회사를 견제하기 위한 수단으로 광범위하게 활용되고 있어서, 단지 우수한 특허 포트폴리오를 갖추고 있다는 점만으로는 특허소송을 예방하는 것이 사실상 불가능하게 되었다. 따라서 언제라도 특허소송이 제기될 수 있다는 점을 염두에 두고 대비해야 한다. 이를 위하여 제품 기획 단계에서부터 미리 관련 특허 등록 및 출원 특허를 상세히 조사하고, 회피 설계를 하며, 필요한 경우 그 무효화 또는 등록 저지 방안을 검토하는 것이 점차 당연하게 여겨지고 있다. 이러한 절차를 실시 자유(Freedom to Operate) 분석, 줄여서 FTO 분석이라고 한다.

이제 FTO 분석은 특허 공격에 대비한 방어 전략에서는 필수적인 절차가 되었다. 일반적으로는 특허 전문 변호사를 통해서 ① 선행 특허 조사 혹은 특허 지도 작성, ② 침해 여부 판단, ③ 관련 특허의 무효화 가능성 검토, ④ 회피 설계 진행 등을 수행하게 된다. 일차적으로 특허 전문 변호사의 검토를 받은 다음, 변호사의 의견을 고려하여 기술부서에서 회피 설계 방안을 마련하고, 그에 대해서 다시 특허 전문 변호사로부터 특허 침해 여부 판단을 받는 식으로 피드백이 이루어진다. 이러한 과정은 다소 비용이 들더라도 당연히 감수할 수밖에 없다. 특허 소송이 제기되면 막대한 비용이 곧바로 발생한다는 점을 생각해 보면, 미리 약간의 비용을 지출하는 것이 더 낫기 때문이다. FTO를 진행하는 것은 신제품 출시나 라이선스 계약 체결 때뿐만 아니라 신규 투자 유치 혹은 M&A에서도 널리 활용되는 추세이다.

FTO에 있어 유의할 점은 개발팀이 독자적으로 진행하도록 해서는 안 되고, 최대한 외부 변호사를 활용할 필요가 있다는 것이다. 앞서 영업비밀 수비 전략에서 설명한 것처럼 개발팀이 내부적으로 협의한 자료는 디스커버리 절차를 통하여 언제든지 상대방에게 제출될 수 있다. 만약 어떤 개발팀 소속 연구원이 "제가 검토해 보니 우리 제품이 OO회사 OO특허를 침해하는 것 같습니다" 라고 보고한 경우, 해당 보고서가 소송절차를 통하여 상대방에게 제공되는 것을 막을 방법이 없고, 그 결과 국제 소송에서 치명적으로 불리하게 될 수 있다.

그런데 개발팀의 자체적인 내부 논의와 달리 외부 변호사와 의견을 교환한 자료는 통상 디스커버리 절차에서 제출대상에서 제외되는 특권(privilege)의 적용을 받아 보호받을 수 있다. 따라서 타사 지적재산권 침해가 염려되는 경우 반드시 그와 같은 특권의 적용을 받을 수 있는 범위 내에서 교신이 이루어질 수 있도록 주의를 기울일 필요가 있다. 구체적으로는, 어떠한 경우이든 외부 변호사 또는 최소한 회사 법무팀 사내 변호사가 관여하지 않고서는 타사 지적재산권의 침해 여부에 대해 토의하지 않도록 주의할 필요가 있다.

3.3 특허 수비 전략의 포인트(3) — 공정거래법의 활용 가능성

마지막으로, 특허소송에 대한 방어 전략을 고려하는 입장에서 좋은 소식은 각국의 공정거래위원회가 특허권자들의 무분별한 특허권 남용 행위에 대해서 적극적인 규제에 나서고 있다는 것이다. 이는 특히 산업별로 기술이 공식적으로 또는 사실상으로 표준화되어 가는 경향이 강화됨에 따라 그 함의가 크다. 최근 한국 공정거래위원회는 미국 퀄컴사에게 무려 1조원에 이르는 과징금을 부과하였다. 미국 퀄컴사는 3, 4세대 무선통신기술에 대한 표준 필수 특허를 보유하고 있어서, 퀄컴사로부터 라이선스를 받지 않으면 휴대폰 단말기 제조가 불가능한 상황이다. 그런데 퀄컴은 단가가 낮은 칩셋 제조사들에게는 라이선스를 주지 않고 휴대폰 단말기 제조사들에게만 라이선스를 주면서 단말기 판매가격 중 일정액에 대해 로열티를 받아왔다. 만약 칩셋 제조사에게 라이선스를 주었다면 시장 관행에 비추어 라이선스료가 더 낮게 책정되었을 것이라는 계산이다. 이처럼 독점적 지위를 갖는 특허권자들의 시장지배적 지위 남용 행위에 대해 공정거래위원회가 적극적으로 규제에 나서게 된 것은 후발업체들에게는 매우 반가운 소식이다.

위 사안은 한국 공정거래위원회가 매우 선도적인 입장에서 퀄컴의 특허권 남용 행위를 제재한 사안이었고, 아직까지 한국 법원에서 공정거래위원회의 규제 정당성이 다투어지고 있으며, 한국 법원의 판결에 대해 전 세계 각국의 공정거래 당국이 주목하고 있는 상황이다. 나아가 위와 같은 공식적 또는 사실적 표준 필수 특허뿐만이 아니더라도, 과도한 제한을 부여한 특허 라이선스 계약 등에 대해서도 공정거래법이 적용될 수 있으므로, 특허 공격에 대한 수비 전략으로 공정거래법이 활용될 수 있다는 점을 잘 기억해 두는 것이 좋겠다.

4. 영업비밀 공격 전략

한국 중견 제조업체 C회사는 10여 년 전부터 중국에 진출하여 공장을 설립하고 중국 시장을 공략하여 왔다. 중국 기업에 대한 매출이 증가하면서 중국 기업의 수요에 맞는 제품을 개발하고, 현지에서 제품을 시험하는 일이 점차 필요하게 되었고, 그 결과 한국 본사의 연구소에서 관련 업무를 수행하거나 연구원들이 현지 출장을 가는 것만으로는 역부족인 상황이 되었다. 이에 중국 현지에 연구소를 설립하고 대부분 중국 현지 인력을 이용하여 운영하고 있다. 하지만 현지 인력을 통한 영업비밀 유출 가능성이 항상 걱정이 된다.

이처럼 한국 기업들의 기술수준이 향상되고, 중국 기타 지역으로의 진출이 활발해지면서 이제 영업비밀이 유출되는 것을 우려하는 사례가 점차 늘어나고 있다. 과거 영업비밀 침해에 있어 한국 기업이 수비자의 위치에 선 경우가 많았다면, 이제는 공격자의 위치로 전환되고 있는 형국이다. 과연 회사의 영업비밀을 어떻게 하면 효과적으로 보호하고, 만약 영업비밀을 침해당했을 때 성공적으로 권리 행사를 할 수 있을까?

4.1 영업비밀 공격 전략의 포인트(1)—영업비밀 보호를 위한 합리적 노력

좋은 영업비밀 보호 전략을 세우기 위해서는 영업비밀의 개념을 우선 이해할 필요가 있다. 어떠한 기술이 영업비밀로 인정받아 법적으로 보호되기 위한 핵심적인 요건은 "합리적인 노력에 의하여 비밀로 유지"되어야 한다는 점이다. 이를 '영업비밀 관리성' 요건이라고도 한다. 간단히 말하면, 회사가 기술을 영업비밀로 보호하기 위해서 열심히 노력을 기울였으면 그에 따라 법으로 그 기술의 유출이나 도용을 막아주겠지만, 회사가 보호를 위한 합리적 노력을 기울이지 않은 경우라면 그 기술을 법으로 보호해 주지 않는다는 것이다.

회사가 기울여야 하는 노력은 ① 제도적 장치 마련, ② 인적 관리, ③ 물리적 관리로 구분된다. 우선, 제도적 장치를 마련한다는 것은 각종 규정을 제정하고 시행해야 한다는 뜻이다. 대표적으로 영업비밀 관리 규정, 문서관리 규정, 전산시스템 관리 규정, 보안 규정 등을 두는 것이 일반적이다. 규정을 제정했으면 영업비밀의 분류 및 취급 방법, 관리체계, 담당자 등을 정하고 이를 조직적인 차원에서 시행해야 한다.

다음으로, 인적 관리는 입사, 재직, 퇴직 시에 직원을 대상으로 영업비밀 보호를 위한 조치를 취하는 것이다. 입사 시에는 영업비밀 준수 서약서를 받고 기본 교육을 실시하는 것이 좋다. 재직 중 지속적으로 영업비밀에 대한 보안교육을 실시해야 할 것이다. 가장 중요한 것은 퇴직 시 영업비밀 관련 조치들이다. 우선 영업비밀 관련 서류의 반납 및 폐기, 컴퓨터 및 USB 등 저장장치의 반환을 확인할 필요가 있다. 나아가 영업비밀 담당자가 직접 퇴직자와 면접을 하여 퇴직 이후의 계획 및 위와 같은 영업비밀 정보의 반환 여부를 확인하는 것이 바람직하다. 퇴직 이후의 계획을 물어보는 것이 필요한 이유는, 통상 경쟁업체로 영업비밀을 빼돌리려는 직원들은 퇴직 이후의 계획에 대해 거짓말을 하는 경우가 많기 때문이다. 나중에 법적으로 대응할 필요가 있을 때, 그 직원이 퇴직 이후 계획에 대한 거짓말을 한 사실이 드러나면 수사기관의 조사 또는 법원 소송절차에서 회사에게 유리한 정황으로 사용될 수 있다. 또한 영업비밀 정보를 모두 반환하였다는 확인서를 받아두는 것도 필요하다. 만약 퇴직자가 허위로 확인서를 작성하고 영업비밀 정보를 숨겨두었다가 이를 유출할 경우 확인서 위반에 대한 책임까지 물을 수 있게 된다. 또한 영업비밀 유지 서약 및 경업 금지 서약서를 받고, 퇴직 후의 영업비밀 보호 의무와 책임에 대해 알려주는 것이 바람직하다.

마지막으로 물리적 관리는 연구개발 부서와 영업비밀 보관장소를 통제구역으로 설정하고, 감시장치와 출입제한 장치를 두는 것이다. 필요하면 출입대장이나 영업비밀 열람부를 두고 외부 방문객을 제한하는 조치도 고려해야 한다. 또한 전산상으로는 패스워드에 의한 통제, 영업비밀 관련 서류의 이메일 및 메신저 전송 금지, 컴퓨터 파일의 외부 유출 차단, 제한적 정보접근 권한 설정, 문서의 암호화 등의 조치를 취해야 한다.

회사의 기술정보가 영업비밀로 법률상 보호를 받기 위해서는 회사가 상기 세

가지 조치를 모두 취해야 하는 것은 아니고, 회사의 규모와 상황에 맞추어 '합리적' 이라고 판단되는 조치들을 취하면 된다. 물론 회사가 합리적인 비밀 유지 조치를 취하지 않으면 법적으로 보호받지 못한다. 예컨대 퇴사자가 공장에서 공용으로 사용하는 패스워드가 설정되지 않은 컴퓨터에 저장된 데이터를 반출한 경우 영업비밀로 인정되지 못한 사례들이 있다.

이제 앞선 사례로 돌아가 보자. 이미 중국 내 연구소를 설립하여 운영하고 있는 C회사의 입장에서 적절하게 영업비밀을 보호하기 위해 어떤 조치를 취해야 할까? 이제까지 설명한 제도적 장치, 인적 관리, 물리적 관리를 충실하게 수행하는 것이 당연히 필요하겠다. 나아가 그에 못지않게 중요한 것은 직원들을 교육하고 의식수준을 높이는 것이다. 만약 퇴사자가 영업비밀을 유출할 경우 무관용의 원칙에 따라 엄격하게 법집행을 하는 것이 바람직하기도 하다.

4.2 영업비밀 공격 전략의 포인트(2) — 경업 금지, 직원 유인 금지, 전직 금지 3종 세트

이제 다른 사례를 살펴보자. 한국 소재업체 D회사는 새롭게 중국 현지 합작법인을 설립하여 공장을 지으려고 구상하고 있었다. D회사가 현재 보유한 기술은 이미 한 세대 이전 기술이기 때문에 한국에서는 수요가 없지만, 중국 시장에서는 적어도 향후 10년 동안은 여전히 시장이 존재할 것으로 예상되었다. 이에 중국 현지 업체와 조인트 벤처(Joint Venture) 법인을 설립하여 중국 사업을 개척해 보고자 한 것이다. 중국 현지 업체가 공장 설립 비용을 대고 제품 생산과 영업 일체를 담당하는 한편, D회사는 조인트 벤처에 기술을 이전해 주고, 공장 운영에 필요한 기술지원을 제공하면서 제품 매출액의 일정 비율을 로열티로 받아가는 구조였다.

해당 기술은 공장 설립과 운영에 관한 노하우에 관한 것이라 D회사는 특허를 내어 기술정보가 경쟁사에게 공개되는 것을 바라지 않고 있었다. 그래서 비밀 유지 확약서(Non-Disclosure Agreement)를 체결하고 기술 노하우를 전수해 주는 방식을 취하려고 하는데, 중국 업체가 과연 비밀 유지 확약서를 제대로 이행할지 걱정이 되었다. 만약 기술만 이전받은 다음 비밀유지 확약을 위반하고 다른 지역에 공장을 추가로 설립해 버리지는 않을까 우려가 되는 것이었다. 이처럼 새로이 해외 시장으로 진출하고자 하는 D회사에게 필요한 전략은 무엇인가?

우선 현지 조인트 벤처 법인이 영업비밀 보호를 위한 충분한 제도적 장치, 인적 관리, 물리적 관리를 하는 것이 당연히 중요하다. 이러한 조치가 잘 이루어지고 있는지 감사권을 갖는 것도 필요하다. 그런데 D회사의 경우 여기에 그쳐서는 안 된다. 아무리 조인트 벤처에 영업비밀 조치를 잘 취해 놓는다고 하더라도 조인트 벤처에서 일하는 현지 직원들이 합작 상대방 회사에게 기술을 넘겨주는 것을 막기란 쉽지 않을 것이기 때문이다.

이러한 상황에서는 중국 합작 상대방과 합작투자 계약서에 경업 금지(non-compete) 의무를 부과할 필요가 있다. 경업 금지라고 하면 조인트 벤처 법인이 수행하는 사업과 동종 부류의 사업을 중국 합작 상대방이나 그 계열사가 수행할 수 없도록 금지하는 것이다. 합작투자 계약서에는 흔히 포함되는 조항이므로 D회사는 중국 상대방에게 이 조항을 추가할 것을 강하게 요구할 필요가 있다. 계약상 경업 금지 의무를 부과할 경우, 만약 이를 위반했을 경우 지급받을 손해배상 액수도 미리 정해 놓는 것이 좋다. 경업 금지 의무 위반으로 인하여 소송이 발생하면 중국 회사는 자신들이 새로운 시장을 개척해서 얻은 이익을 얻은 것이고, 조인트 벤처는 손해를 입은 것이 없다고 발뺌을 하는 것이 보통이기 때문이다. 사업의 규모를 고려하여 일정한 손해배상액을 미리 정해 놓거나, 손해배상액을 산정하는 공식(매출액 × 영업이익률 등)을 규정해 놓는 것이 일반적이다.

뿐만 아니라 조인트 벤처 법인에서 근무하던 직원이 합작 상대방 법인으로 이직하지 못하도록 제한할 필요도 있다. 영업비밀이란 무릇 사람이 지득하여 기억하게 되는 것이므로, 직원이 이직하게 된다면 어떠한 조치도 무력화되기 마련이다. 이러한 의무를 합작 상대방에게 부여하면 직원 유인 금지 의무(non-solicit)가 되고, 조인트 벤처 법인 소속 직원에게 부여하면 전직 금지 의무가 된다. 직원 유인 금지 의무 조항은 유효성이 일반적으로 인정되고 있지만, 전직 금지 약정은 국가마다 그 유효성을 인정하는 범위에 차이가 있으므로, 현지 변호사의 자문을 얻어 유효성 여부를 재확인할 필요가 있다. 이처럼 영업비밀을 보호하기 위해서 상대방이나 그 직원들에게 경업 금지, 직원 유인 금지, 전직 금지 의무를 부여하는 것이 필요하다는 점을 잘 기억해 두자.

4.3 영업비밀 공격 전략의 포인트(3) — 계약서 분쟁 해결 조항에 주의를 기울일 것

필자가 분쟁 사건이 발생해서 계약서를 열어보게 되면 가장 먼저 확인하는 것이 계약서의 분쟁 해결 조항이다. 계약 협상을 할 때에도 분쟁 해결 조항만큼은 쉽사리 양보하지 않고 최대한 의뢰인에게 유리한 내용을 넣고자 최선을 다한다. 보통 분쟁 해결 조항은 계약서의 맨 뒤에 위치하고 있기 때문에, 다른 계약 내용을 다 합의한 다음 마지막으로 협상을 하게 되는데, 그래서인지 회사의 협상 담당자들도 크게 신경을 쓰지 않는 경우가 많다. 하지만 나중에 분쟁이 발생하게 되어 막상 상대방에게 계약상 권리를 행사하고자 하면 분쟁 해결 조항이 걸림돌이 되는 경우가 적지 않다.

분쟁 해결 조항은, 분쟁이 발생할 경우 법원에서 재판을 받을 것인지 아니면 중재기관을 통하여 중재로 해결할 것인지 등이 적혀 있는 조항이다. 만약 한국 회사가 협상력이 크다면 한국 법원에서 분쟁을 해결하도록 규정할 수도 있겠지만, 국제 계약에서 이렇게 합의되는 경우는 드물고, 또한 그렇게 합의하는 것이 한국 기업에 반드시 유리한 것도 아니다.

그렇기 때문에 분쟁 해결 조항에는 국제 중재제도를 활용하는 것이 좋다. 중재란 당사자들이 선임한 중재인에 의하여 판정을 받는 제도이다. 뉴욕 협약이라는 국제조약에 의해 중재절차를 통해 내려진 판정문은 각국 법원의 판결과 동등한 효력을 인정받고 있다. 단심제이고 불복을 할 수 없기 때문에 비교적 단시일 내에 분쟁을 종결시킬 수 있고, 재판 공개의 원칙이 적용되지 않아 비공개로 심리가 이루어진다는 장점도 있다. 보통 국제적으로 저명한 변호사들이나 법학 교수들이 중재인으로 선임되어 심리를 하게 되므로 비교적 공정한 결론이 내려지게 된다. 이러한 여러 장점 덕분에 국제 계약에서는 국제 중재를 활용하는 것이 일반적인 관행으로 자리 잡았다. 한국에는 대한상사중재원 국제중재센터가 있고, 싱가포르의 SIAC, 프랑스의 ICC 국제중재재판소 등이 주로 활용된다. 이러한 기관들은 모두 우수한 중재서비스를 제공하고 있으니, 어느 기관을 선정하더라도 크게 문제될 것이 없다.

앞선 D회사의 사례에서, D회사의 입장에서는 향후 중국 합작 상대방이 합작투자 계약을 위반하여 영업비밀을 도용할 경우를 염두에 두고 분쟁 해결 조항을 정하여야 한다. 협상력에 따라 달라지겠지만, 싱가포르 SIAC 중재나 ICC 중재를 활용하는 것이 일반적이고, 상대방이 완강하게 이를 거부할 경우에는 홍콩국제중재센터(HKIAC)까지는 양보해도 괜찮다. 가장 나쁜 것은 아예 분쟁 해결 조항을 두지 않는 것이다. 만약 그러한 조항이 없다면 막상 상대방을 상대로 공격에 나서야 할 때 중국 법원에 소송을 제기해야 하는 상황이 초래되기 때문이다(별도로 합의가 없다면 피고가 소재한 국가의 법원에 소송을 제기하는 것이 일반적인 원칙이다). 아무리 최선을 다해서 협상하여 계약서를 잘 작성하더라도 분쟁 해결 조항을 두지 않아 중국 법원에 소송을 제기해야 한다면 그간의 노력이 모두 허사가 될 수 있다는 점을 반드시 유의해야 한다.

5. 특허 공격 전략

국내 E회사는 상당한 R&D 역량을 자랑하는 곳이다. 연구소의 우수한 연구 인력들이 이제껏 국내외에 상당한 수의 특허를 출원하여 보유하고 있다. 최근 기술 수익화 사업의 일환으로 해외 등록 특허들의 침해 현황을 파악한 다음, 해당 외국 기업을 상대로 권리 행사 조치를 취하기로 결정하였다. 상당한 비용이 소요되는 사업인 만큼 주의 깊게 대상 특허를 선정하고 해외 소송을 진행하였다. 그러나 안타깝게도 권리 행사 과정에서 대부분의 특허들이 무효화되었고, 그 결과 권리 행사를 통한 기술 수익화 실현을 추진했던 E회사의 계획도 좌절되고 말았다. 해외 특허 출원에는 적어도 건당 1만 달러 이상의 비용이 소요되는 만큼, E회사가 보유한 해외 특허들은 엄격한 심사를 거쳐 해당 기술의 우수성을 검증한 것이었다. 그럼에도 불구하고 그 특허들이 대부분 무효가 되었다는 것은 E회사의 특허 출원 담당 부서에게 매우 충격적인 일이었다. 도대체 원인이 무엇이었을까?

5.1 특허 공격 전략의 포인트(1)—무효심판에서 살아남는 특허

널리 알려진 바와 같이 특허청의 심사를 거쳐 특허 등록이 이루어지더라도 추후 이해관계인에 의해서 무효심판이 제기되면 무효로 되는 경우가 적지 않다. 우리나라의 경우 해마다 차이가 있지만 대략 절반 정도의 특허는 무효가 되고 있으며, 미국 특허도 대략 40% 이상 무효가 되고 있다. 해당 특허의 유·무효에 중대한 이해관계가 걸려 있는 당사자가 사활을 걸고 우수한 전문가들을 동원하여 선행발명을 찾다 보니 무효심판 과정을 통해서 특허가 무효가 되는 비중이 높을 수밖에 없는 것은 어찌 보면 불가피하다.

그렇지만 상당한 비용을 지출하면서 특허를 출원하는 입장에서는 경쟁사의 침해를 잡을 수 있으면서 무효심판 과정에서도 살아남을 수 있는 '강한 특허'를 만드는 일이 무엇보다 중요하다. '강한 특허'와 관련해서 기억해야 할 핵심 포인트는 "다(多)기재 협(狹)범위"의 원칙이다. 특허권의 범위는 청구항에 기재된 문언의 범위에 따라 결정되는데, 청구항에 많은 내용을 기재하면 기재할수록 권리 범위는 좁아지게 되고, 반대로 청구항에 적은 내용을 기재하면 권리 범위가 넓어지게 된다. 그렇다면 청구항에 적은 내용만 기재하여 넓은 범위로 특허권을 받으면 좋겠다고 생각할 수도 있지만, 그만큼 무효가 될 위험성이 커지게 된다. 반대로 청구항에 많은 내용을 기재하여 좁은 범위로 특허권을 받게 되면, 무효가 될 위험성은 낮아지겠지만 경쟁사들이 손쉽게 회피 설계를 할 수 있게 되어 침해를 잡기 어려운 특허가 되어 버린다.

이러한 측면에서 출원업무를 담당할 특허법인이나 변리사를 선정할 때 출원 건 대비 등록률을 주요한 참고지표로 삼는 것은 문제가 있다. 담당 변리사가 명세서를 작성할 때 특허의 권리 범위를 좁게 정하면 등록률을 높이는 것은 그리 어렵지 않다. 기업이 향후 권리 행사를 효과적으로 할 수 있도록 적당하게 넓은 범위의 권리 범위를 정하고, 만약 의견 제출 통지서가 나오면 이에 능동적으로 대응하는지 여부에 초점을 맞추어 변리사를 선정하는 것이 더 바람직하다.

이처럼 청구항을 설계하고 권리 범위를 정하는 일은 풍부한 경험과 고도의 전문성을 요구하는 복잡하고 어려운 일이다. 이러한 점에서 침해를 잡을 수 있으면서도 생존력이 강한 특허를 만드는 일은 명세서를 작성하는 변리사의 역량에 따라 크게 좌우된다. 따라서 사업의 성패를 좌우할 정도로 중요한 핵심 특허의 경우 해당 기술분야에 대한 충분한 이해를 갖추고 있고, 특허 심판 및 침해 소송 경험도 있는 변리사의 도움을 받는 것이 바람직하다.

E회사의 특허는 어떠했을까? 우수한 연구자들이 R&D를 수행한 결과를 바탕으로 출원을 했으므로 E회사가 개발한 기술 자체가 부실했다기보다는 이를 명세서로 작성하여 특허권으로 만드는 단계가 부실했다고 평가하는 것이 더 정확할 것

이다. 결국 질적으로 더 뛰어난 특허를 만들어내는 일에 실패한 셈이다. 이러한 문제는 E회사에 국한된 문제는 아닌 것으로 보인다. 여전히 한국 기업들이 출원하고 있는 특허의 품질이 아직 국제적인 수준에 미치지 못하는 경우가 많다.

5.2 특허 공격 전략의 포인트(2)—침해 소송 경험이 녹아든 명세서 작성

외국 기업의 경우 중요 특허를 출원할 때에는 특허 침해 소송에 경험이 풍부한 변호사의 검토를 받는 것으로 알려져 있다. 즉, 변리사들은 특허 명세서 작성에 특화되어 있고, 변호사들은 침해 소송 경험이 많은 만큼, 두 분야 전문가들의 강점을 결합시켜 '강한 특허'를 만들어내겠다는 전략이다. 해외 기업들의 특허가 강력한 이유는 바로 이러한 세심한 준비과정을 거쳐 작성되고 출원되었기 때문이다. 한국 기업들도 이러한 해외 기업의 관행을 십분 참고하고 활용할 필요가 있다.

우리나라의 경우 명세서를 작성하고 의견 제출 통지서가 나오면 이에 대응하는 절차를 담당하는 전문가들(변리사 혹은 명세사)과 특허 침해 소송과 관련된 업무를 담당하는 전문가들(변호사와 변리사)의 업무영역이 구분되어 있는 경우가 많다. 그런데 특허 침해 소송의 성패는 침해 소송 사건을 담당하는 판사들이 청구항을 어떻게 해석하는지에 달려 있다고 해도 과언이 아니다. 그래서 특허 침해 소송에서 강력한 힘을 발휘할 수 있는 특허를 작성하려면 과연 판사들이 해당 특허의 청구항을 어떻게 해석할 것인지를 예상하고, 이를 대비하여 적절한 문구를 기재할 필요가 있다. 따라서 특허 침해 소송 업무의 수행 경험이 풍부한 변호사, 변리사들이 직접 출원명세서를 검토하는 것이 바람직하다. 하지만 아직까지 국내 대형 법무법인이나 특허법인에서 침해 소송 업무를 담당하던 경륜 있는 전문가들이 직접 출원명세서를 검토하는 사례는 찾아보기 어렵다.

이처럼 '강한 특허'를 만들기 위해서는 침해 소송을 수년간 진행해 온 변리사,

변호사들의 노하우와 경험을 명세서에 녹여 넣어야 한다. 이들은 다년간의 다양한 분쟁사건을 통해서 특허권 침해 소송이 제기되어서 판사가 이를 심리할 경우 특허명세서 중 어떠한 문구가 특허권자에게 유리하고, 어떤 문구가 불리한지에 대한 감각을 길러 왔다. 기업의 중요 핵심 특허에 대해서는 이러한 노련한 전문가들의 검토를 거쳐, 보다 단련된 특허를 만들어내고자 하는 노력이 필요하다.

5.3 특허 공격 전략의 포인트(3)－특허 출원 비용에 대한 인식 전환

특허권의 중요성에 대해서는 조금씩 우리 기업의 인식이 높아지고 있기는 하지만, 여전히 특허 출원이 자산을 확보하는 것이 아니라 비용을 지출하는 것이라는 인식을 갖고 있는 것으로 보인다. 이러한 인식은 양질의 특허권을 확보하는 데 걸림돌이 되고 있다. 양적으로는 더 많은 특허권을 취득하고자 애를 쓰고 있지만, 정작 양질의 특허를 작성하는 데 있어서는 비용을 아끼다 보니 우수한 특허가 만들어지기 쉽지 않은 것이다.

지난 근 십여 년 동안 특허의 건당 출원 비용이 오히려 하락하고 있고, 특허 출원 건마다 고정 단가를 적용하는 방식이 관행으로 자리 잡아서, 중요성이 높은 특허와 그렇지 않은 특허가 구별되지 못하고 있다. 이러한 현상이 지속되는 한 질적으로 우수한 특허를 확보하기란 쉽지 않다. 이러한 문제점들을 극복하기 위한 기업의 전폭적인 인식 전환이 필요하다. 만약 이러한 인식 전환이 이루어지지 않는다면 앞으로도 E회사와 같이 안타까운 사례가 계속 반복될 수밖에 없을 것이다.

6. 지적재산권 전략의 업그레이드를 위하여

이제까지 지적재산권 전략을 ① 영업비밀 수비 전략, ② 특허 수비 전략, ③ 영업비밀 공격 전략, ④ 특허 공격 전략으로 나누어 각기 사례를 중심으로 살펴보았다.

영업비밀 수비 전략에 있어 영업비밀 침해 소송이 제기될 우려가 있다면 이에 대비한 증거를 충실히 마련해 두는 것이 필요하다는 점을 우선 살펴보았다. 특히 미국 소송의 디스커버리 제도와 관련하여 코오롱 대 듀폰의 소송 사건은 조직적인 기록관리 시스템이 얼마나 중요한지 알려준다. 물론 타사의 영업비밀을 함부로 도용하지 않는 컴플라이언스 시스템을 구축할 필요가 있다는 점은 두말할 나위도 없다.

특허 수비 전략에서는 방어용 특허 포트폴리오 구성을 통해 미국 특허소송을 효과적으로 대응하였던 한국 기업의 사례를 살펴보았다. 또한 해외 특허소송이 제기되면 막대한 비용이 발생하게 되므로, 미리 실시 자유(FTO) 분석을 적극적으로 활용하는 것이 바람직하다. 또한 타사 지적재산권 침해가 염려되는 경우 반드시 회사 법무팀에 보고하여 가급적 외부 변호사의 자문을 거쳐 대응하도록 해야 하고, 변호사가 관여하지 않고서는 개발팀이 독자적으로 타사 지적재산권의 침해 여부에 대해 토의하지 않도록 주의해야 한다는 점을 기억해야 한다.

영업비밀 공격 전략에서 회사의 기술을 영업비밀로서 보호받기 위해서는 '합리적인 노력에 의하여 비밀로 유지' 되어야 하고, 이를 위해서는 제도적 장치 마련, 인적 관리, 물리적 관리에 주의를 기울여야 한다는 점을 설명하였다. 또한 해외 진출을 고려하는 경우에는 경업 금지 의무, 직원 유인 금지 의무, 전직 금지 의무를 계약서에 명시하는 것이 바람직하다. 아울러 분쟁 해결 조항에도 주의를 기울여야 한다.

마지막으로 특허 공격 전략에서는 아무리 우수한 기술이라고 하더라도 적절한 명세서 작성이 뒷받침되지 못하면 특허가 무효가 되거나 경쟁사의 침해 행위를 막기 어려울 수 있다는 점을 보았다. 해외 유수의 기술 기업들은 특허 명세서를 작성할 때 침해 소송에 경험이 풍부한 변호사의 검토를 거치고 있는 마당에, 한국 기업들은 여전히 특허 출원 건당 고정 단가를 적용하고 있고, 오히려 건당 출원 비용마저도 낮아지고 있는 추세이다. 질적으로 우수한 특허를 확보하기 위한 한국 기업들의 전폭적인 인식 전환이 절실히 요구된다.

참고문헌

김갑유(대표집필), 『중재실무강의』, 박영사, 2012.

김수철, 『특허 라이선스 계약 실무』, 한국지식재산연구원, 2017.

목영준, 『상사중재법』, 박영사, 2011.

사법연수원, 『특허법 연구』, 사법연수원 출판부, 2015.

윤권순 · 이승현, 『특허법의 논리』, 한국지식재산연구원, 2013.

전정현, 『반부정당경쟁법 : 중국 부정경쟁방지 · 영업비밀보호』, 세창출판사, 2015.

조영선, 『특허법』, 제5판, 박영사, 2015.

______, 『지적재산권법』, 제3판, 박영사, 2017.

조익제 · 파겐베르크 · 가이슬러, 『표준 라이선스 계약』, 법영사, 2005.

최철 · 배동석 · 손수정 · 장원준, 『지식재산금융 IP 비지니스와 금융의 결합 : 구조와 실제』, 한국지식재산연구원, 2013.

특허법원 지적재산소송 실무연구회, 『지적재산소송실무』, 제3판, 박영사, 2014.

1. 디지털 파괴 양상

2. 디지털 시대 비즈니스와 종래 비즈니스의 차이점

3. 디지털 플랫폼과 생태계 형성

4. 디지털 시대의 기업 생존 전략

5. 맺음말

디지털 시대의 기업 생존 전략

구본제(KAIST 기술경영전문대학원 교수, 혁신정책)

6

〈요약〉

많은 기업들이 디지털 시대의 새로운 환경에 조직을 적응시키기 위해 필요한 변화에 착수하고 있다. 비즈니스 세계가 급속히 디지털화되면서 새로운 사업 기회가 창출되기도 하지만, 과거 성공적이었던 비즈니스가 파괴되는 현실도 목격하고 있다. 이런 현상을 디지털 파괴라고 부른다. 디지털 파괴를 극복하려면 자사의 비즈니스를 가치사슬이란 좁은 범위에서 검토하기보다는 업종 간 경계를 넘어 생태계 차원에서 폭넓게 보고 혁신을 전개할 필요가 있다. AI, IoT, Blockchain 등 디지털 기술을 활용해 고객 니즈를 충족시키고 고객에게 새로운 체험을 제공할 수 있어야 한다. 이를 위한 세부 전략으로 조직이 디지털 기술의 본질을 이해하고 활용할 수 있도록 조직의 디지털 성숙도를 끌어올려야 한다. 디지털 기술을 활용해 고객의 니즈를 더욱 정교하게 파악해 대응할 필요가 있다. 변화하는 고객의 니즈에 대응하기 위해 비즈니스 모델과 조직을 개편해 나가야 한다. 새로운 제품이나 서비스, 그리고 비즈니스 모델은 반복적 실험과 학습을 통해 성공적으로 정착시킬 수 있다. 디지털 시대의 제품 개발에는 제작, 측정 및 학습을 신속하게 반복하는 애자일(agile) 방식이 요구된다. 불확실한 미래에 도전하려면, 실패에 관용적인 문화가 필요할 것이다. 조직 전체가 조기에 저비용의 실패를 통해 학습한다면 더 나은 미래가 열리기 때문이다.

현재 인공지능(AI), IoT, 빅데이터 등 디지털 기술의 확산과 스마트폰의 보급으로 비즈니스가 크게 변화하고 있다. 비즈니스 환경뿐 아니라 소비자의 인식과 행동이 크게 변화하고 있다. 과거 기업들은 IT 도입 및 활용을 통해 사내 업무 효율화 위주로 변화를 추구했다. 최근에는 방대한 데이터의 축적과 분석, 디지털 기술의 활용이 급진전되면서 기업의 업무 프로세스는 물론 파트너 및 고객과의 관계, 나아가 시장 자체가 급속히 변화하고 있다. 기업의 경영자들은 변화에 어떻게 대처하면 날로 치열해지는 시장경쟁에서 살아남을 수 있을지 고심하고 있다. 정부도 10년 후 우리 산업과 기업이 경쟁력을 확보하려면 어떤 정책을 시행해야 할지에 대해 고민하고 있다. 금년 8월 정부가 발표한 "혁신 성장 전략 투자 방향" 에

의하면, 데이터 경제(데이터 · 블록체인 · 공유경제), AI, 수소 경제를 3대 전략투자 분야로 제시하고 플랫폼 경제 구현에 나서고 있다. 플랫폼 경제를 실현하기 위해 내년에만 1조 5,000억원, 2023년까지 5년간 9조원에서 10조원을 투자할 계획이라고 밝혔다.[1] 본고에서는 디지털 기술의 보급으로 비즈니스와 시장이 급속히 변하는 상황에서 기업이 경쟁에서 살아남으려면 어떤 전략이 필요한지에 대해 알아본다. 우선 디지털 기술의 보급에 의한 파괴적 혁신(이하, 디지털 파괴) 양상에 대해 살펴보자.

1. 디지털 파괴 양상

많은 학자들은 앞으로 다가올 시대를 디지털 시대라고 부른다. 디지털 시대는 어떤 모습으로 우리 앞에 나타나고 있는지 살펴보자. 디지털 시대가 본격적으로 도래하면서 디지털 기술을 활용한 새로운 스타트업과 비즈니스, 그리고 새로운 제품과 서비스가 계속해서 등장하고 있다. 더욱이 새로운 기업들과 비즈니스 모델은 기존 기업들과 비즈니스 모델을 위협하거나 파괴하고 있다.

이런 현상을 뒷받침하는 사례로, Uber는 택시업계를, Airbnb는 호텔업계를, Amazon은 유통업계를 위협하거나 파괴하고 있다. 실제로 미국 시내에서 과거에 많았던 택시들을 보기 힘들어졌고, 아마존 회원이 급증하면서 백화점이나 쇼핑몰이 타격을 입고 폐점하는 점포가 늘어나고 있다고 한다. 1970년대 말 개인용 컴퓨터 출현으로 인해 메인 프레임 및 중형 컴퓨터 업계가 파괴되었듯이 동일한 현상이 반복되고 있다는 것이다. 학자들은 이런 현상을 파괴적 혁신이라고 부른다.

1. 관계 부처 합동, "Innovative Platform, 혁신 성장 투자 전략 방향", 2018년 8월 13일, p.11.

최근 디지털 기술의 개발 및 보급으로 인한 파괴를 디지털 파괴라고 하는데, 디지털 파괴는 앞으로 더욱 가속화될 전망이다. 자율주행, FinTech, 원격의료 등 여러 분야에서 디지털 파괴가 예상되고 있다. 이런 파괴는 현상 자체뿐만 아니라 파괴가 일어나는 이유에 대해 주목할 필요가 있다. 디지털 기술 도입과 보급 때문만 아니라 사람들의 사고와 행동 방식, 그리고 의사결정 방식이 급격히 변하기 때문이다. 현대 경영학의 창시자라고 불리는 P. Drucker는 급변하는 시대에서 가장 위험한 것은 급변하는 상황 그 자체가 아니라 어제의 논리로 대응하는 것이라고 언급한 바 있다.[2] 즉, 디지털 파괴에는 새로운 대응논리와 생존 전략이 요구된다.

2017년 가을 MIT Sloan Management Review는 글로벌 컨설팅 회사인 Deloitte와 협력해 4,300명이 넘는 기업 경영자, 관리자, 분석가 등을 대상으로, 디지털 비즈니스의 활용에 대한 설문조사를 실시하였으며, 그 설문조사 결과를 정리한 보고서(이하 MIT Sloan Management Review와 Deloitte의 설문조사 보고서)(Kane, G. et al., 2018)를 2018년 여름호에 발표했다. 설문조사에 대한 응답자 중 2/3 이상은 미국 외 지역에 거주하고 있고, 총 123개국에서 28개 업종에서 근무하고 있는 것으로 나타났다.[3] 설문조사 결과 많은 기업이 디지털 파괴를 이전보다 더욱 심각하게 생각하고 대응에 착수한 것으로 밝혀졌다. 과거에는 경쟁업체들이 디지털 파괴에 대응하지 않았기 때문에 기업이 바로 대응하지 않았으나, 지금은 주변 환경에 상관없이 선제적으로 대응해야 한다고 인식하고 있다.

다만, 기업이 디지털 파괴를 심각하게 받아드린다고 해도 대응에 요구되는 능력을 쉽게 습득하기 어렵다. 효과적 대응을 위해서는 기업의 비즈니스 전략과 모델, 조직 구조와 문화, 리더십 및 직원의 업무역량에서 근본적인 변화가 수반되어야 하기 때문이다. 이러한 변화를 종래 가치사슬 관점에서 대응하기보다 생태계

2. http://www.forbes.com/sites/kerryado/an/2014/03/20/healthcares-innovation-imperative-ten-truths-entrepreneurs-need-to-know/#4e9552333d50.
3. Kane, G. et al., (2018), pp.4~5.

관점에서 폭넓게 검토해야 올바르게 대응할 수 있다. 비즈니스 세계가 급속히 디지털화되면서 업종 간 경계와 장벽이 허물어지고, 과거에 볼 수 없었던 새로운 비즈니스 생태계가 출현하기 때문이다. P. Weill & S. Woerner(2015)는 Walmart와 동사 매출을 잠식하는 Amazon 사례를 비교해서 설명하고 있다.

Walmart의 종래 비즈니스 모델은 가치사슬 방식의 대표적 사례이다. 상품의 공급처, 매장 내 상품 위치, 판매시점에 대해서는 Walmart가 잘 파악하고 있다. 반면, 상품 구매 고객의 구매 이유나 사용방식에 대해서는 잘 알지 못한다. 동사의 점포들은 대다수 고객의 구매 이력을 잘 모르기 때문에 고객의 현재와 미래의 구매가 과거 구매와 어떻게 연결되는지를 알지 못하고, 향후 고객에게 폭넓은 선택 기회를 제공할 수 없다. 더욱이 상품 공급처에 고객 반응을 신속하게 피드백 할 수 없어 상품의 신속한 개선 및 혁신을 기대하기 어렵다.[4] 때문에 최근 Walmart가 온라인 부문 판매 확대에 총력을 기울이고 있는 것이다.

반면, Amazon은 고객의 구매 이력과 검색 습관을 파악하고, 이메일 등을 활용해 지속적으로 고객과 상호작용을 한다. 고객의 관심을 끌 수 있는 상품을 추천하고, 과거 구매 상품과 유사한 여러 상품들을 제시하며, 동일한 상품이라도 다양한 가격대의 판매처들을 알려준다. 판매처에게는 고객 반응을 신속하게 제공해 상품 및 서비스의 빠른 개선을 가능하게 한다. Amazon은 자사 생태계 내에서 일어나는 모든 고객 데이터를 입수하고 활용해 고객에게 새로운 구매 경험을 제공한다. 판매처에게도 관련 데이터를 제공해 새로운 시장 기회를 발굴하거나 혁신을 신속하게 전개할 수 있도록 지원하고 있다.[5] 동사는 플랫폼을 기반으로 업종 구분 없이 수많은 소비자와 판매처를 연결하고 상호작용을 촉진한다. 이를 통해 Amazon 생태계를 지속적으로 확장해 나가고 있다. 그러면 디지털 시대의 비즈니스가 종래 비즈니스와는 어떤 차이점이 있는지를 살펴보자.

---

4. Weill, P. & Woerner, S., (2015), pp.28～29.
5. Weill, P. & Woerner, S., (2015), p.29.

2. 디지털 시대 비즈니스와 종래 비즈니스의 차이점

기업은 디지털 기술의 진보에 의해 상품과 서비스 전략, 그리고 비즈니스 모델에 대한 새로운 가능성을 끊임없이 검토하고 신속하게 대응할 필요성이 증가하고 있다. MIT Sloan Management Review와 Deloitte의 설문조사 보고서(Kane, G. et al., 2018)에서는 기업 관점에서 디지털 시대 비즈니스가 종래 비즈니스와 어떻게 다른지를 설명하고 있다.

첫 번째 차이점은 비즈니스에서 혁신과 그 전개 속도의 차이다. 디지털 비즈니스에는 이전보다 훨씬 빠른 속도가 요구된다는 것이다.[6] 디지털 기술을 활용해 이전에 생각하지 못했던 새로운 경쟁 제품을 시장에 출시하는 사례가 늘어나고 있다. 신기술과 값싼 신제품으로 무장한 신규 기업이 자사 시장에 진입한 경우 기존 기업은 신속한 대응과 행동이 있어야만 살아남을 수 있다. 새로운 제품 및 서비스에 대하여 기존 기업이 언제, 어떻게 대응할지를 결정하는 것은 매우 어려운 과제이다. 기존 기업이 이미 시장에서 성공했다면 현재 진행 중인 디지털 파괴에 어떻게 대응할지 고심하면서 주저하게 된다. 시장에서 대응이 늦어지면 기존 기업은 외부 파괴자에 의해 큰 타격을 입고 시장에서 패퇴할 가능성이 높아진다. 기존 기업은 소위 혁신가의 딜레마 현상에 직면하게 되는 것이다.

두 번째 차이점은 직원들의 사고방식과 기업문화에 관한 것이다. 종래 기업의 성공을 가져왔던 요인이 디지털 시대에는 더 이상 성공에 기여하지 못한다. 아울러 종래 특정 업무방식으로 성공을 거둔 직원의 경우 장래 기업의 성공에 기여하지 못할 수 있다. 기존 패턴에 익숙해져서 새로운 패턴을 외면할 가능성이 높기 때문이다. 소위 능력의 함정(competency trap)이 조직 차원뿐 아니라 개인 차원에서

---

6. Kane, G. et al., (2018), p.8.

도 발생하는 것이다.[7] 이 경우 직원들이 종래 방식을 고수하고 새로운 방식에 대해 거부감을 가질 우려가 제기된다. 기업문화 측면에서도 종래 위로부터 하향식 의사결정을 따르는 데 익숙한 직원은 디지털 시대의 자율적 의사결정과 아래로부터의 상향식 의사결정 문화에 적응하기 어려울 수 있다. 바뀐 문화에 적응하는 데 많은 시간이 소요될지 모른다. 조직의 문화적 변화로 인해 종래 사고방식을 가진 직원은 긴장하게 되고 스트레스를 받을 수 있다. 결국 새로운 사고방식과 조직문화에 적응하려면 별도의 훈련과 학습이 요구된다.

세 번째 차이점은 조직의 인력 구성 측면이다. 종래 기업은 핵심적 비즈니스 영역을 중심으로 풀타임으로 근무하는 정규직 직원들에 의존해 성공을 거두었다. 그러나 디지털 시대에 들어오면서 기업은 한 회사만을 위해서 평생 일하는 풀타임 직원들과 함께 계약직 직원, 프리랜서, 파견 노동자에 대한 의존도가 급격히 높아져 가고 있는 추세다.[8]

끝으로 지적된 차이점은 생산성과 효율성에 관한 것이다. 디지털 시대에도 생산성과 효율성 향상은 필요하지만, 기업 입장에서는 양날의 칼이 될 가능성이 있다. 디지털 시대의 진정한 실적 향상을 위해서 생산성과 효율성 중시 자세를 포기할 필요도 있다. 생산성과 효율성만을 추구하면 수확체감의 게임(diminishing-returns game)에 봉착할 가능성이 높기 때문이다.[9] 비용 대비 효과를 우선시할수록 기업의 미래를 위한 차세대 효율성 확보가 어려워질 수 있다. 어떤 업종이든 기업이 기존 방식으로 창출 가능한 최대의 성과에는 한계가 있다. Weill, P. & Woerner, S., (2018)는 디지털 시대에서 미래의 변화에 준비된 기업들은 비용 절감을 추구하면서 동시에 고객 만족을 위한 혁신이 가능한 기업이라고 설명하고 있다. 자사 제품을 일방적으로 판매하기보다는 고객 니즈를 충족시키고, 고객에게

7. Kane, G. et al., (2018), pp.7～8.
8. Kane, G. et al., (2018), pp.8～9.
9. Kane, G. et al., (2018), p.9.

새롭고 보다 나은 체험을 제공하는 것이 이들 기업의 목표라는 것이다.[10]

한편, 소비자 관점에서 디지털 비즈니스와 종래 비즈니스에는 어떤 차이점이 있을까? 디지털 기술을 활용해 소비의 편리성을 추구하는 소비자들이 급격히 증가하고 있다. 2017년 현재 우리나라의 스마트폰 보급률은 70%를 넘었다. 20대와 30대는 80% 이상이 스마트폰을 보유하고 있다. 스마트폰 보급 확대로 인해 소비자는 구매와 관련한 많은 정보를 손쉽게 입수할 수 있게 되었다.

상품 구입 시에는 종래 TV나 신문 광고보다 소셜 미디어상의 각종 정보를 참고한다. 스마트폰을 통해 쉽게 입수할 수 있는 가격 정보와 사용자들의 평가 정보를 보고 구입 여부를 판단한다. 소비자는 특정 상품이나 서비스에 대한 구입 욕구가 발생하면 바로 행동으로 옮기면 된다. 손에 있는 스마트폰에서 클릭하면 간단히 끝낼 수 있기 때문이다.

소비자가 상품에 쉽게 접근하고 신속하게 구입할 수 있는 반면, 자신의 마음에 들지 않거나 다른 소비자나 사용자들의 평가가 나쁘면 즉시 해당 상품에서 관심이 멀어져 가는 양상을 보이고 있다. T. Correia(2017)는 디지털 시대에서 이런 행태를 보이는 소비자를 유동적 소비자(fluid consumer)라고 부른다. 기업 입장에서 볼 때 쉽게 자주 마음이 변하는 붙잡아두기 힘든 소비자들이다. 이런 소비자들은 신속하게 나타났다가 순식간에 사라져서 형태가 일정하지 않은 액체와 같이 매우 유동적인 특성을 보인다. 때문에 기업 경영자들은 항상 이런 소비자들의 뒤를 따라다닌다는 불안감을 갖게 된다.

디지털 시대의 유동적 소비자들의 특징을 좀 더 자세히 살펴보자. 이런 소비자들은 특정 상품을 통해 다른 상품과 비교할 수 없을 정도로 높은 수준의 가치를 제공받으면 여타 상품에 대해서도 동일한 수준의 가치를 제공받기를 기대한다.[11] 기업은 유동적 소비자 기대에 부응하기 위해 소비자에게 제공해야 할 가치 수준을

10. Weill, P. & Woerner, S., (2018), p.21.
11. Correia, T., (2017), p.23.

지속적으로 높여야 한다. 유동적 소비자들은 일반적으로 특정 브랜드에 그리 충실하지 않다. 특정 브랜드의 고객 대응이나 제공 가치가 기대 이하라고 느낄 경우 즉시 불쾌감을 느끼고 다른 브랜드로 이동하기 때문이다. 한편, 유동적 소비자들은 자신의 개인정보를 흔쾌히 제공하는 경향이 있다. 특히 젊은 세대의 유동적 소비자들은 프라이버시 보호에 대해 관심이 있지만, 디지털 기술에 의해 얻을 수 있는 편리성에 쉽게 매력을 느낀다. 기업이나 판매처가 개인정보 수집의 목적과 사용 용도를 명확히 밝히면, 크게 우려하거나 불안감을 느끼지 않는다.[12]

3. 디지털 플랫폼과 생태계 형성

유동적 소비자들이 사고싶은 상품 및 서비스를 제공하려면 기업은 어떻게 해야 할 것인가? P. Weill & S. Woerner(2015)는 소비자들에 대한 정확한 이해가 필요하고, 고객의 니즈와 관심이 무엇인지 면밀히 파악해야 한다고 설명한다. 고객에 대한 이해를 증진하기 위해서는 디지털 기술을 활용해 고객에 대한 데이터를 충분히 확보해야 한다. 고객 데이터에는 고객의 생활 이벤트 정보(본인 및 가족 생일, 결혼기념일 등), 나이 및 성별 등 인구 통계학적 정보, 메일 주소, 구매 및 결제 정보, 검색 이력 등이 포함될 수 있다.[13] 이는 고객과 관련한 실시간 데이터를 수집 · 활용해 고객 니즈를 객관적으로 분석하기 위함이다. 고객이 구매 욕구를 느끼고 관심을 보이는 경우 즉시 관련 상품이나 서비스를 추천하고 제시할 수 있도록 소비자와 관계를 구축하려는 것이다.

T. Correia(2017)는 기업이 소비자와의 연결을 강화하고 소비자의 니즈를 면

12. Correia, T., (2017), pp.23～24.
13. Weill, P. & Woerner, S., (2015), p.29.

밀히 파악하기 위해서 디지털 브랜드 플랫폼을 구축할 필요가 있다고 주장한다. 플랫폼을 통해 소비자의 구매 프로세스, 상품 사용 및 평가 정보 등을 실시간으로 확보할 수 있기 때문이다. 고객들의 거래정보를 축적해 분석하면 시장을 상세하게 이해할 수 있고, 새로운 시장을 창출할 수 있는 역량이 생긴다. 나아가 고객 니즈를 미리 예측해 새로운 상품이나 서비스를 개발하고 제공할 수 있게 된다. 디지털 플랫폼에 많은 사용자들과 사용자 커뮤니티가 참여하고 상호 연결되면 플랫폼을 기반으로 한 비즈니스 생태계가 형성되고 진화할 수 있기 때문이다.

소비자들은 생태계 참여를 통해 특별한 수고 없이 자신의 니즈에 맞는 상품이나 서비스를 수시로 추천받을 수 있으며, 새로운 구매 경험을 할 수 있다. 기업 입장에서도 자사 상품이나 서비스 가치를 최대한 높이고, 브랜드에 대한 고객 충성도를 높일 수 있다. 대표적 사례로 나이키(Nike)를 들 수 있다. 나이키는 브랜드와 고객 체험을 일치시키기 위해 고객들의 참여를 위한 많은 접점(touch point)을 만들었다. 예를 들어 훈련 프로그램과 개인별 운동 기록에 대한 접속, 그리고 Nike+ 앱을 통해 친구들과 네트워크를 구축하고, 개인적으로 특화된 체험을 얻을 수 있도록 했다. 고객과 자사의 파트너인 Apple 및 FitBit과 연결을 통해 사회적 피트니스 활동에 참여를 유도하면서, 자사 브랜드에 대한 고객 충성도를 높일 목적인 것이다.[14]

Under Armour(UA)는 독자 전자상거래 채널을 운영하면서 다수 소매 매장들과 온라인 유통 채널을 통해서도 스포츠 의류를 판매하는 기업이다. UA도 자사 제품의 판매를 통해 고객의 피트니스와 개인 데이터 관리를 연결시키고 있다. 예를 들어 UA Healthbox에서는 스마트 체중계, 웨어러블 활동 추적 장치 및 심박계를 세트로 해서 특정 고객을 위한 상호 연결된 피트니스 체험을 제공하고 있다.[15] 이처럼 디지털 기술 기반의 제품 및 서비스들은 고객과의 여러 접점을 통해

14. Correlia, T., (2017), pp.30～31 및 http://www.investors.com/news/nike-is-ramping-up-its-digital-strategy-what-does-that-meam/

고객이 쉽게 접근하고 다양한 체험을 할 수 있게 한다. 나아가 특정 고객에 대한 개별화(personalized)된 서비스를 제공한다. 개별화된 서비스는 유동적 소비자들에게 큰 만족을 주기 때문이다.

종래 기업은 플랫폼을 통해 자사 브랜드, 제품 및 서비스에 대해서 소비자에게 전달하고 싶은 메시지를 전달했다. 디지털 시대의 기업은 플랫폼을 통해 소비자가 제공하는 각종 정보를 수집하고 이용하는 데 중점을 두고 있다. 소비자의 구매 행동 데이터를 실시간으로 수집 및 활용하면, 소비자 니즈의 변화 추세를 파악해 신상품을 조기에 출시해 경쟁기업보다 먼저 시장을 선점할 수 있다.

디지털 시대의 소비자도 플랫폼을 활용하면 이전 플랫폼보다 더 많은 가치를 얻을 수 있다. 소비자는 단순히 포인트를 적립하고 활용하는 것만이 아니라 과거에 없었던 새로운 체험을 할 수 있다. 또한 특정 플랫폼을 자주 활용해 더 많은 정보를 제공할수록 더 많은 혜택을 받거나 더 좋은 제품을 구매할 가능성이 높아진다. 기업은 플랫폼에서 특정 개인의 구매 이력을 분석해 개인 소비자 취향에 맞는 신제품을 추천할 수 있다. 또한 다른 소비자들의 소비 동향 정보를 제공하고, 동일한 목표를 가진 소비자를 연결할 수 있다. 소비자는 커뮤니티를 통해 새로운 소비 패턴을 발견하거나 다른 소비자의 제품 개발에도 참여할 수 있다. 디지털 플랫폼에서 정보는 소비자로부터 다른 소비자에게로, 소비자로부터 기업에게로, 기업으로부터 소비자에게로, 기업으로부터 다른 기업에게로 유통될 수 있다. 관련 정보 유통을 통해 소비자 간, 기업 간, 소비자와 기업 간에 상호작용이 발생한다. 플랫폼상에서 다양한 상호작용이 네트워크 효과를 발생시킨다. 기업이 이런 네트워크 효과를 자사에게 유리하게 활용하는 전략이 바로 플랫폼 전략이다.

디지털 플랫폼을 활용한 기업의 특징 중 하나는 기존 산업이나 기업을 위협하거나 파괴하는 경우가 자주 발생한다는 점이다. 자율주행 차량의 사례에서 볼 수

---

15. Correlia, T., (2017), p.31 및 http;//seekingalpha.com/article/3967077-armour-ua-kevin-plank-q1-2016-results-earings-call-transcript?page-4.

있듯이 Google, Apple, Tesla 등은 산업화 시대 대표적 기업인 완성차 업체를 위협하고 있다. Amazon, Alibaba 등은 개인 고객과 접점을 파고들어 개인의 취향 및 상황에 맞추는 서비스를 제공하면서 전통적 소매시장에 대한 파괴자로 군림하고 있다. Amazon은 고객들의 구매 데이터와 판매처들의 판매 데이터를 보유하고 있기 때문에 이를 활용하면 고객 결제만이 아닌 융자, 투자 및 보험 등 다양한 금융서비스를 제공할 수 있다. 이미 Alibaba는 융자, 투자 및 보험 등 다양한 형태의 금융서비스를 고객에게 제공하고 있다. Amazon, Apple, Alibaba 등 플랫폼 기업들은 디지털 기술을 활용하여 기존 기업들을 위협하거나 파괴하면서 독자적인 생태계를 구축해 나가고 있는 것이다.

플랫폼을 통해 축적한 데이터를 활용하여 고객에게 가치 있는 상품이나 서비스를 제안하고 추천할 수 있도록 하는 기술이 인공지능(AI)이다. Amazon이나 Alibaba는 고객이 열람하거나 관심을 보여 구매의사를 암시한 상품 데이터, 상품 구매 이후 결제 데이터와 함께 음성, 동영상 등의 데이터를 적극적으로 자사 클라우드상에 올린다. 이런 데이터를 기계 학습 등을 통해 분석하여 고객이 흥미를 가질 만한 상품을 제시한다. Amazon은 이미 AI 비서 역할을 하는 Alexa와 스마트 스피커인 Amazon Echo를 판매하여 고객이 클릭이란 입력 행위를 하지 않아도 음성으로 구매 및 결제가 가능한 인프라를 제공하고 있다.

디지털 시대 기술혁신의 핵심은 고객이 원하는 상품이나 서비스를 미리 예측해 제시하고, 바로 구입해 사용할 수 있도록 하는 것이다. 이를 위해 고객이 어떤 상황이나 어느 장소에 있던 바로 자사의 비즈니스와 연결되도록 고객과 접점을 늘려나가는 것이 중요하다. 이와 관련해 API(application programing interface) 기술이 널리 활용되고 있다. API는 자사 소프트웨어의 일부를 외부에 공개해, 외부에서 이 소프트웨어 기능을 이용하면, 시스템과 시스템의 연결이 원활하도록 도와주는 역할을 한다. 예를 들어 API를 활용하면 특정 음식점의 위치를 Google Map에서 보거나 Uber 차량 호출 예약을 여행 사이트인 TripAdviser나 Delta 항공사

모바일 앱에서 할 수 있게 된다. 타사가 제공하는 서비스와 연결을 통해 새로운 고객을 확보하거나 자사 비즈니스를 확장할 수 있고, 사용자들에게 새로운 체험을 제공할 수 있게 되는 것이다.

현재 일반 소비자가 사용하고 있는 인터넷 접속이 가능한 단말기로는 PC, 스마트폰, 태블릿 등 2～3개에 이르고 있다. 앞으로 일상생활과 관련된 모든 사물은 거의 인터넷에 접속될 것이다. 디지털 기술을 활용하면, 더운 여름에는 운전 중인 차량에서 집의 에어컨을 작동할 수 있고, 거실에서 차량 시동과 함께 차량 내 에어컨 작동이 가능하게 된다. 나아가 자신이 입고 있는 내의가 땀을 감지하면 집 안의 제습기나 에어컨이 스스로 작동하는 세상이 올 것이다. 미래 세대는 태어날 때부터 디지털을 경험하고 활용하는 디지털 네이티브가 될 것이다. 요즘 젊은 세대가 스마트폰이나 소셜 미디어를 능숙하게 사용하는 것처럼 미래 세대는 디지털화에 전혀 위화감을 느끼지 않고 쉽게 적응할 것이다. 이런 소비자들의 등장에 대해 기업은 어떻게 대응할 것인가? 디지털 시대에 있어 기업의 생존 전략에 대해 살펴보자.

4. 디지털 시대의 기업 생존 전략

우선, 디지털 시대에는 파괴적 혁신이 언제, 어디서, 어떻게 발생할지 모른다는 사실을 항상 염두에 두어야 한다. 비즈니스 세계가 급속히 디지털화되면서 업종 간 장벽이 허물어지고 있다. 다른 업종의 기업이 순식간에 자사 비즈니스 영역에 들어와서 새로운 기회를 만들어 지금까지 성공적으로 수행해 온 자사 비즈니스를 파괴할 수 있다. 자사 조직의 생산성을 향상시키고 업무효율화를 추진해도 새로운 디지털 기술로 무장하고 시장에 진입하는 기업을 막을 수 없다. 시장에서 디지털 파괴가 일어나는 경우 자사 비즈니스를 종래 가치사슬 중심의 좁은 범위에서 검토해서는 대책을 마련하기 어렵다. 디지털 기술 활용 및 새로운 비즈니스 모델 도입을 포함해 생태계 관점에서 폭넓게 검토할 필요가 있는 것이다.[16] 나아가 자사 스스로 디지털 파괴자가 되어서 종래 비즈니스나 기존 업종을 파괴할 수 있어야 한다. 타 업종 기업이나 신규 기업이 자사 비즈니스를 파괴하기 전에 먼저 움직일 필요가 있다. 과거처럼 경쟁업체의 행동이나 업계 동향을 보고 대응하는 전략은 더 이상 통용되지 않는다고 보아야 한다.[17]

많은 기업들이 이런 디지털 파괴를 매우 심각하게 여기고 대응에 착수했다. 기업들은 시장경쟁에서 승리하기 위해 디지털 시대에 적합한 리더의 양성과 확보에 나서고 있다. 디지털 리더십의 핵심은 디지털 비즈니스 환경에 대응할 수 있도록 조직 비전과 목표를 제시하고, 조직을 변혁시키는 일이다. 디지털 시대의 조직 변혁을 디지털 변혁(digital transformation)이라 부른다. 디지털 변혁의 궁극적인 목적은 디지털 시대 소비자들로부터 자사 제품 및 서비스가 경쟁업체보다 우선적으로 선택받는 것이다. 급변하는 시장 환경에서 고객으로부터 선택을 못 받으면 기업 미래가 불확실해지고 결국 시장에서 패퇴하기 때문이다. 그러면 디지털 변혁을 위한 구체적인 전략에 대해 살펴보자.

4.1 조직의 디지털 성숙도 향상

첫 번째 전략은 디지털 기술의 본질을 충분히 이해하고 활용해 미래를 준비할 수 있도록 조직의 디지털 성숙도(digital maturity)를 향상시키는 것이다. MIT Sloan Management Review와 Deloitte의 설문조사 보고서(Kane, G. et al., 2018)에서는 최근 4년 내 처음으로 2018년에 기업들의 디지털 성숙도가 상승했

16. Weill, P. & Woerner, S., (2015), p.28.
17. Kane, G. et al., (2018), p.3.

다고 발표했다. 또한 조직의 디지털 성숙도가 높은 기업들의 50% 이상은 계속 새로운 리더를 구하고 있다고 한다.[18] 새로운 리더는 조직의 디지털 성숙도를 높이기 위해 새로운 비전과 목표를 제시하는 한편, 종래와 다른 조직문화와 직원들의 사고방식을 요구한다. 단순히 디지털 기술 동향이나 활용 사례의 파악을 넘어서 고객에게 새로운 가치와 체험을 제공해야 하기 때문이다. 이를 위해 기업은 현재의 핵심 비즈니스를 지속해 나가면서 미래를 대비한 다양한 실험을 반복적으로 시행하고 조직 내 학습을 지속할 필요가 있다. 반복적인 실험과 학습을 토대로 조직의 디지털 성숙도를 높이고, 새로운 비즈니스를 발굴하며, 시장을 선도하여여만 궁극적으로 미래 경쟁에서 승리할 수 있기 때문이다. 조직의 디지털 성숙도 향상으로 인해 기업은 더 혁신적이 되고, 기업가정신이 충만해지며, 시장 환경 변화에 신속하게 대응할 수 있게 된다. 즉, 혁신의 선순환 구조가 정착되는 것이다.

4.2 고객 니즈에 대한 정교한 이해

두 번째 전략은 디지털 기술을 활용해 고객의 니즈를 더욱 정교하게 파악하고 이해하는 것이다. 실제 고객 니즈와 목표가 자사 비즈니스에 더욱 철저하게 반영될 수 있도록 비즈니스 모델을 새롭게 설계해야 한다. 또한 디지털 기술을 활용해 고객에게 즐거움과 행복감을 어떻게 제공할 것인지 검토해야 한다. 고객에 대한 일방적 판매가 아닌 고객의 생일이나 결혼기념일 등 생활 이벤트에서 발생하는 다양한 니즈를 충족시킬 수 있어야 한다. 고객의 니즈를 파악하려면 고객과 관련된 각종 데이터를 수집 및 분석하고, 고객과 접점을 고도화시키면서 여러 판매 채널을 동시에 관리할 필요가 있다. 이런 목적 때문에 기업은 온라인 판매 채널과 실제 판매 채널을 단절 없이 융합시킨 옴니 채널 모델(omnichannel model)을 시행하고

18. Kane, G. et al., (2018), p.3.

있다.[19]

디지털 시대의 비즈니스 모델 설계와 관련해 최근 우리에게 충격적으로 다가온 사례 중 하나가 Amazon Go이다. Amazon은 이미 온라인 채널에서 고객이 특정 상품 페이지에 머무르는 시간, 페이지 간 이동 경력, 결제 데이터 등을 수집하고 분석해 왔다. 고객 데이터가 고객을 이해하고, 고객에게 편리함을 제공하는 데 기여하기 때문이다. 이를 토대로 고객에게 흥미를 끌 수 있는 상품을 제시하고 추천하는 서비스를 시행하고 있다. 이런 서비스를 통해 고객과의 관계가 더욱 깊어지고, 고객은 Amazon을 자신의 구매 대리인으로 여기는 단계에까지 도달하게 되었다.

2018년 1월에는 시애틀에서 Amazon Go를 최초로 공개하여 기존 유통업계에 큰 충격을 주었다. Amazon Go는 "No Lines, No Checkout"를 추구한다. 즉, 고객은 자신의 스마트폰에 사용자 ID를 표시하고 입구 케이트에 자신의 스마트폰을 갖다 대면 Amazon Go 출입이 가능하다. 이때 Amazon Go의 카메라는 고객 얼굴 인증을 동시에 진행해 Amazon에 얼굴 사진이 등록되어 있다면 본인 인증이 완료된다. 이후 고객이 진열대의 상품을 가져가면 해당 상품이 고객 스마트폰에서 카트에 추가되고, 진열대에 상품을 다시 갖다 놓으면 스마트폰의 카트에서 삭제된다. 상품을 손에 들거나 가방에 넣어가지고 나오면 계산대에서 줄을 서거나 지불할 필요가 없이 자동적으로 결제된다. 이처럼 고객에게 새롭고 편리한 체험을 제공하면서 온라인상에서 고객 데이터와 실제 상점에서 얻은 고객 데이터를 결합시켜 보다 심층적으로 고객을 정확하게 이해할 수 있게 되는 것이다.

---

19. Weill, P. & Woerner, S., (2015), p.30.

4.3 비즈니스 모델의 혁신

세 번째 전략은 자사 고객에게 제공할 가치를 보다 명확하게 정의하고 고도화시킬 수 있도록 비즈니스 모델을 혁신하는 것이다. 소비자의 선택지가 다양하고 폭넓은 상품이나 서비스를 제공하는 경우 편리성, 기능성, 저가격 등의 기능적 가치를 넘어 신뢰, 안심, 감동 등의 정서적 가치 제공이 중요시된다. 더욱이 소비자가 상품 및 서비스를 통해 자기표현, 사회적 지위 향상 및 자아실현 등 더욱 고도화된 가치를 얻을 수 있다면 더 크게 만족할 것이다. 특히 고객 개인의 차별화된 니즈를 충족시키는 맞춤형 상품이나 서비스를 제공한다면 고객은 더 비싼 가격을 지불하더라도 기꺼이 구매할 것이다.

디지털 시대의 비즈니스에서 최근 가장 빠르게 성장하는 비즈니스 모델 중 하나가 공유경제형 모델이다. 과거 산업화 시대에는 일반적으로 소비자는 상품 소유를 추구해 왔다. 디지털 기술이 발달하면서 소비자는 소유보다 이용을 중시하는 추세가 확산되고 있다. 스마트폰이 보급되면서 개인이 사용하지 않는 자산을 활용해 수익을 얻는 공유경제형 비즈니스가 활성화되고 있다. 이런 자산에는 차량, 가옥과 사무실 등 물건, 개인 보유 숙련 기능과 금전 등이 포함된다. 소비자는 타인 자산을 P2P(peer to peer) 매칭을 통해 일시적으로 이용하면서 새로운 체험을 하게 된다. 한편 자신의 미사용 자산을 제공한 개인은 금전적 수입을 얻는다. 선진국에서는 자가용 차량을 보유하기보다는 승차 공유 서비스를 이용하는 사람들이 늘고 있다. 우리나라 경우는 기존 업계의 반발과 각종 규제 등으로 인해 괄목할 만한 성장을 거두지 못하고 있는 실정이다.

대표적 사례로 Uber를 들 수 있다. 이용자는 Uber 차량 이용을 위해 자신의 스마트폰의 Uber 앱에 어디서 어디로 가려고 하는지를 입력한다. 스마트폰에는 GPS 기능이 붙어 있어 이용자가 어디에 있는지를 알 수 있다. Uber는 등록된 수많은 운전자들과 차량의 위치정보를 이용해 이용자로부터 가장 가까운 곳에 있는

Uber 차량을 수배해 바로 배차한다. Uber처럼 빅데이터 분석을 통해 P2P 매칭을 신속히 진행시키는 비즈니스가 여러 업종에서 급속히 확산되고 있다. 개인이 사용하지 않는 집이나 방을 제공하는 Airbnb도 P2P 매칭 플랫폼 비즈니스이다. 그 외에 빈 사무실, 유휴 건설장비 및 농장 등도 공유서비스의 대상이 되고 있다. 클라우드 펀딩은 자금을 필요로 하는 개인 및 기업이 온라인에서 불특정 다수로부터 모금해 활용하는 공유경제형 비즈니스 모델이다. 클라우드 펀딩을 통해, 단순히 개인이나 기업이 제공하는 제품이나 서비스를 공유하는 것을 넘어, 새로운 비즈니스에 대한 꿈과 희망을 공유한다고 볼 수 있다. 디지털화의 진전으로 인간 노동 영역에서도 수요와 공급 매칭이 확산되고 있다. 다만, 공유경제형 비즈니스에서는 사용자와 공급자 사이에 네트워크 효과가 강력하게 발생한다. 이로 인해 소수 기업들에 의한 승자 독식(winner takes all) 현상이 우려되고 있다. 아울러 기존 업계에 대한 파괴가 빠르게 전개되면서 기존 업계 종사자들이 일자리를 잃을 가능성이 급속히 높아지고 있다.

공유경제의 확산에 따라 가격 모델도 급속히 개편되고 있다. 소비자의 소유를 전제로 한 판매가 위주에서 소비자 사용을 전제로 한 가격 체계로 개편되고 있다. A. Janzer(2017)에 의하면, 소비자가 상품 및 서비스를 사용한 만큼 요금을 지불하는 방식의 비즈니스 모델, 즉 subscription 비즈니스 모델이 확산되고 있다.[20] 소비자는 자신의 필요에 따라 시간 단위 또는 사용 횟수별로 요금을 지불하게 된다. 기업은 고객에게 개별화된 상품 및 서비스를 제공하기 때문에 고객별로 지불할 요금이 다를 수 있다. 고객들도 상품 및 서비스에 부과된 조건들을 자신의 상황에 맞도록 변경하면서 자신에게 유리하게 가격을 조정할 수 있다. 예를 들어 음원 다운로드 서비스의 경우, 한 달간에 다운로드 가능한 음원 수, 어떤 달에는 다운로드 가능한 음원 수까지 도달하지 못했다면 다음 달로 이월할 수 있는 권리 설정 등

---

20. Janzer, A., (2017), pp.15～16.

몇몇 조건을 사용자가 선택하여 이용 요금을 다르게 설정할 수 있다. 기업 입장에서도 자사 제품이나 서비스를 일회성으로 판매하는 것보다 고객이 자사 플랫폼을 지속적으로 활용하도록 유도하는 것이 수익에 도움이 된다고 판단하고 있다.

디지털 시대의 새로운 비즈니스 모델은 한 번의 야심적인 발상에서 나온 것이 아니다. 비즈니스 모델이 성공적으로 정착하기 위해서는 반복적인 실험이 필요하다. 새로운 비즈니스 모델은 소비자들을 대상으로 한 실증 실험을 통해 결과를 확인하고 일선 현장에 적용하여야 한다. 때문에 조직 전체의 실험 문화 육성이 중요하고 시급하다. 실험이 실패해도 원인을 규명하고, 실패 사례에서 학습하며, 관련 내용을 조직 내에 전파해야 한다. 실제 Google, Apple, Amazon 등은 고객들을 참여시켜 다양한 실험을 지속적으로 수행하고 있다. 디지털 시대의 기업은 과거처럼 경영자 경험이나 직관에 의존해서는 성공하기 어렵다. 실험 및 분석 결과를 토대로 증거를 기반으로 의사결정을 내리는 것이 매우 중요하다.[21] 한편 고객은 기업의 실험에 참여함으로써 혁신 활동 주체로 거듭나게 된다. 고객의 명시적, 또는 묵시적인 실험 참여와 고객이 제시한 코멘트나 반응이 기업의 미래 가치를 결정할 수 있다. 새로운 비즈니스를 고객과 공동 창조하기 위해 고객과 협력적이며 지속적인 관계 구축이 필요하다.

4.4 사업조직의 개편

네 번째 전략은 조직을 디지털 시대에 맞도록 변혁시키는 것이다. 현재 사업조직은 기존 주류 기술에 대응할 수 있도록 설계된 것이다. 디지털화를 선도하려면 사업조직의 개편이 불가피하다. 조직 내 부서별로 디지털 기술을 활용해 무엇이 가능할 것인지 검토할 필요가 있지만, 기존 시스템을 전제로 한 디지털 기술의

21. Weill, P. & Woerner, S., (2015), p.33.

활용에는 한계가 있다. 과거, 기술의 모듈화가 컴퓨터 산업의 급속한 발전을 이끈 것처럼, 디지털 시대에 맞는 조직의 모듈화를 통해 기업의 신속한 디지털 변혁을 지원해야 한다.[22] 예를 들어 인공지능 기술을 활용한 새로운 가치 창출에 대해 기존 비즈니스의 연장선이 아닌 새로운 관점에서 검토하기 위해 조직의 개편은 불가피하다. 결국, 디지털 기술을 현행 비즈니스에 어떻게 적용할 것인가에 대한 답변만으로 경쟁에서 승리하기 어렵다. 디지털 기술을 활용해 종래와 다른 새로운 비즈니스를 어떻게 창출할 것인가가 핵심 주제이기 때문이다.

조직 변혁과 관련해 AI, IoT 등 디지털 기술의 배치·활용과 동시에 종래 시스템의 정비를 추진해야 한다. 기존 비즈니스를 지원하던 IT 시스템을 정비하고, 디지털 조직과의 연계를 통해 자원 운용의 효율화를 추구할 필요가 있다. 또한 기업의 부서별 디지털 성숙도를 평가해 보면, 마케팅 부서는 비교적 성숙한 상태이나 특정 운영부서는 성숙한 상태가 아닐 가능성이 있다.[23] 특히 창업한 지 오래된 기업은 신규 기업에 비해 일반적으로 조직의 디지털 성숙도가 떨어질 가능성이 높다. 조직 전체의 디지털 성숙도를 향상시킬 수 있도록 최고 디지털 책임자(chief digital officer ; CDO)를 배치·활용해 조직 변혁에 본격적으로 나설 필요가 있다. 우선, 최고 디지털 책임자는 기존 사업부서를 중심으로 변혁에 착수해야 하므로 각 부서 직원들과 긴밀한 소통이 필요하다. 이 경우 직원들은 과거에 성공을 가져왔던 요인들이 장래 성공에도 관여할 것이라는 잘못된 믿음을 가질 수 있다. 이를 극복하려면 디지털 기술을 통해 시장 환경이 급변하고 있기 때문에 고객 가치 창출에서 새로운 방식이 요구된다는 점을 직원들에게 분명히 인식시켜야 한다.

조직 변혁의 대표적 사례로는 GE를 들 수 있다. 1990년대의 GE는 Six Sigma 프로세스에 충실한 것으로 유명하다. 제조 프로세스 상의 오류 발생 비율

22. Kane, G. et al., (2018), p.16.
23. Kane, G. et al., (2018), p.18.

을 0.00033%까지 감소시켜서, Six Sigma는 1990년대와 2000년대 초반에 걸쳐 동사 성공에 있어 핵심 요인이었다. 그러나 GE는 디지털 비즈니스 환경에 대응하는 데 있어, Six Sigma 프로세스는 한계가 있고, 특히 애자일(agile) 접근방식에 도움이 안 된다고 판단했다. 디지털 시장 환경의 신속한 변화 및 민첩성에 대처하기 위해 GE는 FastWorks라는 보완적 접근방식을 개발했다.[24] FastWorks는 컨설턴트 Eric Ries가 개발했던 린스타트업(Lean Startup)의 원칙을 GE의 규모와 자원에 걸맞게 변형시켜 적용한 방식이다. 기업이 계속해서 성공하려면 과거 성공 요인에 집착하지 말고 새로운 역량을 개발해 적용해야 한다. 기존 비즈니스 관점에서 효율성을 추구하기보다 새로운 가치 창출을 위해 차세대 효율성을 추구해야 한다. 기업이 성공하려면 조직의 변혁만으로는 불충분할 수 있으나 변혁조차 시도하지 않는다면 성공하기가 더욱 어려울 것이다.

4.5 직원들의 다양한 사고 장려

다섯 번째 전략은 디지털 시대의 새로운 비즈니스 발상을 위해 직원의 다양한 사고를 장려하고 여건을 조성하는 것이다. 다양한 사고를 위해서 직원의 전공 및 경험의 다양성과 함께 다르게 사고할 수 있도록 관련 직원에게 필요한 권한을 주고 위임하는 것이 중요하다.[25] 다양한 관점에서 고객을 관찰하고 고객의 니즈를 이해하며, 다양하게 준비할 필요가 있기 때문이다. 현재 직원의 배경과 경험에서 다양성이 부족하다면 전혀 다른 발상을 할 수 있는 인재를 외부나 타부서에서 충원하는 방안도 검토해야 한다. 고객에게 새로운 체험과 즐거움을 제공하려면, 고객이 다르게 접근하고, 다르게 소비하길 원한다는 것을 이해해야 한다. 리더가 과거처럼 일방적으로 직원이 따라오기를 요구하거나 일사불란한 행동을 강요한다

24. Kane, G. et al., (2018), p.7.
25. Kane, G. et al., (2018), p.15.

면 사고 및 발상의 다양성과 유연성을 확보하기 어렵다. 리더는 프로젝트 제안과 의사결정 과정에서 직원이 자율성을 확보할 수 있도록 권한을 위임할 필요가 있다. 직원들 간에도 기존 부서 경계를 넘어 아이디어를 제안하고, 공유하며, 검토할 수 있는 조직문화를 조성해야 한다.

디지털 시대에 새로운 비즈니스를 창출하는 데 필요한 사고가 디자인 사고(design thinking)이다. 디자인 사고는 스타트업에서 새로운 비즈니스를 구상하고 창출할 때만 활용하는 것이 아니다. 대기업이나 중견기업에서도 디자인 사고를 활용해 새로운 비즈니스를 구상할 수 있다. 실제 GE, IBM은 디자인 사고를 활용해 새로운 비즈니스 발굴에 적극 나서고 있다. T. Brown(2009)은 고객들에게 새로운 경험과 즐거움을 주기 위해서 고객 입장에서 문제를 바라보고 고객과 공감할 필요가 있다고 강조한다. 고객이 당면한 문제를 구체적으로 정의하고 문제 해결에 대한 새롭고 다양한 아이디어를 제시한다. 이후 아이디어를 토대로 시제품을 신속하게 제작해서 검증한다. 이 과정에서 고객으로부터 피드백을 받아서 아이디어를 빠르게 수정하고, 시제품 제작 및 검증 프로세스를 고객이 만족하는 제품이나 서비스가 창출될 때까지 지속하는 것이다.

디자인 사고와 함께 최근 자주 활용되는 신제품 및 서비스 개발 기법으로 린스타트업(Lean Startup) 방식이 있다. 소프트웨어나 시스템 개발에서 민첩한(agile) 개발방식을 원용한 것으로, 신규 창업뿐 아니라 대기업 및 중소기업에서도 널리 활용하고 있다. E. Ries(2011)는 린스타트업의 핵심으로 '제작-측정-학습' 의 반복을 통한 신속한 혁신과 시장 출시를 강조한다. 새로운 제품의 조속한 개발과 함께 품질 및 성능 향상을 빠르게 전개하기 위함이다. 우선, 고객이 원할 것 같은 최소한의 기능을 가진 제품(minimum viable product ; MVP)을 제작해 고객에게 보여주고 사용하게 하여 이들의 반응을 측정한다. 최소 기능 제품(MVP)은 일종의 비즈니스 가설로 고객들로부터 검증대상이다. 최소 기능 제품에 대한 고객들의 반응을 측정해 무엇을 개선해야 할 것인지를 밝혀내고 학습해서 최소 기능 제품의 조속한 방향전환을 시도한다. 이후 제작-측정-학습의 사이클을 반복해 시장에서 소비자가 만족할 수 있는 제품을 창출한다는 것이다. 새로운 비즈니스를 구상해 고객 만족을 이끌어내기 위해서는 디자인 사고와 같은 고객 중심의 발상이 필요하다. 아울러 제품 개발 및 품질 향상의 속도를 높이고 제품 개발 프로젝트의 성공률을 향상시키기 위해서 린스타트업 방식과 같은 민첩한 개발방식이 요구되는 것이다.

4.6 개인들의 지속적인 학습

여섯 번째 전략은 조직은 물론 개인들도 지속적으로 학습하는 것이다. 디지털 시대에 급속히 변하는 불확실한 환경에서 업무를 효율적으로 수행하려면 개인들도 자신의 스킬을 지속적으로 업데이트할 필요가 있다. 다만, 개인들의 스킬 업데이트에 대한 조직의 지원이 부족할 수 있다. 디지털적으로 성숙한 기업도 직원 업무에 필요한 스킬 개발을 더욱 지원할 필요가 있는 것으로 드러났다. 아울러 기업의 지원방식에 대해서도 직원들은 불만을 표시하고 있다. 기업이 직원에 대한 교육 훈련과 학습에 과도하게 의존하는 반면, 학습의 실행이나 경험 습득 측면을 과소평가하고 있다는 것이다.[26] 단순한 지식 전달이나 훈련을 넘어서 직원이 경험을 통해 스스로 체득하도록 유도할 필요가 있다. 나아가 직원들이 학습과 경험을 축적하면 자율적인 의사결정이 가능해진다. 궁극적으로 리더의 권한을 조직 하부에 상당히 위임하는 분산형 리더십의 기업문화가 정착할 수 있는 것이다.

26. Kane, G. et al., (2018), pp.16～17.

4.7 확장하는 생태계의 활용

일곱 번째 전략은 새롭게 확장하는 비즈니스 생태계를 효과적으로 활용하는 것이다.[27] 자사 혼자서 모든 비즈니스를 수행하는 것이 절대 불가능하지 않지만 매우 어렵다. 타사의 기술 및 플랫폼을 활용하기 위해 타사와 제휴하거나 협력한다면 자사 비즈니스의 비용 절감 및 전개 속도 면에서 큰 효과를 볼 수 있다. 예를 들면, Amazon Web Services(AWS)에 의해 신규 기업이 저비용으로 쉽게 창업해서 비즈니스를 신속하게 전개할 수 있다. AI, 빅데이터 분석 관련한 플랫폼 활용은 Amazon, Google, Apple, Microsoft 등과 협력을 통해 가능하다. 개방형 혁신이 확산되면서 자사 개발만을 고집하는 기업은 현저히 감소했다. 다만, 향후 시장 상황, 최신 기술 평가, 생태계 성장 가능성, 그리고 법적, 보안, 비용 및 품질 측면에서 신중한 검토가 요망된다.

5. 맺음말

비즈니스 세계가 급속히 디지털화되면서 업종 간 장벽이 허물어지고 새로운 비즈니스 기회가 많이 발생하고 있다. 반면, 과거 시장에서 성공했던 비즈니스도 새로 출현한 비즈니스에 의해 파괴되고 있다. 자사 비즈니스가 파괴당하는 것을 방지하려면 경영자는 디지털 시대의 경쟁 환경을 이해하고 필요한 생존 전략을 습득해야 한다. 자연의 적자생존과 관련한 Charles Darwin의 명언처럼, 살아남는 기업은 가장 강한 기업도, 가장 지능적 기업도 아니고, 변화에 가장 잘 적응한

27. Weill, P. & Woerner, S., (2015), pp.30～31.

기업일 것이다. 이런 관점에서 기업은 디지털 시대의 변화를 이해할 필요가 있고, 리더십, 조직 개편, 인재 확보는 물론 기업문화, 비즈니스 모델 및 사고방식에서 변화를 모색해야 한다.

기업은 현재 전개하고 있는 핵심 비즈니스를 개선하면서 미래 경쟁에 대비한 새로운 비즈니스를 창출하려고 고심하고 있다. 새로운 비즈니스는 종래 비즈니스보다 신속한 구상, 전개 및 고객 대응을 요구한다. 이를 위해 조직 전반의 개편, 새로운 조직문화와 사고방식이 필요하다. 아울러 조직 내 실험과 학습을 이전보다 자주 반복해 고객에게 새로운 가치, 체험과 즐거움을 제공할 수 있어야 한다. 기업은 고객의 의견을 신속히 반영하고, 고객과 새로운 가치를 공동 창조할 수 있도록 노력해야 한다. 조직의 리더십은 디지털 시대의 명확한 미래 비전과 야심적 목표를 제시해 직원을 안내하는 나침반 역할을 수행하여야 한다. 또한 직원들이 다양하게 사고할 수 있도록 여건을 조성하고 직원에게 권한을 위임해 직원 스스로가 조직을 선도해 나가는 것이 중요하다. 불확실한 미래에 도전하려면 실패에 보다 관용적이어야 한다. 조직과 직원이 조기에 저비용으로 실패를 통해 학습한다면 더 나은 미래가 열리기 때문이다.

참고문헌

Brown, T., *Change by Design : How Design Thinking Transforms Organizations and Inspires Innovation*, HarperBusines, 2009.

Correia, T., *The Fluid Consumer : Next Generation Growth and Branding in the Digital Age*, Kogan Page, 2017.

Janzer, A., *Subscription Marketing : Strategies for Nurturing Customers in a*

World of Churn, 2nd Edition, Cuesta Park Consulting, 2017.

Kane, G. et al., "Coming of Age Digitally : Learning, Leadership, and Legacy", MITSloan Management Review Research Report, summer 2018.

Ries, E., *The Lean Startup: How Today's Entrepreneurs Use Continuous Innovation to Create Radically Successful Businesses*, Currency, 2011.

Weill, P. & Woerner, S., "Thriving in an Increasingly Digital Ecosystem", *MITSloan Management Review*, Vol. 56, No. 4, pp.27～34, 2015.

______________________, "Is Your Company Ready for a Digital Future?", *MITSloan Management Review*, Vol. 59, No. 2, pp.21～25, 2018.

1. 들어가면서 : 일자리와 스타트업

2. 스타트업의 탄생과 성장

3. 스타트업 생태계(대덕)의 내생적 진화

4. 스타트업의 도약과 액셀러레이터

5. "숨은 기회" 와 오픈 이노베이션

스타트업의 탄생과 성장, 그리고 액셀러레이터

송락경(KAIST 지역협력센터장, 기술사업화)

7

〈요약〉

대덕은 우리의 미래 먹거리를 만들어낼 '배꼽(omphalos)'과 같은 국가연구개발센터로 지난 40년의 짧지 않은 역사를 갖고 있다. 여기서 창출한 연구개발 성과물들이 시장에서 꽃과 열매라는 '가치'를 창출할 수 있도록 많은 노력을 해왔다. 그중에서 지난 2005년 대덕연구개발특구의 출범을 계기로 벤처캐피털과 액셀러레이터들의 활동을 중심으로 지역 스타트업 생태계의 내생적 변화를 살펴보았다. 그리고 '숨은 기회'가 어떻게 해서 의미 있는 혁신으로 이어지는지에 대해서도 조망해 보았다. 스타트업의 탄생과 성장 과정에서 매일 겪으며 넘어서야 하는 고비들, 불확실성과 정보비대칭, 시장실패와 시스템 실패 등등 …… 온갖 난관이 교차하는 "죽음의 계곡"에서 스타트업의 적극적인 동반자 역할을 수행하는 액셀러레이터들의 중요성은 날로 높아지고 있다. 이제 우리는 이들에 대하여 남다른 애정과 관심을 가져야 할 것이다. 이들은 성공한 창업자로서 경험과 투자력으로 무장하고 '죽음의 계곡'을 넘기 위한 전투에 온몸을 불사르고 있지만, 이들 또한 '같은' 스타트업으로서 자원과 역량의 한계를 극복해야 하는 어려움을 안고 있다.

1. 들어가면서 : 일자리와 스타트업

일자리 문제가 더욱 심각해지면서 이 문제를 해결할 수 있는 중요한 대안으로 창업에 대한 논의와 움직임이 어느 때보다 활발해졌다. 1990년대 말 IMF 이후 인터넷 초기 시절 정부 주도의 벤처 육성 프로그램에 의해 잠시 주목받았으나 안타깝게도 지속 가능한 생태계로 진화하지 못한 우리의 창업 생태계가 미래의 일자리를 창출할 주축으로서 주목받게 된 이유는 무엇일까? 기술과 경제 · 사회 · 문화적 측면에서 우리 사회가 겪고 있는 다양한 변화가 우선 요인이겠으나, 국내 스타트업 생태계가 스스로 학습 · 진화 과정을 거치면서 상당한 전문역량을 축적하고 있는 점도 주요한 요인이다.

우선, 기술의 변화라는 측면에서는 소프트웨어 기반의 지식서비스와 3D 프린터로 상징되는 데스크탑형 비즈니스 모델이 보편화되면서 창업에 필요한 비용이 웹 기반 창업 붐이 한창이던 2000년대 초반에 비해서도 획기적으로 줄어든 점을 꼽을 수 있다.[1] 한편, 경제적 측면에서는 산업구조가 급격하게 변화과정을 거치면서 과거 고용시장에서 중심적 역할을 맡아오던 기업의 위상이 흔들리면서 개인들은 더욱 심화되어 가는 일자리 부족 문제를 스스로 해결해야만 하는 점을 빼놓을 수 없다. 더욱이 전반적으로 집단보다는 개개인의 취향과 권리가 강조되는 사회 · 문화적 변화가 창업에 대한 관심과 실행을 뒷받침하고 있다.

이러한 점에서 정부의 스타트업 지원정책은 일자리 창출을 최우선으로 하고 있다. 최근 창업 지원정책의 흐름을 중심으로 검토해 보면, 스타트업 창업 활성화의 목표는 "4차 산업혁명" 이라 상징되는 기술과 시장의 대변혁의 틀 안에서 새로운 기업군의 등장이 경제를 활성화하고, 새로운 성장동력을 확보하며, 나아가 양질의 일자리를 만들어내는 핵심적인 역할을 할 수 있을 것이라는 가정과 기대에 기반하고 있다. 여기서 의미하는 새로운 기업이란 이러한 변화에 대응하고 혁신에 앞장서는 소위 기술을 갖춘 스타트업 집단을 말하는 경우가 대부분이다. 그러나 스타트업의 성패도 기회와 역량의 적절한 조합에 달려 있음은 예외일 수 없다. 고객의 니즈에 기반한 사업 기회를 포착하고 이를 자신의 역량으로 실현하고 경쟁력을 갖추어야 함은 이미 수많은 스타트업의 성공과 실패 사례들이 증언하고 있다.

국내 창업 기업 현황을 살펴보면, 2013년을 기준으로 약 75만 개의 기업이 새로 태어났으며, 이듬해인 2014년까지 생존한 기업은 약 47만 개로 기업 생존율이 62.4%에 불과하다. 다시 말해 창업 1년 만에 10개 기업 중 6개 기업밖에 생존하지 못한다는 것이다. 2014년 기준 국내 창업 기업은 약 198만여 개이나 이 중

1. 한국경제신문, "스타트업 캄브리아기 맞았다(A Cambrian Moment)", 2017. 7.

대부분인 91.8%가 개인사업자로 법인, 소위 주식회사의 비중은 8.2%로 극히 저조하다. 또한 사업분야별로 살펴본 창업 기업 업종은 도매 및 소매업, 숙박 및 음식점업 등 단순 서비스업이 약 60% 이상을 차지하고 있으며, 한 회사당 평균 고용인원은 3.2명으로 일자리 창출에도 기존 기업 대비 그다지 두각을 나타내고 있지 않다.

또한 2017년 정부부처가 개최한 일자리창출 선포식에서 주요 선진국의 경우 전체 기업의 10% 이하에 속하는 고성장 기술기업이 신규 일자리의 45～74%를 창출하고 있으며, 특히 미국은 4%의 벤처기업이 60%의 신규 일자리를 창출한다는 자료를 인용해 연구성과에 기반한 실험실 일자리창출 육성계획을 발표[2]한 바 있다. 국내의 경우 5년 내 기술 스타트업의 생존율은 80% 이상으로 일반 창업 기업의 27% 대비 월등히 높은 생존율을 보이며, 혁신형 기술스타트업의 평균 고용규모는 9.5명으로 전체 스타트업의 평균 3.2명에 비해 우수한 것으로 조사된 바 있다.

그렇다면 지금이라도 창업지원 정책을 줄이고 기존 기업을 육성·지원하는 정책으로 방향을 돌려야 할까? 해당 보고서는, 일자리는 질 좋은 스타트업의 성장에서 만들어진다고 분석하고 있다. 즉, 양적인 창업 확대가 아닌 차별화된 사업모델과 지식재산권을 갖춘 질적인 창업, 차별화된 경쟁력을 보유한 스타트업을 육성해야 한다는 것이 본 연구보고서의 요지라 할 수 있겠다. 하지만 그동안 양적 평가 중심의 창업지원 정책을 반성하는 의미에서 기술 기반 스타트업과 생계형 소자본 창업을 구분하여 접근하는 것은 바람직하나 자칫 이러한 이분법적 관점이 기술 중심 스타트업에 대한 과도한 사회적 신뢰와 거품을 낳지 않을까 우려되기도 한다. 기술은 사업역량을 구성하는 한 부분에 불과하고 이 또한 고객의 절실한 수요에 기반한 사업 기회와 연결되지 않으면 안 되기 때문이다.

---

2. 과학기술정보통신부, "연구성과 기반 실험실 일자리창출 선포식(보도자료)", 2017. 9.

2. 스타트업[3]의 탄생과 성장

스타트업의 탄생부터 이후 성장하는 모습을 설명할 때 그들이 겪는 고난과 역경을 실감나게 하는 표현으로서 죽음의 계곡(Death valley)과 다윈의 바다(Darwinian sea)[4]를 자주 언급하게 된다. '죽음의 계곡'은 사업 초기 단계에서 부족한 자원과 역량, 모호한 기회, 불확실한 예측 등이 동기화되면서 본격적으로 자금이 필요한 시기에 겪게 되는 절대적 자금부족 상황을 의미한다. '다윈의 바다'는 신제품 개발에 성공하여 본격적으로 시장에 진입하더라도 시장에서 다른 제품과 경쟁하며 이익을 내기가 매우 어려운 상황을 이르는 말이다.

여기에 기술이 스타트업의 핵심 경쟁력을 좌우하는 요소로 부상되면서 기술이 갖는 고유한 특성과 개발의 불확실성으로 인하여 어려움은 더욱 증폭될 수밖에 없다. 기술의 진화 발전 속도가 빨라지고, 다양한 영역의 기술과 연계, 융복합해야 할 필요성이 증가하면서 기술사업화를 수행하는 과정은 어느 때보다 더욱 복잡 · 고도화되고 있으며, 이로 인하여 예상하기 어려운 변동성이 커지고 있다.

기술사업화란 기술을 이용하여 제품이나 서비스를 개발 · 생산하여 판매를 하거나 그 과정의 관련 기술을 향상시키는 것으로 요약[5]할 수 있다. 기술은 기초-원천-응용-양산 단계로 이어지면서 실험실에서 시장에 이르기까지 단계적 완성도를 높여가며 기술이전이나 창업의 사업화 경로를 밟게 된다. 즉, 기술의 타당성을 단계적으로 검증하며 사업적 가치를 제고해 가는 작업을 연속적으로 이어가는

---

3. 이 글에서 스타트업은 기술에 기반하여 창업(technology startup)한 벤처기업으로, 일반 도소매업이나 서비스업과 구분하여 혁신적인 기술을 응용하여 새로운 시장을 창조함으로써 부가가치가 큰 제품이나 서비스를 생산 · 판매하는 형태의 스타트업을 의미한다.
4. "죽음의 계곡"은 생명체를 거의 찾아볼 수 없는 미국 네바다주의 황량한 사막을, "다윈의 바다"는 악어와 해파리 떼가 가득해 일반인의 접근이 어려운 호주 북부 해변을 상징하는 표현이다.
5. 최문기, 전북특구 육성자문단 포럼, 2018. 9.

과정이므로, 어느 한 단계의 개발과정에서 축적된 정보는 다음 단계로 이전, 진행 여부를 판단하기 위하여 매우 중요한 근거가 된다. 이 과정은 대상 기술의 사업화 검증 단계에 따라 기술개발, 고객개발, 사업개발의 3단계로 이루어진다. 기술개발 단계에서는 실험실 환경에서 개발된 핵심적 기술요소들이 이후 실제로 응용이 가능한지 여부를 판단하는 개념 검증(proof-of-concept) 작업이 이루어지며, 고객개발 단계는 유사한 사용 환경에서 실용화 가능성을 검증하는 과정으로서 핵심 기술요소를 중심으로 구성한 제품과 서비스의 주요 제원(spec)과 핵심 성능이 시장과 고객의 요구와 얼마나 일치할 수 있는지를 점검해 보는 작업이 필요하다. 다음으로 사업개발은 타겟 고객을 대상으로 수익과 비용 구조의 선순환을 유지하면서 비즈니스 모델을 전략적으로 실행해 가는 과정이라 할 수 있다.

최근 기술이 첨단화되면서 기술성, 사업성에 대하여 분석 · 평가할 수 있는 능력과 경험이 절대 부족한 것이 우리의 현실이다. 더욱이 기업의 전체 가치 중에서 브랜드와 인력, 고객관계, 조직 등 무형자산의 비중이 높아지고 있다.[6] 그리고 특정한 비즈니스와 프로젝트에 특화된 기술이나 장비가 많아지면서 프로젝트가 중간에 중단되었을 때 회수할 수 있는 기대가치는 가파르게 떨어지게 된다. 즉, 타인에게 이전할 수 있는 가능성이 낮은 반면, 매몰비용이 높기 때문에 미래 가치 평가에 대한 불신을 증폭시키고 있으며, 과거 하드웨어가 주된 역할을 하였던 바에 비해 기술사업화의 성과를 정확히 측정 · 평가하기가 어려워졌다. 역설적으로 데스크탑형 스마트 기술의 확산과 소프트웨어, 컨텐츠 등 무형자산이 경쟁력의 핵심으로 자리 잡으면서 앞서 언급한 바와 같이 사업화나 창업을 위한 기회는 크게 증가하고 진입비용은 크게 감소되었지만, 그 성공 확률과 기대값을 예측하기가 어려워지고 있으며 기업의 재무적 제약이 높아지고 있다.

아울러 연구개발이나 신규 사업화를 수행하거나 스타트업을 준비하는 조직

6. 미래인프라연구소, "무형자산 비중이 높은 기업의 자금조달 특징", 2018.

의 내부와 외부의 이해관계자 사이에는 서로 믿고 공유할 수 있는 정보의 양적, 그리고 질적 측면에서 상당한 차이(gap)를 보이는 소위 정보비대칭(information asymmetry) 현상이 심화되면서 외부인의 입장에서 해당 프로젝트에 대한 투자 의사결정에 따르는 위험부담은 가중된다.

외부의 투자자들은 스타트업이 제시하는 사업화 역량(competence)과 시장 기회(opportunity)에 대하여 검증할 수 있는 충분한 정보에 접근할 수 없다. 역량을 세분화하면 전문기술과 영역지식으로 나눌 수 있고, 다시 전문기술은 자신의 아이디어를 제품화하는 구현 기술과 다른 경쟁자와 차별화할 수 있는 혁신적 핵심 기술로 나누어 볼 수 있다. 영역지식 또한 기존에 존재하는 시장과 새로이 도전할 사업영역에 대한 경험과 네트워크, 통찰력을 필요로 한다. 문제는 스타트업도 자신의 잠재 역량과 가능한 틈새시장 기회를 파악하지 못하고 있는 경우가 많다는 것이다. 특히 특정 기술에 기반하여 설립한 스타트업의 경우 가능한 틈새시장(niche market)을 정의하고 접근 · 포착하는 구체적 실행 전략과 방법을 충분히 숙지하지 못한 채 창업전선에 뛰어드는 경우가 많다.

결과적으로 이러한 정보비대칭 현상은 기술사업화를 추진하는 조직이나 스타트업들에게 필요한 자금을 제때에 조달하기 위하여 지불해야 하는 위험비용의 증가를 야기하면서 재무적 선택의 폭을 제한하게 된다. 반면 투자자들은 상대적으로 리스크가 적은 아이템에 대한 투자를 선호하는바 결과적으로 위험이 큰 연구성과나 기술의 사업화 프로젝트에 대한 투자를 기피하는 역선택(reverse selection)의 문제를 낳는다. 아쉽게도 혁신에 투입되어야 할 필요 자원이 시장 자율기능이 과도하게 작동하는 영향을 받아 원래의 취지와 다른 곳에 투입됨으로써 오히려 정상적인 시장기능을 왜곡시키는 소위 시장실패의 문제를 야기하게 된다. 즉, 시장실패는 정부가 총량적으로는 충분한 자원과 기회를 갖춘 사업화 환경을 조성하였음에도 불구하고 여기에 개입하는 각 행정부처 및 지원기관 간 이해 충돌, 단기적 성과 지향, 사업화에 대한 통합적 인식 부족 등으로 자원과 역량이 파편화되는 현상을 일컫는다.

이러한 정보비대칭과 불확실성으로 가득한 혁신의 틈새(gap)를 정책적 관점과 사업의 관점에서 볼 필요가 있다. 우선 다수의 공공적 편익을 추구하는 정책적 관점에서는 정부 주도 하에 필요한 자원과 수단을 집중 투입함으로써 기술사업화나 스타트업 생태계가 전체적으로 안전하게 진화할 수 있도록 어떻게든 위험을 최소화하고 불확실성을 해소시켜야 할 영역으로 인식할 수 있다. 반면 자신만의 차별화된 역량과 숨은 기회를 발굴 · 조합하여 수익을 추구하는 비즈니스 관점에서는 높은 위험을 감수하고 도전할 만한 매우 다이나믹한 가치창출의 영역으로 인식할 수도 있다.

대덕의 액셀러레이터로 유명한 블루포인트파트너스의 이용관 대표[7]는 자신의 창업기를 회고하면서 "선배들의 가이드나 조력은 커녕 마땅한 경영서적 한 권도 구할 수 없었던 시절에 시작한 창업은 시행착오의 연속이었다. 설립 후 8년 만에야 벤처캐피털로부터 긍정적 반응이 있었다. 창업 초기에 겪었던 시간의 절반은 별 의미 없는 시간이었다"고 안타까워했다. 그는 지난 바이오 및 메디컬, 센서, 가상현실 및 증강현실, 로봇과 드론, 첨단소재 등 30여 개 첨단기술 기반 스타트업을 발굴 · 육성하면서 투자한 창업팀들이, 특히 연구원이나 기술자가 중심인 경우 창업 초기에 흔히 겪게 되는 기술-시장적합성 검증에 소요되는 시행착오와 기회비용을 최대한 줄일 수 있도록 단순 투자자의 역할을 넘어 적극적인 비즈니스 파트너로서 임무를 수행하고 있다. "핵심 기술이 있어도 이를 다양한 고도의 기술과 융합시키고 또 자본과 인력을 투입시켜야 사업체 하나가 성공할까 말까 하는 상황을 너무 잘 알고 있기 때문에 혁신성이 뛰어난 기술을 직접 발굴해 창업자와 함께 사업 모델을 만들고, 투자하는 밀착 지원활동을 펼치게 됐다"고 덧붙였다.

7. 이용관, "스타트업의 든든한 지원군, 블루포인트파트너스", https://startup.kaist.ac.kr/interview

3. 스타트업 생태계(대덕)의 내생적 진화

최근 서울 소재 대학의 한 외국인 교수는 신문에 기고[8]한 "왜 글로벌 벤처캐피털들은 대덕을 외면하나?" 라는 제목의 글에서, 향후 우리나라의 미래 성장동력을 이끌 주요한 발원지로 대덕을 꼽으면서도 외부의 투자자 그룹의 관심과 주목을 받지 못하는 점에 대하여 안타까워했다. 실리콘밸리는 스탠포드대학과 스탠포드발 스타트업들이 중심 역할을 하고 있으나, 그들은 철저히 자율적 시장경쟁이라는 대원칙 하에서 움직이고 있으며, 여전히 전 세계 스타트업의 성지로서 리더십을 발휘하고 있다. 그러나 출범한 지 곧 50년이 되어가는 대덕은 외부에서 기대하는 만큼 국가대표급 스타트업 클러스터로서 위상을 갖추고 있는지 의문이 든다.

그렇다면 세계적인 이노베이션 클러스터로 꼽는 대덕연구개발특구(이하 "대덕" 이라 함)[9]의 기술사업화 과정에서 이러한 문제는 없는지, 있다면 이 문제를 어떻게 극복하려 노력하고 있는지에 대하여 최근의 변화를 중심으로 살펴볼 필요가 있다. 2000년대 초반부터 정부출연연구소와 대학들이 개발 · 보유하고 있는 공공기술을 사업화해야 한다는 국가적 명제가 당시 벤처 창업을 활성화하여 새로운 성장동력을 창출하고 일자리를 확대하자는 사회적 요구와 동기화되면서 기술사업화는 주로 기술의 공급자 측면에서 속도가 붙기 시작하였다. 하지만 구슬이 서 말이라도 꿰어야 보배라는 속담은 대덕의 뼈아픈 현실을 잘 설명하고 있다. 그렇지만 기술을 사업화하는 과정에서 연구실 울타리 안에서 빛을 보지 못하고 갇혀 있던 첨단기술들이 산업계에 보급 · 확산되어 산업구조를 첨단 고도화하고 향후 고용시장의 원천으로서 새로운 혁신의 모멘텀으로 작동할 수 있다는 기대는 여전

---

8. Danis S. Servantes, "왜 글로벌 VC는 대덕테크노밸리를 외면하는가", 시사뉴스(2017. 11. 20) http://www.sisa-news.com/news/article.html?no=110481
9. 연구개발특구진흥재단으로 조직 및 명칭 변경(2012.7), https://www.innopolis.or.kr/

히 유효하다.

대덕에서 활동 중인 스타트업의 특징을 요약하면, 대부분 단위형 요소기술에 기반하고 있다는 것이다. 핵심 기술을 중심으로 다양한 기술요소들이 유기적으로 투입됨으로써 부품과 모듈을 구성하고 다시 시스템으로 통합되면서 고객에 대한 서비스로 이어지는 단계적인 개발과정을 거친다. 여러 기관들이 시행하는 기술이전 프로그램이 마땅한 실적을 내기가 여의치 않은 상당한 이유가 여기에 있다. 산업계 수요에 기반하여 대상 기술을 발굴하여 사업화를 추진하기보다는 이미 개발한 기술에 중심을 두고 사업화를 추진함으로써 그 위상에 걸맞는 사업화 성공률이 기대만큼 높지 않다는 점은 불편한 사실이다. 사업화의 주체인 기업이 필요한 기술은 학문적 관점에서 분류 · 개발된 기술보다는 여러 요소들이 동시에 고려되어야 하는 영역의 기술이기 때문이다.

특정한 기술적 애로를 해결하기 위한 기술이전과 통합형 사업화를 목적으로 추진하는 기술이전은 성격과 접근방식에서 차이가 있기 때문에 분명히 구분되어 다루어져야 한다. 기술과 시장, 비즈니스의 삼각 축을 효율적 · 효과적으로 연계 · 통합할 수 있는 전문적인 사업주체의 활동이 취약했기 때문인 것도 상당한 이유가 될 수 있다. 또한 연구실에서 개발한 단위 기술에 기반한 사업아이템 또는 스타트업만으로는 빠르게 변화하는 시장 환경과 다양한 수요자 요구에 효과적으로 대응하는 데 한계가 있다. 특히 사업화 초기에 필요한 자금조달, 경영관리, 마케팅, 생산, 구매 등 다방면의 인력 확보, 후속 사업화 기술개발 등 성장 단계로 진입하는 데 필수적인 사업 역량과 자원을 확보하기에 큰 어려움이 있다.

선진 클러스터들에서는 기술사업화 전 과정이 하나의 연속적 유기체인 혁신사슬(innovation continuum)을 이루어 단계별로 사업적 완성도를 높여가며 진행되고 있다. 전 KAIST 총장을 역임한 서남표 박사[10]는 "한쪽 단계에서는 대학도

10. 서남표, "미국의 부활 1편 : 첨단산업의 리더", 2016 KBS 특별기획, 2016. 1.

있고 연구기관도 있어야 하겠지만, 마지막 단계에서는 생산시설이 있어야 하고, 그 중간에는 투자회사 같은 기관도 필요하죠. 이러한 사슬이 학교뿐만 아니라 그 전체가 있어야 첨단산업이 형성된다"고 언급하고 있다. 하지만 대덕에는 이러한 혁신의 사슬장치가 없거나, 있더라도 제대로 작동하지 않기 때문에 곳곳의 단계마다 심각한 단절 현상을 보이고 있다.[11]

KAIST를 비롯한 대학의 기초 연구에서 대학과 출연연의 연구실은 개념 검증(proof-of-concept ; POC)을 마친 후 사업화 전단계에 필요한 시작품 개발을 위한 자금지원을 확보해야 하며, 향후 사업화에 대한 구상을 구체화할 수 있는 전문 사업화 기관과 연계 · 협력이 필요하다. 또한 기술의 사업화 가능성이 확인된 경우 본격 양산화 기술, 즉 생산과 품질 관리, 사후 서비스(A/S) 체계 등 그들의 연구개발(R&D) 역량과는 다른 차원의 기술이 필요하다.

그리고 연구실에서 개발한 기술을 기반으로 창업한 스타트업이 지속 성장을 이루려면 기술자 이외에도 대규모의 투자 유치와 국내는 물론 글로벌 시장에서 마케팅 활동을 전개할 수 있는 경쟁력을 갖춘 비즈니스 전문가의 동반이 필요하다. 그러나 신뢰 가능한 검증된 인력과 연결될 수 있는 기회는 매우 제한적이다. 연구원 창업자의 경우 비즈니스에 대한 전반적 이해와 경험이 부족하기 때문에 자신이 직접 개발한 기술에 대한 확신과 사업화에 대한 의욕만으로 충분한 준비와 사전 검증 없이 창업붐에 편승하여 스타트업에 뛰어든 경우가 많다. 스타트업이 실패하는 가장 주요한 요인이 결국 스타트업의 제품이나 서비스를 구매할 고객을 만나지 못했기 때문이라면, 이는 기술개발 역량이 부족하다는 측면 외에도 사업화 전략의 방향을 잘못 전개하였기 때문이라 하겠다.

더구나 비즈니스 모델의 관점에서 보면, 이들 대부분의 기술이 일반 소비자를 대상(B2C)으로 한 완제품이나 서비스라기보다는 대기업이나 공공기관을 대상

11. 이재규, 창조사슬의 융합자 모델 포럼, 2015. 11.

(B2B)으로 하는 중간 부품과 모듈, 관련 기술 등이기 때문에 초기 단계부터 실제 사용자 환경에서 개발한 기술의 사업성을 테스트해 가며 검증할 기회를 확보하기가 매우 어렵다. 설령 기회가 주어진다 하더라도 시간이 오래 걸리고, 비용이 많이 드는 문제는 여전히 심각하다. 또한 대덕의 출연연과 대학의 연구실에서 다루는 기술의 특성상 기업 현장과 긴밀하게 소통하면서 개발과정을 상호 공유하여야 하기보다는 연구원 자신의 전공 기술을 토대로 전개하는 경우가 많다. 그렇기 때문에 스타트업을 준비하는 제3자에게 기술이전을 해서 사업화하기보다는 연구원 자신이 기술 사업화를 하기 위하여 직접 스타트업에 몸담아야 하는 어려움이 있다.

세계적으로 성공한 혁신 클러스터들, 즉, 미국의 실리콘밸리와 뉴욕이나 오스틴 등을 비롯 중국의 심천특구와 중관촌, 싱가포르, 영국 런던 등은 전통적으로 주변에 풍부한 산업 및 인력 기반을 갖추고 있다. 무엇보다도 다양한 유형의 엔젤투자자, 액셀러레이터, 벤처캐피털 등이 스타트업에 대한 투자활동을 끊임없이 주도하면서 유망 아이디어의 최초 발굴과 검증, 기술이전과 스타트업 창업이 유기적이고 연속적인 흐름을 유지하면서 발전을 거듭하고 있다. 이에 더하여 대기업과 다국적기업은 물론 스타트업들 간에도 매우 활발한 인수합병(M&A)이 이루어지고 있다.

그러나 아쉽게도 대덕에서는 혁신의 고리 역할을 할 다양한 그룹의 투자자나 인수합병을 주도할 주체들의 현황이 부진한 것으로 평가되고 있다.[12] [표 7-1]에서 보는 바와 같이 대덕연구단지가 위치한 대전 지역에 대한 벤처캐피털 투자현황을 살펴보면, 2011년 이전까지 전국 대비 대전의 벤처캐피털 투자 비중은 3%에 불과하였다. 국가 전체 R&D 예산의 30% 이상이 이 지역에 투입된다는 점을 생각한다면 이 3%의 수치는 초라하였다.

12. 김상태, "샌디에고와 대덕 비교해 보니 ……", 대덕넷(www.hellodd.com), 2014. 8.

표 7-1 대전지역에 대한 벤처캐피털 투자 비중 변화

구분	2005~2011		2012		2013		2014		2015		2016		2017. 9	
	업체 수	금액	업체 수	금액	업체 수	금액	업체 수	금액	업체 수	금액	업체 수	금액	업체 수	금액
대전	149	1,942	22	501	26	639	34	1,048	39	583	61	1,633	37	963
		(3.0)		(4.1)		(4.6)		(6.4)		(2.8)		(7.6)		(5.7)
합계	4,060	64,259	688	12,333	755	13,845	901	16,393	1,045	20,858	1,191	21,503	920	17,006

출처 : www.diva.kvca.or.kr, 여러 자료를 조합.

하지만 위와 같은 우려에도 불구하고 2012년 이후 이 지역의 스타트업에 대한 벤처캐피털 투자는 해를 거듭하면서 꾸준히 증가하여 2016년 말 기준으로 7.6%까지 상승하였다.[13] 그 사이 국내의 전체 벤처캐피털 투자규모가 2배 이상 늘어나기도 하였지만 서울, 경기 등 수도권에 투입되는 벤처캐피털 투자활동 비중이 전국의 80%대를 점유하고 있는 현실에서 대전지역에 대한 벤처캐피털 투자는 금액 기준으로 전국 평균증가율 이상으로 증가폭을 늘리고 있다. 이는 연구개발특구 사업이 부분적으로 성과를 보이기 시작한 때문으로 생각된다.

이노베이션 생태계의 관점에서 대덕이 긍정적으로 변화한 요인으로 정부의 정책을 비롯하여 여러 가지를 들 수 있겠으나 벤처캐피털의 투자활동이 강화된 것이 주요한 요인이 아닌가 생각된다. 스타트업 생태계의 실체를 직접적으로 나타내는 지표 중 하나가 바로 벤처캐피털의 투자활동이라고 할 수 있다. 2006년 9월 조성한 대덕특구 1호 투자펀드가 성공적인 운용 실적을 내면서 2호, 3호 펀드가 계속 조성되었다. 이 펀드는 800억원 규모로 출범하였으며, 총 27개 투자기업 중 9개 기업이 코스닥에 상장하였고 수익률(수시납 기준 환산)은 17.4%를 기록하는 성공을 거두었다.[14] 또한 이 펀드 이후 대덕의 스타트업 생태계는 연구개발비

13. 전국 대비 대전에 대한 벤처캐피털 투자 비중(출처 : www.diva.kvca.or.kr, 여러 자료를 조합).
14. 이상진, "800억 대덕펀드, 8년 만에 1,284억원 분배하며 청산(http://news1.kr/articles/?2003510)", 2014. 12.

7조원 내외, 엔젤투자자 270명, 창업보육센터 14개, 벤처캐피털 투자금액 1,600억원 등의 성과를 올리고 있다.[15]

이 펀드가 대전 지역의 기술사업화 단계의 초기 스타트업을 대상으로 한다는 점에서 거의 모든 관계자들이 성공 가능성에 대하여 의문을 가졌음에도 불구하고 성공할 수 있었던 요인은 무엇일까. 그 이유 중 단 하나를 꼽자면 대덕이라는 현장으로 끊임없이 찾아들어가 스타트업은 물론 다양한 구성원들과 교류하며 네트워크를 유지하였던 파트너들의 피땀어린 노력의 결실이라고 답할 수 있다. 이 펀드의 운영자(GP)는 벤처캐피털 투자분야에서 오랜 경력을 가진 다섯 명의 파트너로 구성된 유한회사(LLC)형 대덕이노폴리스파트너스(대표 박동원)이다.

대덕연구단지의 벤처캐피털 파트너 선정 당시 무엇보다 중요하게 생각했던 선정기준은 그들의 전문성과 오랜 경력도 중요했지만 대덕이라는 현장에 얼마나 깊이 있게 밀착할 수 있는지 여부였다. 대덕 인근 골목 어귀에 위치한 사무실에서 밤늦도록 지역의 스타트업들에 대하여 조사 · 분석하면서 언제든 수시로 현장을 찾아 상담할 수 있고, 최고의 스타트업 성장 전략을 같이 궁리할 수 있는 "가까운 이웃" 으로서 벤처캐피털이 오기를 모두가 바랐다. 박대표는 언론과 인터뷰 때마다 "투자할 기업을 심사할 때 가장 중요하게 고려하는 부분은 사람이다. 회사의 최고경영자(CEO)를 포함한 임직원들이 기업가정신을 갖고 있는지, 자기 사업에 대해 얼마만큼 긍지를 갖고 있는지가 투자 여부를 가늠하는 중요 잣대가 된다" 는 점을 강조하였고, 현장과 밀착하며 이를 실천하기에 노력을 아끼지 않았다.[16]

이전에도 대덕을 찾는 벤처캐피털이 적지 않았음에도 불구하고 지역의 스타트업들이 늘 아쉬워했던 것은 벤처캐피털들과 깊이 있는 교류와 상호 이해가 부족하다는 점이었다. 그들은 당장 투자할 수 있을 만큼 잘 차려진 밥상을 찾았으나, 지역에서 진정 필요로 한 것은 훌륭한 식재료를 가지고 최고의 미래 밥상을

15. 최종인, "대전 벤처활성화하려면 ……", 대전세종충남 지역경제포럼, 2017. 12.
16. 박동원, "100일간 150개 벤처 만나보니……", 대덕넷, 2007. 3.

함께 준비할 수 있는 믿을 수 있는 투자자였다. 또한 지역에 기반을 두고 수도권과 동시에 네트워킹을 유지하면서 현장 중심으로 투자업무를 밀착 수행할 수 있는 투자자였다.

이 밖에도 여러 가지 다른 성공요인을 들 수 있겠으나, 무엇보다도 현지에 상주하며 투자기업을 발굴하고 기업 가치를 증대시키는 밸류업 프로세스를 실행한 것이 펀드를 성공시킨 핵심 요인이었다. 수도권을 포함하여 다른 지역에서도 이러한 벤처캐피털의 활동이 없었던 것은 아니겠지만, 이 부분을 강조하는 이유는 벤처캐피털에게는 황무지와 다름없었던 대덕의 스타트업 생태계가 위 1호 펀드의 성공을 계기로 다양한 모습으로 변화하며 다음에 나타난 몇 가지 현상에서 보듯이 선순환 단계로 진화할 것이라는 가능성을 나타내고 있기 때문이다.

첫 번째로 기업 공개(KOSDAQ)나 인수합병을 통한 매각으로 성공한 창업가들이 연쇄창업가(serial entrepreneurs)[17]로 나서고 있다는 점을 들 수 있다. 대표적인 연쇄창업가를 꼽자면 이미지앤머티어리얼즈 설립자인 김철환 대표, 플라즈마트 설립자인 이용관 대표, 그리고 세계적 인공위성 스타트업 쎄트렉아이의 설립자 박성동 의장을 꼽을 수 있다. 이들 모두 카이스트에서 화학, 물리학, 항공우주를 전공한 박사(PhD)들로 대덕이라는 생태계 안에서 연구원으로서, 스타트업 현장의 주인공으로서 활동을 하였으며, 앞서 언급한 대덕특구 1호 펀드의 투자를 유치한 것도 본격적으로 성장할 수 있는 한 계기가 되었다는 공통점을 갖고 있다.

김철환 이사장[18]은 현재 카이트청년창업가재단을 설립하여 후배 청년 창업가들을 위한 엔젤투자자로 변신하여 활동하고 있고, 이용관 대표는 블루포인트파트너스를 설립하여 대덕의 대표적인 딥테크놀로지 액셀러레이터로 입지를 다져가고 있으며, 박성동 의장[19]은 경영일선에서 물러나 창업가들을 위한 멘토 역할뿐

17. 전자신문, "카이트창업가재단, 블루포인트파트너스, 창업생태계 불지핀다", 2015. 5. 25.
18. 김철환, "카이트청년창업가재단, 후배 기업인 후원 앞장설 것", KAIST 공식 블로그, 2013. 11. 5
19. 박성동, "박성동, 창업아이콘 두 남자, 창업가정신을 말하다", 대덕넷, 2014. 2. 3.

만 아니라 인공지능 분야 스타트업에 새로이 도전을 준비하고 있다. 그들의 창업 도전기를 기억하고 있는 대덕을 떠나지 않고 스타트업 생태계의 한 축을 이루며 기업가적 활동을 계속하고 있는 세 명의 성공한 창업가들은 대덕이 스타트업은 물론 엔젤투자자, 액셀러레이터, 그리고 벤처캐피털들이 어떻게 네트워킹을 활성화할 수 있을지에 대한 분명하고 훌륭한 롤모델을 제시하고 있다.

두 번째로는 1호 펀드가 성공한 것으로 평가를 받으면서 이후 계속해서 다양한 투자자 그룹이 등장하고 있다는 점으로, 우선 연구개발특구가 주관하는 투자펀드가 추가로 연이어 조성되고 있다. 2호 펀드는 2012년 대성창업투자-스마일게이트인베스트먼트가 공동(Co-GP)으로 1,350억원 규모로 조성하여 운용 중에 있고, 세 번째 펀드는 2017년 초 이노폴리스파트너스가 결성총액 501억원으로 조성하여 운용을 시작하였으며, 이어서 일자리 창출을 목적으로 한 700억원 규모의 특구투자펀드가 2018년 8월부터 본격 투자활동을 개시하였다. 또한 비슷한 시기에 에이티넘인베스트먼트가 4차 산업혁명을 주제로 하여 총 3,200억원 규모의 투자펀드 조성을 마쳤다.[20]

물론 연구개발특구가 대전만이 아니라 부산, 대구, 광주에 이어 전북 지역까지 확대되었기 때문에 2호 펀드 이후 조성된 금액 중 일부만이 대전 지역의 벤처기업에 투입되겠지만 대덕에서 비롯된 초기 스타트업에 특화된 투자펀드의 조성이 계속 이어지고 있는 점은 매우 고무적이라 할 수 있다. 여기에는 대덕특구 1호 펀드의 운용사였던 이노폴리스파트너스의 핵심 파트너들이 각각 독립하여 새로운 투자회사를 설립하는 데 주도적 역할을 하고 있는 점을 빠뜨릴 수 없을 것이다.

세 번째로는 공공기술의 사업화를 보다 전문적으로 투자 · 지원하는 기술지주회사들이 출범한 것을 꼽을 수 있다. 에트리홀딩스(대표 조병식)는 한국전자통신연구원(ETRI)이 100% 출자하여 2010년 설립[21]하였으며, 한국과학기술지주(대

20. 에이티넘인베스트, "3,207억 규모 투자조합 결성", 서울경제, 2017. 12. 28.

21. 대덕넷, "ETRI기술지주회사, 본격 가동, 연구소 보유기술 사업화 촉진 기대", 2010. 6.

표 강훈)는 출연(연)이 보유하고 있는 우수 기술의 사업화를 촉진하기 위하여 한국원자력연구원 등 17개 출연(연)이 공동으로 출자하여 2013년 설립하였다.[22] 이 기술지주회사의 초대 CEO인 조남훈 대표는 대덕특구 1호 펀드의 운용사인 대덕이노폴리스파트너스의 핵심 파트너로, 또한 지역의 토착 벤처캐피털인 대덕인베스트먼트의 핵심 설립멤버로 활동한 바 있다. 그리고 미래과학기술지주(대표 김판건)는 카이스트를 비롯 대구경북과학기술원(DGIST), 광주과학기술원(GIST), 울산과학기술원(UNIST) 등 4개 과학기술 특성화 대학이 보유한 기술의 사업화를 추진하기 위하여 2013년 공동으로 출자 · 설립하여 투자활동을 이어가고 있다.[23]

네 번째는 지역 기반의 벤처캐피털 회사가 등장하기 시작한 점이다. 대덕인베스트먼트(대표 정권운)는 대덕에 소재한 기술집약형 벤처기업에 집중 투자할 목적으로 대전시와 지역의 대표적 벤처기업인들이 공동으로 출자하여 2011년 설립[24] 하였다. 그리고 대덕벤처파트너스(대표 이석훈)는 당초 액셀러레이터형 마이크로 벤처캐피털로 2014년 출발하여 현재 500억원 가까운 규모의 펀드를 조성 · 운용하는 벤처캐피털로 성장하고 있으며,[25] 특히 이 대표 역시 조남훈 대표와 마찬가지로 대덕이노폴리스파트너스의 핵심 파트너로 활동하면서 1호 펀드의 성공에 많은 기여를 한 바 있다.

다섯 번째는 엔젤투자그룹과 액셀러레이터들이 본격 활동을 하기 시작한 점을 꼽을 수 있다. 2017년 현재 총 270여 명의 엔젤투자자가 등록되어 있는데, 그중 대표적인 곳으로 카이트엔젤클럽(대표 한대근)을 들 수 있다. 이 클럽은 카이트창업가재단, 블루포인트파트너스와 공동으로 활동하고 있으며, 지역의 벤처기업가, 변호사, 회계사 및 연구원 등으로 구성되어 있는데, 특히 앞서 언급한

---

22. 동아.com, "미래 창조할 과학기술지주 도입 2년, 창업생태계 구축에 꾸준한 지원을", 2015. 10.
23. 상동
24. 대덕넷, "대덕 벤처기업 집중투자, '대덕인베스트먼트 설립'", 2011. 5.
25. 이석훈, "대덕벤처파트너스, '대전 4차 산업혁명 펀드 및 글로벌 진출 펀드' 결성", 전자신문, 2017. 12.

김철환, 이용관, 박성동 등 세 분의 연쇄창업가가 모두 참여하고 있는 점이 특징 중 하나이다. 액셀러레이터도 위에 말한 블루포인트파트너스와 카이트창업가재단을 비롯하여 로우파트너스, SID인베스트먼트 등 10여 개 액셀러레이터들이 활동 중이다.

여섯 번째는 다양한 형태의 투자설명회(IR) 모임이 이루어지기 시작한 것이다. 도룡벤처포럼(대표 김채광)은 대덕 내 창업 환경을 구성원 스스로 진화 · 발전시키는 것을 목적으로 2013년 창립 후 매월 1회 개최하고 있다.[26] 대전창업포럼(대표 임종태)은 스타트업들이 경험한 성공과 실패 사례를 공유하고 신생 스타트업들을 위한 투자 기회의 장을 제공하기 위하여 대전창조경제혁신센터와 지역의 엔젤투자그룹, 액셀러레이터, 벤처캐피털 등이 함께 운영하는 모임으로, 특히 이 포럼은 SK그룹의 사업과 전략적인 연계 가능성이 커서 지역의 기술 중심형 스타트업들이 많은 관심을 갖고 참여하고 있다.

K벤처포럼(대표 강택수)은 수도권의 유명 벤처캐피털 펀드운영책임자(파트너)를 초청하여 지역의 벤처기업들에게 벤처캐피털 투자에 대한 상호 이해의 폭을 넓히고 필요한 투자유치를 지원하기 위하여 KAIST(지역협력센터)[27]와 공동으로 2006년부터 시작한 프로그램이다.[28] 지역 벤처기업의 혁신과 성장에 필요한 투자 중심의 금융 생태계를 조성하여 활성화를 선도한다는 비전을 가지고 매년 2～4회씩 개최해 현재 총 43차에 이르기까지 계속 활동을 유지하고 있다. 그간 20여 개 벤처기업에 총 700여 억원의 벤처캐피털 투자금을 직간접적으로 연계하여 유치될 수 있도록 지원한 실적을 이룬 바 있다.

이 포럼의 특징은 대덕 지역의 "숨은" 기술 기반 스타트업에 대하여 외부의 벤처캐피털들에게 실체를 보다 깊이 있게 파악할 수 있도록 꾸준하고 체계적으로

---

26. 대덕넷, "'우리도 창업꿈나무' 벤처포럼 이색참가자들 눈길", 2013. 5. 15.

27. 중도일보, "지역 경쟁력 강화 위해 대전시와 대학과 협력, 상생", 2018. 6. 22.

28. 강택수, "1만 시간의 법칙, 대덕 성공신화 터진다", 대덕넷, 2014. 3.

관련 정보를 공유하면서 벤처캐피털과 스타트업 간 상호 이해간극, 즉 정보비대칭을 좁혀가는 노력을 하고 있다는 것이다. 이 모임은 벤처캐피털에 대한 전문가 네트워크, 지역 스타트업 생태계와 공감대, 투자자와 기업 간 이해중립 등 핵심 가치를 토대로 향후 전국으로 활동무대를 확대하기 위한 준비를 하고 있으며, 벤처기업의 혁신과 성장 단계에 필요한 자금의 수요가 크고 다양함에도 불구하고 창업 단계에 집중하고 있는 정책 투자자금의 한계를 극복할 수 있는 대안을 제시하고 있다.[29]

또한 바이오헬스케어협회(회장 맹필재)가 주관하는 바이오투자포럼을 빠뜨릴 수 없다. 지역의 바이오 벤처기업들은 바이오 스타트업 생태계 조성 초기인 2000년대 초반부터 자생적인 네트워크를 구성하여 활동하고 있다. 특히 민간 주도의 자생적 활동을 지속하면서 협회 설립을 계기로 회원 간 정보 공유와 상생의 긍정 효과를 공유하고 있다. 이들은 10여 년 이상의 오랜 연구개발(R&D)을 지속하며 쌓아온 "축적의 시간" 위에 새로운 도전을 꿈꾸면서 최근 전국의 바이오 관련 산학연관 관계자와 투자자들을 초청하여 바이오투자포럼을 개최하였다.[30] 대덕에서 활동 중인 한 투자자는 "수도권에서 진행되는 투자포럼에서는 기업 지표와 한정된 자료만으로 투자 타당성을 검토할 수밖에 없었지만 대덕에서는 참가자 간 깊이 있는 이야기가 가능했다"라며 "바이오헬스케어협회 융합클러스터가 굳건하게 다져진 계기가 될 것"이라고 말했다.

---

29. 송락경, "기업 '스케일업' 돕는다 …… 수도권 투자자 대덕 찾아", 대덕넷, 2018. 10. 29.
30. 맹필재, "대덕 바이오벤처 '뚝심 성과' 투자자 주목", 대덕넷, 2018. 4. 1.

4. 스타트업의 도약과 액셀러레이터

앞 절에서는 대덕의 스타트업 생태계의 내적 변화를 벤처캐피털과 액셀러레이터 등 초기 투자자들의 활동을 중심으로 살펴보았다. 이들은 스타트업의 동반자로서 죽음의 계곡이라 일컫는 이노베이션의 장애물, 즉 불확실성, 정보비대칭, 시장실패, 시스템 실패, 그리고 단절 등 여러 부정적 요인들에 대하여 적극적으로 도전하고 있다. 외부인들이 투자를 꺼리는 소위 정보비대칭 영역에서 스타트업들이 마주치는 기술과 시장, 경영의 각 단계에서 발생하는 장애와 위험에 대하여 스타트업과 함께 적극적으로 대응해 관리하면서 스타트업의 가치를 투자시점에 고정시켜 소극적 · 방어적 관점에서 접근하기보다는 미래의 목표시점에 맞추어 순항하듯 동적으로 관리하고 있다. 이는 현재 이루어지고 있는 대부분의 신용평가나 기술가치평가가 위와 같은 투자자의 역할을 앞서거나 대신할 수 없는 이유이다.

이러한 관점에서 대덕에서뿐만 아니라 최근 국내 스타트업 생태계의 활성화를 이끄는 가장 큰 역할자로서 액셀러레이터를 꼽는 것은 큰 의미가 있다. 이들은 대부분 스타트업 설립자로서 직접 겪으며 축적한 성공의 경험과 지식, 폭넓은 네트워크와 투자역량으로 무장하고, 주도적으로 유망한 스타트업을 발굴 · 육성하고 있다. 이들은 기존 생태계의 주요 구성원으로 자리 잡은 인큐베이터와 엔젤투자자, 벤처캐피털 등과 그 역할과 기능을 뚜렷이 차별화함으로써 우리 스타트업 생태계를 한 단계 활성화시킨 적극 지원자로서의 임무를 수행하고 있다.

이에 따라 우리 정부에서도 2013년부터 시행해 온 민간 주도형 기술창업 육성 프로그램(TIPS)[31]을 비롯한 제반 액셀러레이터 활동이 보다 체계적 · 안정적으

31. TIPS(Technology Incubationg Program for Startups) : 이스라엘의 창업지원 프로그램을 모델로 한 민간투자 주도형 기술창업지원 프로그램으로, 성공 벤처인 중심의 엔젤투자사, 초기 전문 벤처캐피털,

로 우리 스타트업 생태계의 발전을 견인할 수 있도록 2017년 3월 기존 중소기업창업지원법을 개정(일명 "액셀러레이터법")하여 각종 법적 · 제도적 지원장치를 마련하였으며, 이를 계기로 우리의 스타트업 생태계는 글로벌 시장을 지향하며 본격 도약할 수 있는 제도적 발판을 구축하게 되었다.

기존 인큐베이터는 대부분 대학에 기반하거나 대학과 연계된 지역 중심의 비영리조직으로 스타트업을 위한 입주공간을 비롯하여 이에 수반한 교육과 자문, 네트워킹 등 일반 서비스를 제공하고 있으며, 직접적 자본 참여는 원칙적으로 배제하고 있다. 이에 반해 액셀러레이터는 대부분 이윤을 추구하는 영리조직으로 스타트업에 대한 자본 참여를 전제로 전문적인 사업개발과 멘토링, 투자연계 등 전문 서비스가 그 중심을 이룬다. 액셀러레이터는 무엇보다도 스타트업에게 절대 부족한 비즈니스 경험과 네트워크를 공유할 수 있는 검증된 투자자로서 정체성을 유지해야 한다. 한편으로는 엔젤투자자들에게 부족한 스타트업의 현장성과 전문성을 보강하고 있으며, 다른 한편으로는 벤처캐피털의 한계로 지적되고 있는 재무성과 위주의 투자관리를 극복할 수 있는 적극적인 실전 중심의 파트너로서 전문가 역할을 한다.

스타트업을 발굴 · 육성하는 창업보육 서비스를 전체적으로 인큐베이터라고 일컬으면서, 그들의 정체성과 수행 역할, 기능의 정도나 범위에 따라 촉매자, 또는 인에이블러, 활성자, 또는 가속기 등 다양한 이름으로 불려지기도 한다. 스타트업에 필요한 여러 도움을 주되, 외부인의 입장에서 사업주체를 대신하여 직접 의사결정을 하고 그 결과에 책임을 지면서 사업 성과를 공유할 수 있는 역할을 수행하기에는 한계가 있기 때문이다. 스타트업과 누구보다도 긴밀히 소통하며 서비스를 제공하면서도 소극적일 수밖에 없었던 인큐베이터의 역할을 적극적으로 재정립한 계기가 바로 와이컴비네이터(Y-Combinator)의 등장이다.[32]

기술대기업 등을 운영사로 지정하여 엔젤투자 · 보육 · 멘토링과 함께 R&D 자금 등을 매칭하여 일괄 지원하는 프로그램(http://www.jointips.or.kr).

32. Y-combinator, "A new model for funding early stage startups," 2014. 6. https://www.ycombinator.com/

와이컴비네이터는 유망 스타트업을 몇 개씩 한 기 단위로 묶은 후 린스타트업 방식으로 3개월 동안 집중적인 훈련을 거쳐 특정 벤처캐피털에게 투자설명 기회(IR)를 준비하도록 하였다. 불과 십여 년 사이에 이 모델은 AirBnB와 DropBox의 성공스토리와 더불어 실리콘밸리의 500Startups와 영국의 Techstars 등 전 세계로 비슷한 복제와 응용을 거듭하며 퍼져나갔다. 이러한 스타트업 액셀러레이터의 폭발적 확산은 초기 단계의 비즈니스를 개발하는 효과적 수단으로서 스타트업의 붐을 이끄는 핵심적 역할을 하게 되었다. 이는 앞서 언급한 바와 같이 디지털 기술이 스마트폰의 보급 확대와 함께 고도화 · 대중화됨에 따라 창업비용이 획기적으로 낮추어진 동시에 보다 적은 투자금으로 많은 스타트업 아이템에 투자할 수 있게 되었기 때문이기도 하다.

하지만 액셀러레이터 프로그램이 탄생시킨 많은 스타트업들이 그와 같은 성공에 모두 도달한 것은 아니다. 대부분의 스타트업들은 후속 투자를 유치하기 위하여 애를 써야만 하였고, 액셀러레이터들 또한 경영위기를 겪을 수밖에 없었다. 초기 스타트업 전문 액셀러레이터의 평균 서비스 기간이 3년에 불과하여 그 안에 투자금을 성공적으로 회수하기가 쉽지 않은 일이었으며, 와이컴비네이터의 경우에도 5년이 지나서야 수익을 낼 수 있었다는 점은 시사하는 바가 크다. 또한 전 세계적으로 스타트업 시장에 뛰어드는 액셀러레이터의 숫자가 증가하면서 우수한 스타트업팀과 스타트업을 유치하려는 경쟁이 매우 치열하게 전개되고 있다. 과연 어떤 액셀러레이터 모델이 성공적인지 검증은 필요하나 이를 뒷받침할 충분한 실증 데이터가 부족한 상황이다.

영국의 스타트업 지원기관이 네스타에서 서술하고 있는 액셀러레이터의 서비스와 프로그램은 다음과 같이 다양하다.[33]

---

33. NESTA, "The Startup Factories(http://www.nesta.org.uk)," 2011. 6.

- **엔젤투자 네트워크**(angel networks) : 자신의 자금을 초기 또는 성장 단계의 스타트업에 투자하면서 멘토링과 비즈니스 지식을 제공
- **사업경진대회**(business competition) : 새로운 비즈니스를 통해 혁신을 유도하고 유능한 창업가를 발굴
- **공동 작업공간**(co-working spaces) : 개방형 사무공간, 미팅룸, 다른 스타트업이나 창업가를 만날 기회, 다양한 이벤트 등
- **기업가정신 교육**(entrepreneurship courses) : 보통 경영대학이나 공과대학에서 운영하며, 실제 체험형 학습을 포함
- **해커톤**(hackaton/startup weekends) : 협업을 장려하고 아이디어 검증을 위한 단기, 집중, 실전형 프로그램
- **공작실과 해커실**(maker space/hacker space) : 서로 협력하고 지식을 공유할 수 있는 교류형 공간
- **멘토링**(mentoring schemes) : 전문지식(expertise)과 경험(experience)의 공유를 위한 코칭 또는 멘토링
- **초기 투자**(seed fund) : 최초 지분투자
- **사회적 벤처아카데미**(social venture academy) : 창업 초기 또는 준비 중인 사람들을 위한 사회적 벤처와 기업가에 대한 심화학습 프로그램

액셀러레이터들은 그들이 수행하는 임무와 미션(mission), 전공분야나 주특기(specialism), 그리고 소요자금에 대한 펀딩구조(funding structure)에 따라 아래와 같이 벤처투자형, 정부지원형, 기업후원형 등으로 다양하게 분류된다.

- **벤처투자형**(venture-backed) : 투자자들에게 보다 유망한 딜을 발굴 · 공급(deal flow)하는 활동을 하는 것으로 주변의 많은 액셀러레이터들이 여기에 속함.
- **공공지원형**(government-backed) : 일자리 창출, 사회적 기업 발굴 · 육성, 지역특화형 산업개발 등 지역경제개발을 목적으로 활동

- **기업후원형**(corporate-sponsored) : 특정 분야에 대한 연구개발과 핵심 기술 관련 에코 시스템을 구축하는 활동

전반적으로 대부분의 액셀러레이터 프로그램은 그들이 보유한 전문성에 초점을 맞춰 특정 분야의 스타트업 그룹을 타겟으로 한 미션을 수행하고 있다. 많은 액셀러레이터들이 단기간에 성패 결과를 도출할 수 있는 소프트웨어와 디지털 관련 분야에 집중하고 있는 반면, 장기간 투자관계가 필요한 의약분야는 기피하는 현상을 보이고 있다. 하지만 특정 분야에 집중하는 특화형의 경우 디지털 기술과 관련 없이 건강이나 교육, 젠더 등 주특기가 다양해지고 있으며, 심지어 안구 건강 관련 예방, 치료, 질환이나 실명에 관한 액설러레이터[34]도 등장하였다. 이러한 특화 액셀러레이터 프로그램은, 특정 분야의 산업과 창업가들은 공통된 특성을 갖고 있으므로 더 심도 있는 단계의 서비스를 제공할 수 있다는 강점이 있다. 특히 액셀러레이터 공간에 입주하려는 경쟁이 치열해지면서 이러한 전문화는 자신을 다른 액셀러레이터들과 차별화할 수 있는 중요한 경쟁요소가 되고 있다.

성공적인 액셀러레이터들이 공통적으로 갖는 특징은 핵심 서비스 인력들이 갖춘 역량이다. 스타트업 창업가로서 성공한 경험이 있는지, 그리고 포트폴리오를 구성할 만큼의 투자자금을 보유하고 있는지, 그리고 특정 분야에 대한 전문지식과 사회적 네트워크는 어떤지 여부는 액셀러레이터를 선택하는 데 있어서 매우 중요한 요소들이다. 이를 무기로 액셀러레이터는 투자를 매개로 영향력 있는 주주로서 지위를 확보하고, 스타트업의 경영에 적극적으로 참여하여 후속 투자 유치 또는 투자금을 회수할 때까지 장기간 지원하는 역할을 할 수 있게 된다. 특히 영향력을 가진 주주로서의 역할과 기능은 액셀러레이터를 기존의 인큐베이터와 구분짓는 가장 중요한 필요조건의 하나라 할 수 있다.

---

34. EyeFocus Accelerator, “FOCUS-DISRUPT-INNOVATE(www.eyefocus.co),” 2015.

펀딩 여부 또한 액셀러레이터의 주요한 업무의 하나로 다른 액셀러레이터들과 차별화할 수 있는 핵심 요인이다. 액셀러레이터들의 가장 보편적인 펀딩 방식은 벤처캐피털형 투자펀드를 조성하여 스타트업에 투자하는 것이며, 나중에 보유지분의 매각 수익으로 비용을 보전하고 있고, 또한 Techstars가 Nike와 Disney, Barclay 등 기업과 파트너 관계를 맺고 있듯이 정부나 공공기관의 펀딩이나 기업의 스폰서십을 각각 또는 병합하여 필요한 자금을 조달하는 경우도 증가하고 있다. 액셀러레이터들은 그간 의존해 온 펀딩 모델을 벗어나 재무상태를 개선하기 위하여 스타트업 고객들에게 필요한 이론에서부터 실습, 인터과정에 이르기까지 창업가스쿨과 같은 유료 교육과정을 개설해 운영하는 등 그들의 수입원을 다변화시키고 있다.

최근 우리 사회가 절실하게 당면하고 있는 환경이나 사회 문제를 적극적으로 해결할 수 있는 방안으로 사회적 벤처에 대한 믿음이 확산되면서 공공 영역뿐만 아니라 민간, 그리고 자선단체 등 전반에 걸쳐 사회적 문제를 해결하고 아울러 재무적 수익도 기대할 수 있는 사회적 투자 또는 임팩트 투자를 도입하는 사례가 많아지고 있다. 정부에게는 이러한 임팩트 투자가 경제성장을 촉진하고 공공서비스를 효과적으로 확산하며 사회적 혁신을 장려할 수 있다는 점에서 긍정적이다. 자선단체들은 그들이 수행해 온 임무를 보다 강화할 수 있고, 대기업들은 기업의 사회적 책임을 완수할 수 있는 훌륭한 수단이 될 수 있다.

그러나 임팩트 투자가들은 투자할 만한 임팩트 벤처의 수가 충분하지 않은 현실에서 이미 비즈니스 모델이 검증되었고 수익성을 확보한 스타트업들에게 투자를 하려는 경향이 있기 때문에 아직 수익을 내지 못하는 초기 소셜스타트업들에게는 그림의 떡이 될 수도 있다. 이런 점에서 소셜임팩트 분야에 종사하는 액셀러레이터들은 비록 공공의 펀드지원을 받기는 하지만, 초기 소셜스타트업들이 겪는 현실적 갭을 함께 극복하기 위하여 일반적 액셀러레이터와 같은 역할, 즉 재무적 이익을 추구하는 목적뿐만 아니라 고용, 경제개발, 보건, 친환경, 사회적 약자 등 사회적 · 환경적 편익을 창출해야 하는 부담이 더해질 수밖에 없다.

기존의 벤처캐피털들이 액셀러레이터 프로그램에 깊은 관심을 갖게 된 이유는 무엇일까? 벤처캐피털의 첫 번째 임무는 투자아이템이 지속적으로 배출되는 파이프라인을 확보하여 관계를 유지함으로써 유망한 스타트업을 누구보다 앞서서 발굴하는 일이다. 특히 4차 산업혁명으로 상징되는 미래 유망분야에서 스타트업의 중요성이 더욱 강하고 빠르게 부각되면서 인공지능(AI), 로봇공학, 양자암호, 사물인터넷, 3D 프린팅, 5G 통신망, 자율주행차 등 새로이 시장에 등장하는 기술이 어떤 스타트업들에 의하여 사업화가 시도되고 있으며, 또한 어떤 투자자 그룹이 관심을 갖는지 등 동향 파악과 선제적 대응을 하기 위하여 역량 있는 액셀러레이터들이 보유한 투자포트폴리오를 주시하고 있다.

국내 1세대 벤처캐피털로서 30년 넘게 활동해 온 벤처캐피털타운의 K대표는 "국내에 벤처캐피털이 도입되었던 1980년대에는 벤처캐피털이 투자활동 이외에도 지금의 액셀러레이터가 하는 역할 중 상당 부분을 직접 발로 뛰며 투자기업을 위해서 수행하곤 하였다"고 강조한다. 특히 "회사가 성장하면서 초기에는 생각하지 못했던 다양한 분야, 즉 생산-영업-관리-해외 등의 인력을 확보하는 문제가 심각해지는데 벤처캐피털이 알고 있는 여러 네트워크 채널을 총동원해 이 문제를 해결하기도 하였다. 그러한 서비스가 가능했던 이유는 투자기업에 대한 적극적인 관심과 실천역량도 중요했지만, 무엇보다도 장기간 투자관계를 유지할 수 있었기 때문이다"라고 덧붙였다. 투자 초기에는 투자자가 CEO와 재무담당자 정도를 직접 만날 수 있는 정도였으나, 오랜 시간 투자관계를 유지하면서 신뢰를 구축할 수 있었기 때문에 점차 공장장과 마케팅 책임자, 인사관리 담당 등 접점을 넓혀 갈 수 있었던 것이다. 하지만 벤처캐피털이 운용하는 펀드 규모가 커지면서 요즘은 과거와 같은 적극적인 지원활동이 사실상 어려워졌다.

최근 개최된 블루포인트파트너스의 데모데이[35]에는 천 명이 넘는 사람들이

---

35. 블루포인트파트너스, 2018 블루포인트 데모데이, 2018. 9. 5.

모였으며, 그중 상당수는 엔젤투자자를 비롯한 벤처캐피털은 물론 대기업의 신규 사업 담당 등 다양한 투자자 그룹이 참여하였다. 데모데이를 개최하는 가장 큰 이유는 스타트업이 현재의 단계에서 다음 단계로 도약하기 위하여 필요한 투자를 유치할 목적으로 그들의 잠재력과 가치를 참석자들에게 설명하기 위해서이다. 또한 과거 벤처캐피털의 전문 영역이라 여기던 스타트업에 대한 투자 활동이 유망 아이템에 대한 투자 기회를 선점하기 위한 경쟁 시스템으로 작동하기 시작했기 때문이다. 벤처캐피털들도 보다 유망한 스타트업을 발굴해서 기존의 파이프라인을 개선할 필요가 있기 때문에 데모데이를 통해 신기술 분야의 스타트업 동향을 앞서서 읽고 다른 투자자들이나 기업가들과 교류를 할 수 있는 기회로 여기기 시작하였다.

엔젤투자자들은 액셀러레이터가 이미 검증한 세부 실사에 대한 부담을 줄일 수 있고, 새로 투자할 스타트업을 찾는 데 소요되는 시간과 비용을 낮추면서 다른 투자자들과 교류할 기회를 갖는 데 큰 의미를 두고 있다. 대기업들도 유망 기술분야의 인력을 확보하는 한편, 그들이 구축한 비즈니스 플랫폼과 서비스에 참여하거나 대기업의 브랜드를 활용하여 새로운 비즈니스를 펼칠 수 있는 고객으로서 스타트업을 발굴하는 기회로 활용하기도 한다. 다른 스타트업들도 액셀러레이터가 주최하는 데모데이 이벤트에서 고도의 비즈니스 네트워크를 단기간에 구축할 수 있다는 기대를 갖고 있다.

이렇듯 액셀러레이터의 적극적인 활동은 기존 벤처캐피털들이 수행하고 있는 투자기업의 가치 제고를 위한 밸류업 서비스와 차이가 있다. 밸류업 서비스는 큰 의미에서 투자기업의 가치 제고를 도모한다는 점에서 현재의 액셀러레이터가 하는 소위 멘토링 서비스와 외견상 크게 다르지 않다. 그러나 벤처캐피털의 투자를 받는 기업의 경우 이미 자신의 기업 가치가 어느 정도 형성되었다고 생각하기 때문에 외부 투자자의 개입을 경영간섭으로 여기는 경우가 많다. 따라서 투자자들도 외부 자금을 투입하면서 투자지분의 가치가 훼손되지 않도록 하는 선에서 방어적인 관리 가이드라인을 설정하고 있으며, 펀드가 구성한 전체 포트폴리오의 평균 수익률을 더 우선한다. 반면 액셀러레이터가 투자한 스타트업들은 아직 기업 가치가 객관적으로 형성되기 전이라서 액셀러레이터의 지분에 대해 덜 민감할 수 있다. 액셀러레이터들도 스타트업의 내부 경영관리에 개입한다기보다는 한건 한건 투자기업의 시장가치를 제고하기 위한 고객개발과 후속 투자를 유치하는 데 더 많은 에너지를 집중 노력하고 있다.

5. "숨은 기회"와 오픈 이노베이션

앞 절에서는 액셀러레이터와 벤처캐피털들이 단순 투자자의 역할을 넘어 스타트업의 탄생과 성장과정 곳곳의 '죽음의 계곡'이라 불리는 고비에서 활동하면서 스타트업들이 이를 극복할 수 있도록 어떻게 도움을 주는지 살펴보았다. 그들은 스타트업의 적극적 동반자로서 외부인이 접근하기 불가능한 '정보비대칭'의 영역에 투자하고 도전하면서 남다른 가치창출의 기회를 포착하고 언제, 어디서, 어떻게 닥칠지 모르는 위험을 다이나믹하게 대응 · 관리함으로써 스타트업 생태계가 한 단계 도약할 수 있다는 가능성을 제시하고 있다.

투자라는 도구는 갖추지 않았지만 스타트업들이 실제로 어려움을 극복할 수 있도록 도움을 주는 사례로서 어떤 활동(non-financial service)들이 이루어지고 있는지 오픈 이노베이션의 관점에서 살펴보자.

혁신적인 기술과 아이디어, 지식재산권(IP)을 독점하는 것이 아니라 다른 조직과 공유하여 필요한 개발 역량을 키우고 시간과 비용을 줄이므로써 성공 확률을 높일 수 있다.[36] 특히 신약분야를 비롯 연구개발에 필요한 시간과 천문학적 비용

36. 2003년 미국 버클리대학의 헨리 체스브로(Henry Chesbrough) 교수가 주장. 기업이 필요한 기술과 아이디어를 외부에서 조달하는 한편 내부 자원을 외부와 공유하면서 새로운 제품이나 서비스를 보다

을 투자해야 하는 첨단기술 분야뿐만 아니라 피앤지(P&G)의 혁신 사례에서 보듯이 일상용품을 개발하거나 심지어 스타트업 영역에서도 오픈 이노베이션에 대한 관심과 논의가 더욱 활발해지고 있다.

어떤 스타트업이 자신의 아이디어를 제품이나 서비스로 구현할 기술을 보유하고 있다고 가정한다면, 이 스타트업에게 필요한 것은 구체적 마켓 기회, 자금조달, 그리고 인력 확보 등 세 가지와 틈새시장에서 경쟁자와 차별화할 수 있는 혁신적 기술이다. 이 영역에는 벤처캐피털이나 액셀러레이터와 같이 영리를 추구하는 민간 전문가 그룹들이 이미 다양한 형태의 컨설팅이나 서비스 활동을 하고 있다. 하지만 여기서는 대학에서 이를 어떻게 다루고 있는지 카이스트의 사례를 중심으로 살펴보고자 한다. 그 이유는 대학은 사회적 신뢰에 기반하여 스타트업이나 기술사업화에 필요한 전문 기술뿐만 아니라 고급 인력과 네트워크를 보유하고 있으며, 스타트업과 이해 중립적인 위치에서 교육과 연구, 지역 협력 등 다양한 프로그램을 운영할 수 있기 때문이다.

첫 번째 사례는 기술경영전문대학원 석박사과정 학생들을 위하여 개설한 캡스톤형 기술사업화 실습 수업이다. 학생들은 교내 교수진이나 인근 출연연 연구원을 초청하여 그들의 기술과 연구, 사업화 경험을 직접 듣고, 연사가 소개하는 연구성과물을 실제로 사업화하기 위하여 선행기술 조사, 제품-시장 적합성(product-market fit), 사업성 검증 등을 수행하게 되며, 필요한 경우 특허 분석과 같은 사항에 대해서 전문가의 도움을 받을 수 있다. 이 과정에서 학생들에게 해당 연구실을 반드시 직접 방문할 것을 요구하고 있는데, 이는 학생들이 연구실을 방문함으로써 기술 발명자나 연구원이 수행하고 있는 연구활동 전반에 대한 이해와 기술적 맥락을 이해할 수 있으며, 잠재시장의 프레임을 폭넓고 유연하게 정의할 수 있기 때문이다.

효과적으로 만들 수 있다는 개념으로 C&D(connect and development)라고도 함(네이버 지식백과).

2016년 수업 당시 초청한 한국표준과학연구원의 우삼용 박사는 자신의 여러 연구성과 중 가장 애정을 갖고 연구를 하였으나, 더 이상 외부 지원을 받을 만큼 매력적이지 못한 압축전도성 고무센서 기술에 대해서 소개하였다.[37] 연구실 현장에는 연구원이 계속 연구를 하고 싶어도 스폰서십을 찾을 수 없어 중단 포기하거나 응용 아이템을 찾지 못한 채 방치되어 있는 기술이 여럿 있을 수 있다. 반면, 어떤 누군가에게는 기적같은 선물이 될 수도 있는 '숨은' 기술들이 우연한 '기회'를 기다리고 있다. 우 박사가 그간의 노력에도 불구하고 마땅한 스폰서십도 응용방안도 찾지 못하여 학생들에게 체념하듯 던진 고무센서 기술이 바로 '숨은 기회'의 주인공이 될 수 있었다.

당시 참여한 학생팀 중 실습용 심폐소생장치(CPR)를 개발하는 아이엠랩[38] 스타트업 대표가 있었는데, 우 박사의 소개를 듣자마자 바로 손을 들어 자신의 팀에서 맡겠다고 제안하였다. 심폐소생장치의 핵심 부품은 압축센서로서 부피도 크거니와 파손 위험이 큰 수입품이었는데, 고무센서로 대체할 수 있다면 교육용 시장뿐만 아니라 실제 응급현장에서 제세동기와 함께 적용할 수 있도록 비즈니스 모델까지 혁신할 수 있다고 판단한 것이다. 학생팀은 바로 연구실을 방문하여 고무센서뿐만 아니라 휴먼 인지 분야의 각종 물리센서 전문가인 우 박사로부터 폭넓고 깊이 있는 기술자문을 받을 수 있었다. 이를 계기로 해당 기술은 인공호흡 실습장치뿐만 아니라 수면베개, 스마트 보안창틀 등 다양한 응용처를 발굴할 수 있었고, 정부로부터 출연연 기술을 이전받아 사업화하는 중소기업으로 선정되어 사업화 개발 자금도 확보하면서, 지금은 고무센서의 양산을 위한 스타트업을 별도로 준비하고 있다.

두 번째 사례는 글로벌 사업화 프로그램이다. 창업원 지역협력센터에서는 2012년부터 미국 텍사스주립대학(Austin)의 IC^2라는 이노베이션 프로그램[39]과

---

37. 전자신문, "표준연, 역발상과 시행착오로 전기 통하는 고무 개발", 2017. 10.

38. 권예람, "CPR스타트업 아이엠랩 15억 투자유치", 2018. 8.

대덕의 스타트업들을 위한 글로벌 사업화 프로그램을 공동으로 수행하고 있다. 국내 공공기관에서 시행하고 있는 글로벌 지원사업들은 해외전시회 참가나 바이어미팅 등 대부분 단기 수출실적을 보이기 위한 프로그램들이다. 대덕 스타트업의 경우 기술을 기반으로한 B2B형 사업아이템들이 주류를 이루고 있는 관계로 이 프로그램은 철저히 기술 중심 스타트업의 비즈니스 특성에 맞게끔 설계 · 운영하였다. 단순히 일회성 수출실적을 내는 지원 프로그램에서 탈피하여 글로벌 사업화를 준비 · 실행할 수 있도록 스타트업의 역량 강화에 주안점을 두었다.

사업신청서 접수와 동시에 글로벌 사업화에 필요한 온라인 이노베이션 교육을 실시하면서 대상자 선정 작업을 병행했다. 스타트업으로 하여금 기술완성도를 높이는 노력에 앞서 개발 초기 단계부터 틈새시장과 제품-시장적합성 검증을 위한 리서치 작업에 참여하도록 했다. 이 과정에서 텍사스주립대학은 매우 중요한 역할을 수행하게 되는데, 이 학교는 텍사스주뿐만 아니라 미국 전역, 그리고 협력관계인 전 세계 30여 국가의 대표적 이노베이션 프로그램으로부터 전적인 신뢰를 형성하고 있었다. 때문에 우리의 스타트업 기술에 대하여 인터뷰에 응하는 현지 기업과 전문가들이 잠재적 경쟁 가능성 여부에 개의치 않고 스타트업 기술에 대해 객관적인 평가와 코멘트를 해주었다. 이는 텍사스주립대학과 카이스트가 모두 특정 스타트업이나 기술에 이해관계 없이 객관적 · 중립적이면서도 전문성을 갖춘 기관으로 인정을 받고 있기 때문이다.

2012년 대덕의 BNF테크놀로지는 이미 국내 원자력 발전플랜트에 적용되고 있는 발전플랜트의 맞춤형 모니터링 기술을 가지고 미국 시장에 진출하고자 이 사업에 처음 응모하였으나, 미국 현지에서 사용자 경험을 확보하기 위한 테스트 운전에 장시간이 소요되기에 탈락하였다. 그러나 텍사스주립대학 측의 혁신적인

39. The IC²(innovation, creativity, capital) Institute는 미국 텍사스주립대학(Austin)의 융합형 기술사업화 전문조직으로서 기업가적 부(entrepreneurial wealth)의 창출을 위한 이론과 실제를 고도화하는 임무를 수행(http://ic2.utexas.edu).

배려로 대학 캠퍼스 내 발전소 에너지관리 시스템에 테스트를 적용하는 기회가 주어졌고,[40] 이를 계기로 보유 기술의 우수성을 검증하는 데 성공하여 이후 현지 법인을 설립하고 미국 전역을 대상으로 본격적 사업화를 전개하고 있다.

세 번째 사례는 창업원에서 2013년부터 시행하고 있는 엔드런 프로그램(End Run Program)이다. 이 사업은 학교 교수진이 개발한 연구성과물을 사업화 단계로 도약할 수 있도록 기술완성 레벨(technology readiness level ; TRL)[41]을 제고하고 이에 필요한 프로토 타입 개발을 지원하고 있다. 사업 초기에는 기존의 연구개발과 차별화하기가 어려웠으나 플라즈맵을 비롯한 카이스트의 기술로서 교수 또는 학생들의 주도로 창업한 사례를 계속 도출하고 있으며, 최근에는 의료분야 기술사업화에 관심 있는 국내 유수의 종합병원과 의료현장의 과제와 카이스트가 개발한 기술 간 융합을 위한 공동 연구를 진행하면서 학교의 대표적 기술사업화 프로그램으로 자리를 잡아가고 있다.

엔드런 사업의 대표적 사례 중 하나인 플라즈맵(대표 임유봉)[42]은 대표 본인이 물리학과 실험실에서 박사과정 중 연구개발한 플라즈마 기술을 활용하여 2014년 창업한 의료기기 전문 스타트업이다. 세계 최초로 파우치 방식의 의료용 플라즈마 멸균기(sterilizer) 개발 및 사업화에 성공하였고, 스킨케어용 멸균기로 시장을 확대하고 있으며, 향후 저온 플라즈마 멸균기에 대한 FDA의 승인을 취득할 예정이다. 당초 창업을 준비하던 단계에서는 식품공장 염지공정(curing)[43]의 패키징 시스템으로 사업화할 계획이었으나, 엔드런 과제에 참여하여 창업원의 교수진과 전문가의 자문을 받아 뜻하지 않게 리튬2차전지 제조공정과 멸균기 분야에서 새

---

40. KAIST, "에너지관리시스템에 한국 BNF테크놀로지(대표 서호준)의 사고예방시스템 기술을 채택", 2013. 2.
41. TRL(technology readiness level), https://en.wikipedia.org/wiki/Technology_readiness_level
42. 임유봉, "플라즈맵(http://plasmapp.co.kr/)", 2014.
43. 제품 품질의 양부를 결정하는 요인이 많은 관계로 식육가공상 중요하고 필수적인 공정으로서 원료육에 식염, 육색 고정제, 염지 촉진제 등의 염지제를 첨가하여 일정 기간 담가놓는 제조공정을 말한다.

로운 틈새시장 기회를 발굴할 수 있었다.

이와 같이 생각지 않았던 사업 기회를 찾아 연결된 사례는 위에 든 경우 외에도 많을 것이다. 이러한 사례들이 우리에게 던지는 공통점은 서로가 찾지 못한 채 숨어 있던 '기술'과 '기회'가 우연하게도 서로에게 절실한 '만남'으로 이어질 수 있다는 점이다. 페니실린을 비롯 비아그라와 포스트잇 등 우리가 알고 있는 사례도 적지 않다. 이러한 우연한 기회는 사고의 폭과 틀이 고정화되어 주어진 목표 외에 다른 것은 배제하고 오로지 하나에만 집중하는 경우에는 잘 일어나지 않는다. 지금 당장은 전혀 상관이 없고 소용이 없는 것처럼 보이는 것으로도 관심의 영역을 넓히고 그 속에서 중요한 무언가를 눈여겨 볼 자세가 되어 있다면 우연한 발견의 행운을 얻을 수 있을 것이다. 기술이전을 활성화하기 위하여 연중 개최되는 기술전시회가 성과 창출이 부진한 이유는 기술사업화를 단위 기술 중심으로 접근하기 때문이다. 연구자의 기술을 개별 단위에 국한하지 말고 전체 맥락에서 파악해 사업화 프레임을 설계할 수 있어야 할 것이다.

"한국의 기술력 있는 기업들은 '미운 오리새끼'와 같다." 이는 이스라엘의 세계적인 벤처캐피털인 요즈마그룹의 한국법인장 이원재 대표가 최근 한 모임에서 국내 스타트업이 개발한 내비게이션 기술이 이스라엘이 개발하여 최근 구글이 인수한 웨이즈(Waze)라는 기술에 비해 대등한 수준의 기술임에도 불구하고 그 가치를 수십분의 일밖에 인정받지 못한 현실에 대해 안타까움을 담아 표현[44]한 말이다. 이와 같은 사례가 국내 대학이나 정부출연연구소, 스타트업들이 개발하는 기술이 세계적으로 경쟁할 만한 잠재력이 있으나 이를 사업화하여 글로벌 스타트업으로 발굴 · 육성하는 전문가 시스템이 매우 취약한 까닭에 그들의 "숨은" 가치를 제대로 평가받고 사업화할 수 있는 기회를 찾지 못하고 있기 때문이라면, 우리는 무엇을 해야 할까?

---

44. 이원재, 중앙경제포럼, 중앙일보, 2018. 9. 4.

참고문헌

과학기술정보통신부, 연구성과 기반 실험실 일자리창출 선포식, 2017. 9.

대덕넷, "100일간 150개 벤처 만나 보니……", 대덕넷, 2007. 3.

______, "ETRI기술지주회사, 본격가동, 연구소 보유기술 사업화 촉진", 2010. 6.

______, "대덕 벤처기업 집중투자, '대덕인베스트먼트 설립' ", 2011. 5.

______, " '우리도 창업꿈나무' 벤처포럼 이색참가자들 눈길", 2013. 5. 15.

______, "창업아이콘 두남자, 창업가정신을 말하다", 2014. 2. 3.

______, "1만 시간의 법칙, 대덕 성공신화 터진다", 대덕넷, 2014. 3.

______, "샌디에고와 대덕 비교해 보니……", 2014. 8.

______, "대덕 바이오벤처 '뚝심 성과' 투자자 주목", 대덕넷, 2018. 4. 1.

이재규, 창조사슬의 융합자 모델 포럼, 2015. 11.

전자신문, "창업생태계 불지핀다", 2015. 5. 25.

________, "표준연, 역발상과 시행착오로 전기 통하는 고무 개발", 2017. 10.

________, "대전 4차 산업혁명 펀드 및 글로벌 진출 펀드 결성", 2017. 12.

중도일보, "지역 경쟁력강화 위해 대전시와 대학과 협력, 상생", 2018. 6. 22.

중앙일보, "미운오리새끼", 중앙경제포럼, 중앙일보, 2018. 9. 4.

최문기, 전북특구 육성자문단 포럼, 2018. 9.

최종인, "대전 벤처활성화하려면……", 대전세종충남 지역경제포럼, 2017. 12.

한국경제신문, "스타트업 캄브리아기(A Cambrian Moment)", 2017. 7.

KBS, "미국의 부활 1편 : 첨단산업의 리더", 2016 KBS 특별기획, 2016. 1.

NESTA, "The Startup Factories(http://www.nesta.org.uk)", 2011. 6.

4차 산업혁명 시대, 한국의 기회와 전략

엄재용(KAIST 기술경영전문대학원 교수, ICT 사업전략)

8

〈요약〉

4차 산업혁명은 다양한 산업군에 걸쳐 엄청난 경제적 기회를 창출할 잠재력을 갖고 있다. 이러한 상황에서 한국은 4차 산업혁명과 관련해 다음과 같은 두 가지 측면을 고려해야 한다. 먼저 4차 산업혁명 기술 포트폴리오의 강화다. 현재 한국이 보유한 4차 산업혁명 기술 노하우는 일부 글로벌 대기업에 편중되어 있다. 다가올 4차 산업 시대에 견실한 경제성장을 도모하기 위해서는 4차 산업혁명 기술이 보다 균형 있게 발전해야 할 것이다. 따라서 한국의 정책입안가들은 면밀한 검토를 거쳐 스타트업 및 중소기업 등 더욱 광범위한 기업들이 4차 산업혁명의 물결에 동참할 수 있는 방안을 마련해야 할 것이다. 두 번째는 4차 산업혁명이 불러올 부정적 효과에 대한 대비책 마련이다. 스마트 제조업, 스마트 시티, 자율주행차, 커넥티드 헬스케어 등 4차 산업혁명 환경에서도 경쟁력을 갖출 수 있도록 근로자들을 위한 교육훈련 프로그램의 인적 투자 증대가 그 같은 대비책의 일환이 될 수 있을 것이다. 대부분의 4차 산업혁명 기술은 다양한 분야의 지식과 노하우를 하나로 융합하는 융합기술이다. 따라서 한국이 4차 산업혁명 기술을 개발하고 그것이 노동시장에 불러올 악영향을 최소화하기 위해서는 협력적 사고방식을 육성하는 것이 경제적 측면에서 매우 중요한 과제이다. 본 장에서는 먼저 4차 산업혁명에 대한 간략한 개요를 제시하고, 4차 산업혁명의 도래로 야기되는 주요 경제적 이슈 및 도전과제를 중점적으로 분석 및 논의한다.

1. 서론

현재 다양한 분야의 학자들과 업계 실무자들은 4차 산업혁명의 도래가 기술, 비즈니스, 혁신 및 생산성, 고용, 불평등, 안보, 윤리, 정체성, 정부 규제 등에 미칠 영향에 대해 연구하고 있다. 여러 이해관계자들이 4차 산업혁명에서 파생될 새로운 기회를 잡고 그에 따른 도전과제와 장애물을 극복하기 위해서는 4차 산업혁명의 파급력에 대한 깊이 있는 이해가 반드시 선행되어야 한다. 그런 측면에서 현재 다양한 학계 및 산업 분야에서 4차 산업혁명이 불러올 여러 이슈를 다룬 보고서가 연이어 발표되고 있는 것은 지극히 당연한 현상이다. 또한 4차 산업혁명을 주제로 한 컨퍼런스에도 전 세계 다양한 부문의 실무자, 연구자, 정책입안가들의 큰 관심이 모아지고 있다.

과거의 산업혁명들은 경제, 사회, 비즈니스 부문 전반에 걸쳐 중대한 변화를 불러왔다. 아래에 제1차, 2차, 3차 및 4차 산업혁명의 기술부문 핵심 동인을 제시하였다(Siemens, Pictures of the Future, 2013).

그림 8-1 가상물리 지원 시스템이 4차 산업혁명의 동력

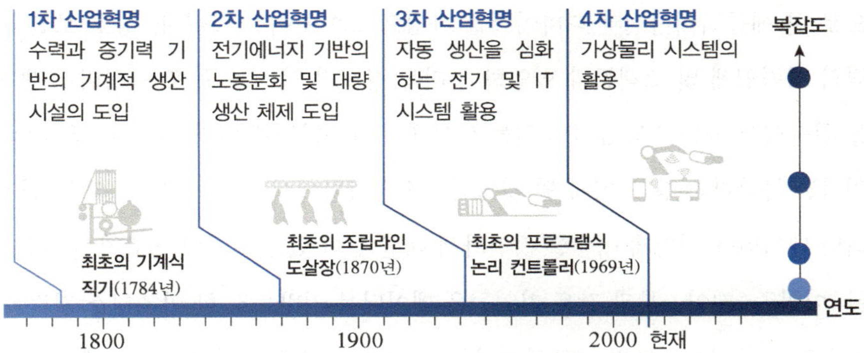

출처 : 지멘스, 『미래의 초상(Pictures of the Future, Siemens)』, 2013년 봄.

1차 산업혁명의 핵심이 수력 및 증기기관을 사용한 생산의 기계화라면 2차 산업혁명의 핵심은 전기를 사용한 대량 생산이었다. 이를 통해 자동차 등 상품의 단위가격이 하락했으며, 소비자들은 더욱 저렴한 가격으로 상품을 이용할 수 있게 되었다. 3차 산업혁명의 핵심은 복잡하고 정교한 전자기기 및 정보기술의 활용을 통한 생산의 자동화다. 그리고 현재 우리가 맞이하고 있는 4차 산업혁명은 3차 산업혁명을 발판 삼아 20세기 중반에 시작된 디지털 혁명을 더욱 발전시켜 나가고 있다. 4차 산업혁명은 물리적 영역과 디지털 공간, 그리고 생물학적 영역의 경계를 허무는 기술의 융합을 특징으로 한다.

4차 산업혁명과 함께 등장한 여러 신기술들은 다양한 조합을 통해 고도로 혁신적인 제품 및 서비스의 폭발적인 성장으로 이어질 것이며, 이러한 제품 및 서비스는 시장에 빠른 속도로 소개될 것이다. 산업부문에서는 전통적 비즈니스 구조와 프로세스가 통합적 생산 프로세스의 도입으로 더 높은 효율성을 갖춘 혁신적이고 새로운 비즈니스 구조와 플랫폼으로 대체되고 있다. 또한 각 산업 및 가정에서 스마트 기술이 빠른 속도로 도입될 것이며, 이는 에너지 사용, 자동차 운용 및 유지·관리, 제품 및 서비스의 비용 지불 등 다양한 분야에 혜택을 가져다 줄 것이다.

4차 산업혁명은 전통적 방식의 가치평가(valuation) 체계를 와해시킨다. 예를 들어, 앞으로 자동차 가치평가의 상당 부분은 전통적 방식이 아닌 데이터를 기반으로 한 애플리케이션과 디바이스를 바탕으로 이루어질 것이다. 상호 보완적 성격의 협력업체 및 고객들과 협업하여 더욱 경쟁력 있는 제품 또는 서비스 생태계를 창출해야 하는 부담감이 기업들 사이에서 가속화됨에 따라 시장경쟁은 더욱 치열하고 복잡한 양상을 띠게 될 것이다. 이런 상황에서 기업이 경쟁우위를 선점하려면 데이터를 어떻게 이용할 것인가에 대한 깊이 있는 고찰이 필요하다. 이미 구글, 아마존, 페이스북과 같은 기업들은 데이터를 기반으로 한 비즈니스 전략을 중점적으로 추진함으로써 이해관계자들을 위한 거대한 가치평가 시스템을 구축해 왔다.

기술과 비즈니스 모델 부문의 붕괴 및 변화는 새로운 비즈니스 기회를 창출할 것임이 분명하다. 그러나 그에 따른 새로운 도전과제 및 장애물 또한 생겨날 것이며, 각 분야의 이해관계자들은 이러한 문제에 현명히 대처해야 한다.

4차 산업혁명의 영향력이 단순히 기술부문에 국한되지 않을 것이라는 점을 주지해야 한다. 4차 산업혁명은 사회 전반과 근로자의 역할에도 중대한 영향을 미칠 것이다. 현재 다양한 분야의 애널리스트들이 4차 산업혁명 시대에는 인간과 기계 간, 더 나아가 로봇 간 협업이 증대될 것이라고 예측하고 있다. 자동화가 가져올 가장 큰 부정적 결과로 노동력 대체를 꼽을 수 있다. 전통적 산업에 몸담고 있는 근로자들 중 다수는 일자리를 잃을 위험에 처해 있다. 따라서 이들에게 적절한 교육 훈련 및 재정적 지원을 제공해 4차 산업혁명 시대에도 경쟁력 있는 스킬 및 교육을 갖춘 노동력으로 기능할 수 있도록 대비하는 것이 필요하다.

4차 산업혁명에서는 데이터, 커뮤니케이션 네트워크, 데이터 보호, 사이버 보안, 산업 통제 시스템보다 보안에 더 큰 주안점을 두고 있다는 점을 주지해야 한다. 점점 더 많은 산업 자산과 핵심 인프라가 상호 연결성을 띠게 됨에 따라 종단간 사이버 보안을 통해 산업 환경 내 보안 공격 및 취약성이 갖는 위험을 완화시켜야 한다.

이 장에서는 4차 산업혁명이 불러올 경제적 이슈, 그리고 4차 산업혁명 기술의 도입으로 발생하는 도전과제 및 문제점을 중심으로 4차 산업혁명에 대한 고찰을 이어나갈 것이다. 또한 첨단기술에 대한 간략한 소개와 더불어 정부, 기업, 대학 등 다양한 이해관계자들이 4차 산업혁명 시대에 해야 할 역할에 대한 분석 및 논의를 주로 다룰 것이다. 현재 한국 경제는 중대한 기로에 놓여 있다. 따라서 4차 산업혁명이 불러올 새로운 경제적 기회를 잘 살리면서 악영향에 적절히 대비하기 위해서 정부, 기업, 대학들이 공격적인 4차 산업혁명 이니셔티브의 도입을 위해 협력해야 한다.

2. 4차 산업혁명의 파괴적 동향 및 신흥 기술

오스트레일리안 비즈니스 리뷰(*Australian Business Review*, Adhikari, 2017)에 소개된 한 기사에서는 다음의 그림을 통해 과거 그 어느 때보다도 빠르게 진행되는 혁신의 양상을 제시한 바 있다.

그림 8-2 사상 최대로 빨라지는 혁신의 규모(사용자 수 5천만 명에 도달한 기간)

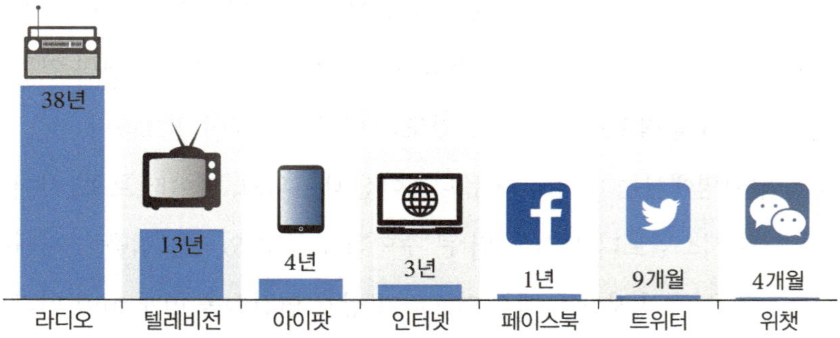

출처 : 소셜이코노미 및 Adhikari, S., (2017년 5월), *Inaugural Digital Index Shows Pockets of Excellence*, 오스트레일리안 비즈니스 리뷰(The Australian Business Review).

초기 산업혁명 당시에는 신기술의 사용자 수가 5천만 명이 되기까지 수십 년이 걸렸다. 그러나 현재는 그 기간이 불과 몇 달로 줄어들었다. 4차 산업혁명 시대에는 이 같은 혁신의 속도가 더욱 현저히 빨라질 것으로 예상된다. 4차 산업혁명과 연계되어 있는 새로운 신기술의 수는 무궁무진하다. 본 절에서는 일부 산업부문 보고서(Schwab 2016 ; World Economic Forum Global Risks 2017 ; World Economic Forum Survey Report 2015)에서 다루고 있는 기술 동인을 중점적으로 살펴보고자 한다.

먼저 2015 세계경제포럼 조사보고서(World Economic Forum Survey Report 2015)에서는 사회 및 비즈니스 분야의 6가지 파괴적 트렌드를 다음과 같이 제시하고 있다.

- **사람과 인터넷** : 웨어러블 기기와 이식형 기기 등 신기술의 등장으로 사람들은 타인, 정보, 자신을 둘러싼 세계와 더욱 긴밀한 연결성을 얻게 될 것이다.
- **언제 어디서나 가능한 컴퓨터 작업, 커뮤니케이션, 스토리지** : 컴퓨터 작업, 커뮤니케이션, 스토리지 기술 비용의 급격한 하락으로 4차 산업혁명 시대에

이 같은 경쟁력 있는 기술의 시장 침투력이 증가할 것이다.

- **사물인터넷**(IoT) : 지속적인 기술혁신으로 실감 장치가 점차 소형화되고 가격 또한 낮아짐에 따라 가정, 도시, 웨어러블 의류, 에너지 네트워크, 수송, 제조 등 다양한 분야에 사물인터넷이 도입되고 있다.
- **인공지능과 빅데이터** : 데이터 폭증이 여러 산업 및 개개인의 삶에 미치는 영향력에 대해서는 많은 매체들이 다룬 바 있다. 그러나 자율적 학습 및 진화가 가능한 더욱 창의적이고 지능적인 소프트웨어가 아주 빠른 속도로 발달하고 있다. 인공지능이 인간을 대체할 수 있는 수준까지 발전하여 급격한 일자리 감소로 이어질 것을 우려하는 시각 또한 존재한다.
- **공유경제 및 분산 신뢰** : 네트워크 및 플랫폼 기반의 소셜, 비즈니스 모델의 등장으로 사람들에게 제공되는 서비스 및 그 효율성 증대에 혁신이 가속화되고 있다. 일례로 블록체인 기술은 금융, 계약, 투표 등의 분야에 신뢰성을 제공하는 제3자 기관의 역할을 대체할 수 있는 유망 기술로 주목받고 있다.
- **사물의 디지털화** : 3D 프린팅 기술이 빠르게 발전함에 따라 원료를 가지고 물리적 물체를 '프린트' 할 수 있는 시대가 도래하고 있다. 3D 프린팅 기술은 제조업, 헬스케어, 가정 등 다양한 분야에서 광범위하게 활용될 수 있다.

한 4차 산업혁명 보고서(World Economic Forum Handbook on the 4IR and World Economic Forum Global Risks Report 2017)에서는 아래와 같은 12개의 파괴적인 신기술을 제시하고 있다.

- AI 및 로봇 공학
- 센서
- 가상현실 및 증강현실
- 적층 제조

- 블록체인 및 분산 원장 기술
- 신소재 및 나노 물질
- 에너지 포집, 저장, 전송
- 신규 컴퓨팅 기술
- 바이오 기술
- 지구공학
- 신경기술
- 우주기술

4차 산업혁명의 핵심 기술은 5G 모바일 기술이다. 5G 인프라의 빠른 구축은 새롭게 등장한 4차 산업혁명 서비스 도입의 결정적 전제조건이다. 4차 산업혁명의 도래로 새로이 창출되는 경제적 기회를 신속히 활용하기 위해서는 5G 인프라의 시의적절한 도입 및 구축이 매우 중요하다. 5G 인프라는 사물인터넷의 초고

그림 8-3 광대역 이동통신 발전(용량 증가)

출처 : 『5G, 통신시장 빅사이클 도래!』, 박종선 · 한병화 · 한상웅(2018년 2월), 제4차 산업혁명 p.6, 유진투자증권.

신뢰도, 저지연성, 대규모 연결성을 가능케 하며, 그 용량 또한 엄청나게 증대시킨다. 많은 산업 및 기술 보고서들이 이 주제를 다루고 있다. 4차 산업혁명의 5G 기술을 다룬 한 보고서(박종선 · 한병화 · 한상웅, 2018)는 다음과 같이 5G 기술을 기반으로 한 신규 서비스에 대해 매우 유의미한 그림을 제시하고 있다(〈그림 8-3〉).

미국의 시장조사기관 가트너(Gartner)는 2016년 기준 64억 개의 IoT 기기들이 상호 '연결' 상태였다고 집계했다. 이 수는 향후 수십 년간 기하급수적으로 증가할 것으로 예상된다. 〈그림 8-4〉는(Grail, 2017) 시스코(Cisco)가 예측한 커넥티드 디바이스의 폭발적 증가 추세이다. 실감 장치가 주류 사회로 편입되며 2020년까지 500억 개가 넘는 커넥티드 디바이스들이 등장 및 사용될 것으로 예상된다. 따라서 데이터 중심의 4차 산업혁명 환경에서는 대규모의 연결성(massive connectivity) 필수요건이 될 것이다.

그림 8-4 사물인터넷(연결 가능성의 폭발)

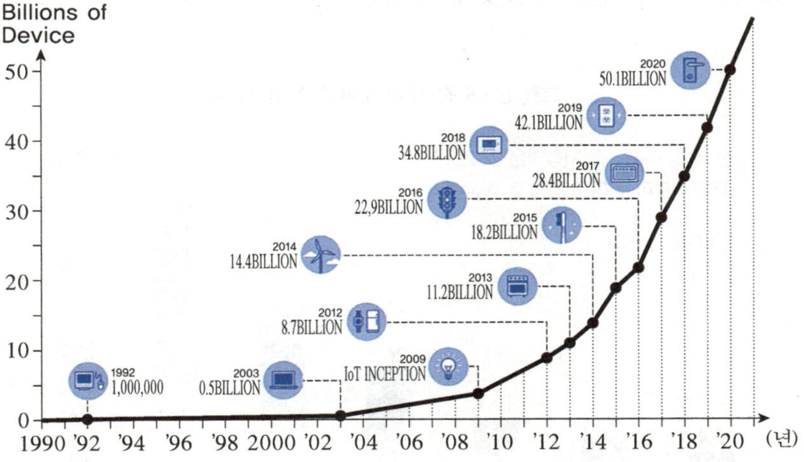

출처 : 시스코는 2020년까지 5백만 개 이상의 사물이 IoT로 연결될 것이라 전망했다. 그렇다면 연결이란 무엇일까?, 시스코 및 Grail, C., (2017년 10월), *What's the Bid Data Idea.*

포브스(Forbes) 기사에 인용된(Columbus 2017) 그로스이네이블러(Growth-Enabler) 보고서는 글로벌 IoT 시장이 현 1,570억 달러 규모에서 2020년까지

그림 8-5 글로벌 IoT 시장 전망

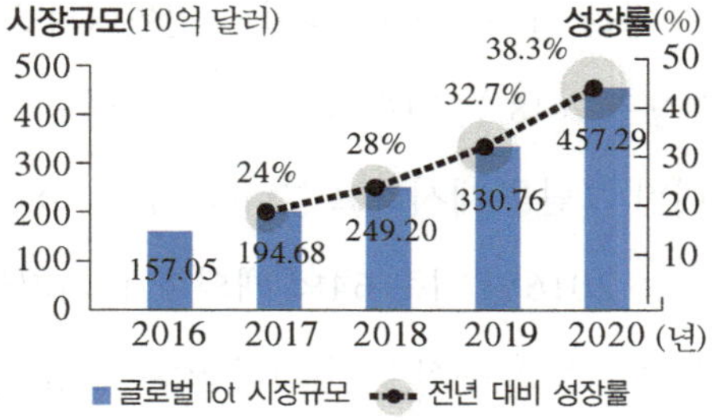

(a) 시장 전망 및 성장률

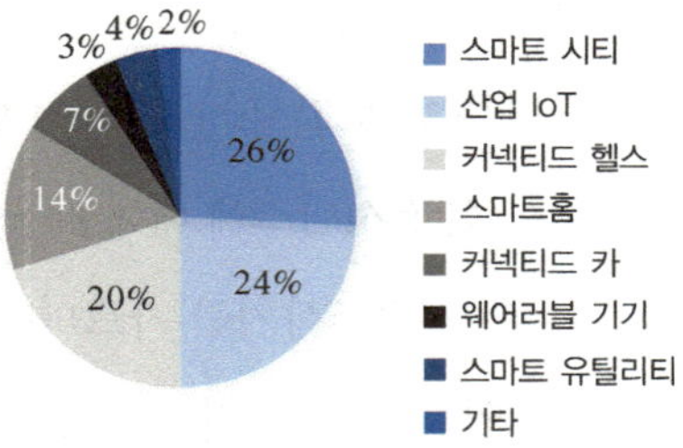

(b) 부문별 시장점유율

출처 : 그로스이네이블러 시장조사 보고서(GrowtEnabler Market Pulse Report) 및 Columbus, L., (2017년 12월), *2017 Roundup Of Internet Of Things Forecasts*, 포브스.

28.5%의 연평균 성장률로 약 4,570억 달러까지 성장할 것으로 전망하고 있다. 그중 가장 비중이 큰 분야는 스마트 시티, 산업 IoT, 그리고 커넥티드 헬스케어이며, 스마트 홈, 커넥티드 카, 스마트 유틸리티, 웨어러블이 그 뒤를 잇고 있다.

〈그림 8-6〉은 전 세계 로봇 분야 예상 지출액을 보여준다. 가까운 장래에 로

그림 8-6 전 세계 로봇공학 시장규모

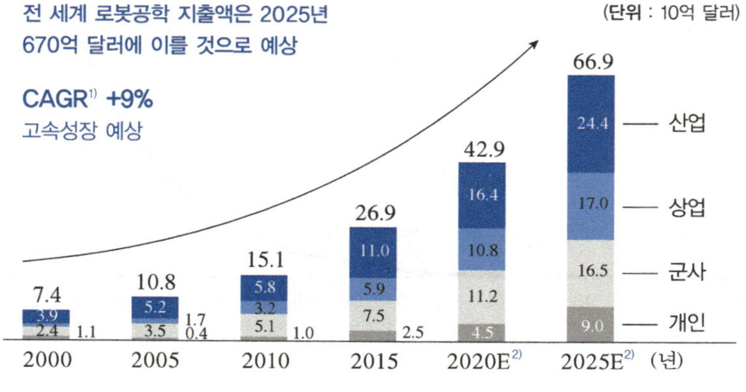

주 : 1) 연평균 성장률
2) E = 예상

출처 : 국제로봇연맹(International Federation of Robotics), 일본로봇공학회(Japan Robot Association), 일본경제산업성(Japan Ministry of Economy, Trade, and Industry), 유럽로봇산업협회(euRobotics) 기업 현황, BCG 분석보고서.

봇은 단순히 산업 생태계뿐만 아니라 공급에서 배송 및 사용에 이르는 밸류 체인 전체를 완전히 바꾸어 놓을 것이다. 이 같은 로봇시장의 가파른 성장세를 이끄는 주요 분야는 산업부문과 상업부문이며, 그 뒤를 군용 애플리케이션이 바짝 뒤쫓고 있다. 제조 및 생산 부문에서의 로봇 애플리케이션 비중 역시 향후 수십 년간 빠르게 성장할 것으로 전망된다.

현재 4차 산업혁명은 배아기를 지나고 있다. 4차 산업혁명은 여러 다양한 신기술이 주류 사회에 제각기 다른 시점에 수용됨에 따라 장기간에 걸쳐 진화해 나갈 것으로 보인다. 2015 세계경제포럼(World Economic Forum 2015) 보고서에서는 4차 산업혁명의 다양한 신기술들의 티핑포인트(Tipping point, 어떤 현상이 처음에는 아주 미미하게 진행되다 어느 순간 균형을 깨고 예기치 못한 일들이 폭발적으로 일어나는 시점)를 〈그림 8-7〉과 같이 타임라인으로 제시하고 있다.

그림 8-7 4차 산업혁명 신기술들의 티핑포인트 시점

2018	2021	2022	2023	2024	2025	2026	2027
▪ 각종 저장	▪ 로봇 및 서비스	▪ 사물인터넷 ▪ 웨어러블 인터넷 ▪ 3D 프린팅과 제조	▪ 이식 가능 기술 ▪ 의사결정을 위한 빅데이터 ▪ 새로운 인터페이스로서의 비전 ▪ 우리의 디지털 존재 ▪ 정부 및 블록체인 ▪ 주머니 속의 슈퍼컴퓨터	▪ 유비쿼터스 컴퓨팅 ▪ 3D 프린팅과 건강 ▪ 커넥티드 홈	▪ 3D 프린팅과 소비재 ▪ AI와 화이트컬러 직업 ▪ 공유경제	▪ 무인자동차 ▪ AI와 의사결정 ▪ 스마트 시티	▪ 비트코인과 블록체인

출처 : 2015 세계경제포럼(World Economic Forum, 2015년 9월), *Deep Shift : Technology Tipping Points and Societal Impact*, Survey Report, p.6.

본 조사 보고서에서는 2025년까지 각 티핑포인트의 발생 가능성을 낙관하는 응답자 비율도 조사·분석하여 제시하였다. 응답자 중 80% 이상이 2025년까지 발생할 것으로 예상한 전환 지점(transition points)은 21개 티핑포인트 중 10개로, 이식형 기술, 디지털 존재(digital presence), 시각 기반 인터페이스, 웨어러블 인터넷, 주머니 속 슈퍼컴퓨터, 사물인터넷 및 사물을 위한 인터넷(Internet for things), 의사결정을 위한 빅데이터, 로봇과 서비스, 3D 프린팅 및 제조, 3D 프린팅과 소비자 제품 등이었다.

3. 자동화

"기술적 실업(technological unemployment)"은 경제학자 존 메이너드 케인즈(John Maynard Keynes)가 지속적 혁신이 경제적 효율성을 높여 노동력의 사용이 순감소하는 현상을 설명하기 위해 제시한 용어다. 신기술이 주류 사회에 도입되면 초기에는 해당 사회의 거대한 경제적 조정을 야기하는 파괴 현상이 발생하나, 시간이 지남에 따라 새로운 안정성을 찾아간다.

4차 산업혁명이 필연적으로 불러올 경제적 조정과정의 강도에 대해서는 아직까지 많은 논의가 진행 중이다. 4차 산업혁명이 가장 큰 영향을 줄 것으로 예상되는 분야 중 하나가 바로 자동화(Automation)다. 본 절에서는 이 같은 자동화에서 파생되는 경제 및 노동 부문의 이슈에 대해 다룬다.

2017 맥킨지 글로벌 인스티튜트(McKinsey Global Institute) 보고서는 다음 〈그림 8-8〉과 같이 미국 내 모든 직업군의 예상 노동시간을 제시하고 있다. 본 보고서에서는 미국 내 모든 직업군을 관리직, 전문직, 인터페이스, 예측 불가능한 신체활동, 데이터 수집, 데이터 처리, 예측 가능한 신체활동 등 7개 그룹으로 구분했다. 각 직업군에 대한 상세 설명은 그림 아래 주석에 제시하였다. 〈그림 8-8〉을 보면 7개 직업군 중 데이터 수집, 데이터 처리, 예측 가능한 신체활동 등 3개의

그림 8-8 현재 실증 가능한 기술을 응용하여 자동화할 수 있는 활동에 소모되는 시간

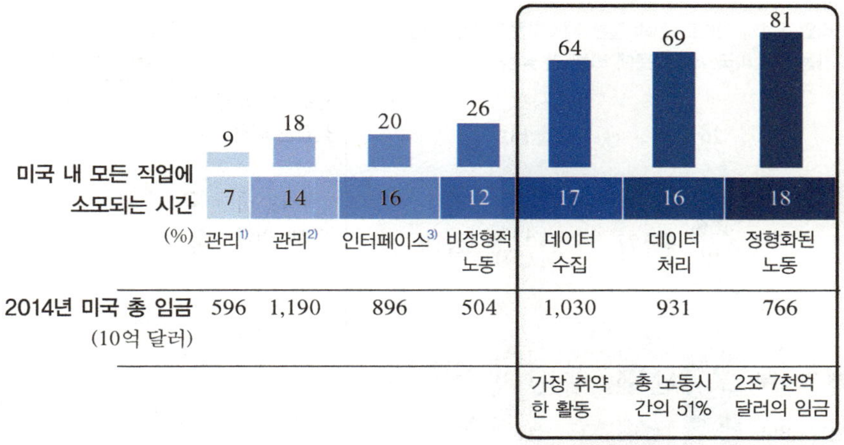

주 : 1) 인력 관리 및 개발
2) 의사결정, 기획 및 창의적 업무에 전문성 적용
3) 이해관계자들과의 interfacing
4) 비정형적 환경에서의 신체활동 수행 및 기계 작동
5) 정형화된 환경에서의 신체활동 수행 및 기계 작동
※ 수치는 반올림으로 인해 정확하게 합산되지 않을 수 있음.

출처 : 맥킨지 글로벌 인스티튜트 보고서(McKinsey Global Institute, 2017년 1월), *A Future That Works: Automation, Employment, and Productivity*, p.42.

직업군이 자동화로 대체될 위험이 높은 것으로 나타난다. 2014년 자료 기준, 이 3개 직업군이 미국 내 모든 직업군의 총 노동시간에서 차지하는 비중은 51%이며, 발생한 총 임금 액수는 2.7조 달러에 달한다. 자동화 위험이 높은 직업군에 속한 이들 노동자 중 다수가 실업의 위험에 처할 것으로 보인다.

2017 맥킨지 글로벌 인스티튜트 보고서(McKinsey Global Institute, 2017)는 미국과 일본의 제조업 분야 내 경제부문별 구성 및 기술 자동화 잠재성을 비교한 바 있다. 비교 결과 제조업 부문의 정규직 비율은 일본 17%, 미국이 9%로 일본이 미국에 비해 훨씬 높은 것으로 나타났다. 제조업 부문의 하위분야 중에서는 생산 분야가 미국 및 일본에서 모두 가장 큰 비중을 차지하고 있었으며, 해당 부문의 자동화 잠재성은 일본이 조금 더 높은 것으로 나타났다. 사무 및 행정이 그 다음으로

그림 8-9 일본과 미국의 부문별 구성

(단위 : %, 백만 FTEs)

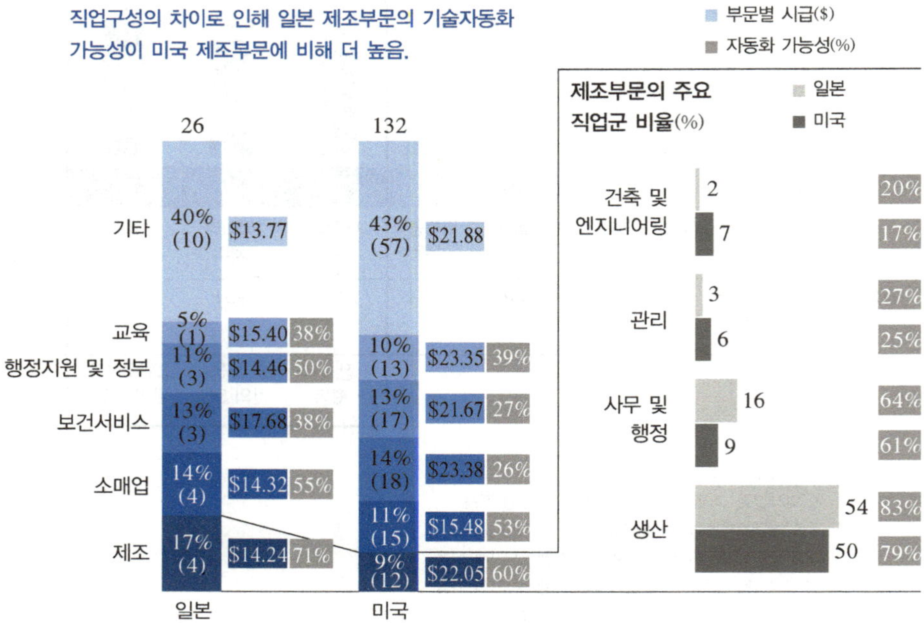

주 : 수치는 반올림으로 인해 정확하게 합산되지 않을 수 있음

출처 : 맥킨지 글로벌 인스티튜트 보고서(McKinsey Global Institute, 2017년 1월), *A Future That Works: Automation, Employment, and Productivity*, p.50.

비중이 높았다. 사무 및 행정 분야의 규모 덕에 일본이 미국에 비해 노동인구가 상당히 많은 것으로 나타났으며, 동 분야의 자동화 잠재성 또한 미국에 비해 일본이 조금 더 높았다. 그 외 하위분야들은 노동인구에서 차지하는 비중이 아주 적고, 자동화 잠재성 또한 매우 낮은 것으로 나타났다. 이 같은 결과에 비추어 볼 때 생산의 자동화, 그리고 사무 및 행정 부문의 자동화가 노동인구에 가장 큰 영향을 줄 것으로 예측된다.

본 맥킨지 보고서에서는 한국을 다루지 않았으나, 한국의 노동부문 구성 및 자동화 잠재성은 미국보다는 일본의 상황에 가깝다. 다음은 노동활동의 자동화에 영향을 미치는 각 요인에 대한 설명이다.

- 자동화 기능을 갖춘 기술은 상업화까지 어느 정도 시간이 걸릴 것이다. 성공 잠재력이 있는 제품 개발이 지연되면 자동화의 도입 속도 역시 느려질 것이다.
- 시장경쟁력이 있는 혁신적 솔루션의 개발 및 상업화에는 많은 비용이 든다. 따라서 신기술 분야의 창업정신을 독려하기 위해서는 자본과 인적 자산이 핵심 역할을 한다.
- 자동화 도입이 현실화되면 현 노동인구 중 상당수가 일자리를 잃게 될 것이다. 따라서 정책입안가들은 향후 발생할 노동력 미스매치 문제 해결을 위해 현재 노동인구를 대상으로 한 재교육 및 재훈련을 더욱 강화하여 대량실업 사태를 해결할 방안을 마련해야 한다.
- 자동화로 얻을 수 있는 경제적 혜택은 단순히 비용절감뿐만이 아니다. 높은 이윤, 생산성 증대, 안전성 및 품질 상승 등이 자동화로 상당한 가시적 혜택을 볼 수 있는 분야다.
- 자동화에 대한 사회적 규제 장벽이 존재하는 것은 사실이다. 그리고 이 같은 장벽들은 하루아침에 해소되지 않을 것이다. 아직까지 대중은 신뢰성과 안전성 등 여러 가지 문제로 자율기술의 도입에 거부감을 갖고 있다. 그 외에도 자동화로 인한 실업, 헬스케어 부문에서의 개인정보 보호 등에 대한 대중의 부정적 인식 등의 문제들이 존재한다. 이처럼 신기술 수용에 대한 대중들의 부정적 인식을 불식시키려면 자동화로 야기되는 비용을 압도할 만큼의 엄청난 혜택이 증명되어야 할 것이다.

이와 관련하여 각국이 취하고 있는 다양한 조치들의 핵심을 아래에 간략히 제시하였다.

- **싱가포르** : 싱가포르 인력부(Singapore Government Ministry of Manpower)

는 자국민 직무역량 향상 정책 "SkillsFuture" 에 대한 상세 정보를 제공하고 있다(참고자료 참조). 찬춘싱(Chan Chun Sing) 싱가포르 통상산업부 장관은 일부 일자리를 잠식할 수 있는 첨단기술의 등장에 맞서 싱가포르 노동인구의 미래에 대해 연설한 바 있다. 찬춘싱 장관은 싱가포르가 노동시장에서 뒤쳐지지는 않을 것이라는 낙관적인 입장을 밝혔으나, 그렇다고 안심할 상황 또한 아니라는 점을 분명히 했다. 그는 연설에서 '많은 사람들이 기술이 자신을 대체할 것을 두려워한다. 그러나 기술은 역설적으로 수많은 새로운 일자리를 창출할 것이다. 단, 노동인구의 가장 아래에 있는 사람들이 상향 이동하기 위해서는 전체 노동인구가 자신의 스킬을 업그레이드해 상향 이동해야 한다는 점을 기억해야 한다. 중간에 있는 사람들이 안심해서는 안 되는 이유가 바로 여기에 있다. 중간에 있는 사람들이 움직이지 않으면 가장 아래에 위치한 이들이 움직일 수 없다. 전체 노동인구의 수는 250만 명이고 일자리의 수는 400만 개이다. 따라서 산술적으로만 보면 일자리는 부족하지 않다. 문제는 일자리의 수가 아니라 모두에게 적합한 일자리가 돌아가도록 하게 하는 것이다' 라고 역설했다. 찬춘싱 장관은 또 국민들에게 진로 가이드와 상담 등을 제공하는 데에도 지금보다 훨씬 많은 노력이 필요할 것이라고 밝혔다. 특히 40세 이상의 근로자들이 인력 삭감 시에도 경쟁력 있는 기술을 보유할 수 있도록 '두 번째 직무기술 교육(second-skilling)' 을 받는 근로자들에게는 추가적인 인센티브가 제공될 것이다. SkillsFuture 인센티브는 광범위한 분야를 아우르는 직업훈련 과정을 마련해 싱가포르인들이 연령과 상관없이 미래를 대비한 새로운 기술을 익히고 개발할 수 있도록 하기 위한 취지의 프로그램이다. 이 프로그램은 25세 이상의 싱가포르 국민에게 각 500달러 상당의 크레딧을 제공하고, 시기별로 추가 크레딧을 적립해 주는 방식으로 더 많은 이들이 SkillsFuture 프로그램을 이용할 수 있는 장려책까지 마련하고 있다. 이와 관련하여 싱가포르텔레콤(Singtel)은 직원들이 Skills-Future 과정을 들을 수 있도록 연간 2일의 휴가를 추가로 부여한다. 또한 DBS와 OCBC는 자체적으로 직원들에게 추가 SkillsFuture 크레딧을 제공한다.

- 2016년 11월 발간된 포스코 보고서에서는 4개 주요국들의 국가 4차 산업혁명 정책을 요약 · 제시하였다. 각국은 저마다의 방식으로 4차 산업혁명에 접근하고 있다. 독일은 4차 산업혁명을 '인더스트리 4.0(Industry 4.0)' 으로 정의하는 한편, 미국은 '첨단제조파트너십(Advanced Manufacturing Partnership)' 이라는 명칭을 붙였다. 중국은 '메이드인차이나 2025(Made in China 2025)' 와 '인터넷 플러스(Internet Plus)' 전략을 통해, 일본은 '신로봇 전략(New Robot Strategy)' 의 일환으로 4차 산업혁명을 바라보고 있다. 각국의 4차 산업혁명 전략 및 접근법은 미묘하게 다르지만, 각 산업 분야가 새롭게 도래한 정보 기반 시대에 잘 대응할 수 있도록 준비한다는 대명제는 동일하다.

그림 8-10 4차 산업혁명 관련 국가 정책의 키워드

독일	미국	중국	일본
인더스트리 4.0	첨단 제조업	중국 제조 2025, 인터넷 플러스	로봇 신전략
가상물리 시스템(CPS) 스마트 공장	제조업 리쇼어링	정보화와 산업화 통합	로봇 기반의 신산업혁명

출처 : 포스코 보고서(2016년 11월), *The Fourth Industrial Revolution : The Winds of Change Are Blowing in the Steel Industry.*

4. 글로벌 밸류 체인

제조업 부문의 3개 메가트렌드(World Economic Forum 2018, p.5~9)는 다음과 같다.

- **연결성** : 사물인터넷을 통해 빠르게 확장되고 있는 연결성은 약 84억 개의 디바이스를 연결하고 있어 전 세계적인 규모에 이르렀다. 현재는 생산분야 전체 자산의 15% 정도만 연결되어 있으나, 이 비율은 빠르게 증가할 것으로 전망된다. 현재 기술업계에서는 700개가 넘는 산업용 사물인터넷 플랫폼을 개발 중에 있고, 기술부문 선두주자들은 초확장성(hyperscalable)을 띤 사물인터넷 플랫폼에 적극적으로 투자하고 있다.
- **인텔리전스** : 인공지능, 컴퓨팅 성능의 발전 및 빅데이터의 가용성으로 머신러닝 알고리즘이 각광받고 있다. 실제로 음성 인식 및 이미지 인식은 인간 두뇌에 필적하는 정확성을 거의 달성한 상태다. 그러나 아직 생산부문에서는 인공지능이 가진 잠재력이 완전히 발현되지 않았다. 현재는 극히 일부의 데이터만이 의사결정 과정에서 사용되고 있기 때문이다. 예를 들어 석유 굴착 장치의 경우, 데이터가 100% 확보되었더라도 의사결정에 사용되는 데이터는 그중 5%에 불과하다는 연구결과가 있다.
- **유연 자동화** : 자동화 기술은 모든 제조업 분야 작업의 60%를 자동화할 수 있는 역량을 보유하고 있다. 그러나 현재 산업용 로봇의 시장침투 수준은 아직까지 상대적으로 낮은 편이다. 업계 선두주자인 한국의 경우에도 10,000명의 제조업 근로자당 단 530개의 로봇이 사용되고 있을 뿐이다.

중단기적으로 제조업 부문에서는 다음과 같은 4개의 급진적인 주요 변화들이 나타날 것으로 예상된다(World Economic Forum 2018, p.5~9).

- 새로운 계급의 공장 근로자들의 등장 혹은 고도의 연결성을 띤 스마트 작업 현장 환경으로 제조업은 자기 조직적이고 더욱 자율적 성격을 띠게 될 것이다.
- 밸류 체인의 양 끝단이 매끄럽게 연결되어 제조업자들이 오늘날보다 두 배 더 빠른 속도로 제품혁신을 도모할 수 있게 될 것이다.
- 공급망이 더 넓은 공급 생태계와 연계되어 하나의 플랫폼으로 기능하여 B2B 통합이 이루어질 것이다.
- 데이터를 기반으로 새로운 서비스와 비즈니스 모델 혁신이 발생할 것이다.

위키피디아는 글로벌 밸류 체인(Global Value Chain ; GVC)을 "한 제품이 기획 단계와 설계를 거쳐 최종 소비자에게 전달되기까지 원재료, 중간 투입자재, 마케팅, 유통, 지원 등 그 사이에 있는 모든 활동을 총망라해 지칭하는 용어"로 정의하고 있다. 특히 그 같은 활동들이 여러 지역에 걸쳐 있어 지역 간 조정작업이 이루어져야 할 경우 GVC라는 용어는 개발 문헌에서도 사용된다.

지난 수십 년에 걸쳐 많은 국가들이 글로벌 경제체제에 편입됨에 따라 세계 경제 구조는 급격한 변화를 겪어왔다. 이 같은 변화는 글로벌 생산 및 무역 환경의 변화로 이어졌다. 특히 많은 산업들이 여러 지역에 생산기지가 분산되어 있는 환경에 놓이고, 공급 체인 내 수직적 분업화 현상이 나타나며, GVC 관리를 더욱 스마트하게 해야만 하는 상황이 되었다. 2008~2009년 글로벌 금융위기 이후(Frederick et al., 2017, p.3.1~3.5) ① 합리화(rationalization), ② 아시아와의 무역 확대(reorientation towards Asia), ③ 자동/적층 제조(automation/additive manufacturing), ④ 서비스화(servicification) 등 4가지 요인들이 GVC의 변화를 촉발했다. 그중 자동/적층 제조, 그리고 서비스화는 4차 산업혁명과 자주 연계되어 소개된다. 다음은 위 4가지 요인들에 대한 상세 설명이다.

- **합리화** : 글로벌 기업들은 세계 각 지역 간 인건비 차이를 영리하게 이용하고, 역량이 뛰어난 소수의 공급업체들과 파트너십을 맺어 생산 효율성 향상을 도모하고 있다. 그 결과 기업들이 인건비 절감을 위해 밸류 체인을 통합하는 사례가 점차 증가하고 있다.
- **아시아와의 무역 확대** : 수요와 공급 패턴의 변화를 바탕으로 아시아와 연계된 밸류 체인이 점차 더 크게 주목받고 있다. 아시아 지역의 낮은 인건비, 그리고 빠르게 성장하는 역내 수요와 맞물려 확장 일로에 있는 산업 기반은 의류, 화학, 전자, 조선 등 다양한 산업의 무역을 역내 밸류 체인으로 끌어들이고 있다(Bamber, Frederick, et al., 2016). 20세기부터 현재까지는 북북 무역 및 남북 무역 구도가 일반적이었지만, 이제 전 세계적으로 가장 빠르게 성장하고 있는 무역부문은 아시아-중동 및 북아프리카 무역, 아시아-사하라 이남 지역 무역, 아시아-중남미 무역이다(WTO, 2013).
- **자동/적층 제조** : 파괴적 시스템인 자동/적층 제조 시스템의 전반적인 비전은 기존의 생산라인을 자동화 및 통합하고, 설계와 생산에 협업과 가상화를 도입하고, 고객과 소비자에게 상품 및 서비스를 전달하는 과정의 효율성을 개선하는 것이다. 이미 점점 더 많은 대규모 작업에 자동화가 도입되고 있으며, 3D 프린팅 역시 니치 시장 및 고부가가치 제조부문에서 사용 중이다. 지난 4년간 최대 90%의 기술비용 감소가 있었을 정도로 이들 기술의 비용은 빠른 속도로 낮아지고 있다. 기술비용이 낮아짐에 따라 기술도입률은 더욱 높아지고 있다. 적층 제조 도입은 10년 전에 비해 4배나 증가했고, 3D 프린팅 역시 단순 소비자 제품에서 벗어나 사용자의 자체 제품 제작과 공구 및 금형 제작 부문까지도 그 영역을 확장하고 있다. 이 기술을 사용하면 실제 소비자가 있는 국가 내 공장 근처에서 부품을 직접 생산할 수 있어 공급

업체의 수와 재고를 더욱 줄일 수 있다. 일례로 제너럴 일렉트릭스(General Electrics ; GE) 사가 신규 개발한 LEAP 엔진에는 3D 프린터로 설계 및 제작한 합금 연료 노즐이 장착되어 있는데, 이 노즐은 기존 제품 대비 수명이 5배 더 길고 무게는 25% 더 가벼울 뿐 아니라 조립라인을 18개에서 1개로 축소시키는 결과를 가져왔다. 현재로서는 적층 제조의 다양한 기술로 생산할 수 있는 제품은 그 적용범위가 항공기 연료 노즐과 같이 복잡하고 수량이 적으며 고도의 맞춤화가 필요한 부품으로 제한되지만, 전통적인 제조기법으로 부품을 제작하는 데 필요한 공구 및 금형 사양이 전자적 형태로 확산되면 제조활동이 실제 발생하는 물리적 위치는 크게 변화할 수 있다.

- **서비스화** : 최근 IT업계에서는 소비자들이 점차 전통적 방식인 소프트웨어 구매에서 구독 서비스로 옮겨가는 'Software As a Service(SaaS)' 에 대한 논의가 활발하게 이루어지고 있다. ICT 산업 전반에 확대되고 있는 사용한 만큼 지불하는(pay-by-use) 새로운 패러다임과 구독 서비스는, 하나의 시스템을 구축해 두고 다수의 고객들이 각각 서비스 이용 요금을 지불하게 할 수 있다는 점에서 기업들에게 유리한 환경이다. 이와 유사하게 항공우주 및 추출 산업처럼 자본 설비 비용이 더욱 높은 부문에서도 자본 지출을 운영 지출로 전환하는 현상이 발생하고 있다. 자동차 제조업체가 라이드 셰어링(Ride sharing), 즉 승차 공유 부문에 투자하는 것을 예로 들 수 있다. 이 같은 모델 하에서 일부 제조업체들은 더 이상 생산설비를 갖추지 않고 설비 제조업체들에 정액 가입비 또는 사용량에 따라 달라지는 '사용료' 를 지불하고 설비를 사용 및 유지한다.

시간이 흐를수록 소비자들은 더욱 고도화된 맞춤화와 개인화를 요구하고 있다. 사람들은 더 이상 대형 트렌드의 일부가 되는 것에 만족하지 않으며, 자신의 니즈에 딱 맞는 스타일과 기술을 필요로 한다. 과거에는 맞춤형 제품이나 서비스를 제공하기 위해서 큰 비용이 들었으나 현재는 그렇지 않다. 이 같은 변화가 역으로 제조업체들이 자동화에 접근하는 방식을 완전히 바꾸도록 종용하고 있다. 이제 각 산업은 기존의 중앙통제 방식 및 정적인 제품 생산에서 벗어나 외부 환경 변화에 지속적으로 대응할 수 있는 동적인(dynamic) 제품을 생산해야 한다. 불필요한 낭비와 시장 출시 기간을 최소화하기 위해서는 비즈니스 물류와 제조부문 물류가 긴밀히 연계되어야 한다. 마지막으로 밸류 체인의 확장과 제조부문의 대변혁은 서비스의 본질을 변화시키고 있다. 소비자의 사용 패턴에 대한 정보 및 지식이 축적됨에 따라 서비스는 더 이상 기업 측이 부담하는 비용이 아닌, 기업의 수익을 높여주는 중요한 기능을 수행한다. 이제 기업들은 빅데이터를 활용하여 고객들을 위한 가치 있는 정보를 창출할 수 있으며, 이는 다시 수익 창출과 매출 증진으로 이어진다.

5. 4차 산업혁명 시대의 지식재산권

블룸버그(Bloomberg)는 2017년 가장 혁신적인 국가로 선정된 대한민국을 정부 주도의 기술집약 부문 진흥이 큰 성공을 거둔 보기 드문 사례로 꼽았다. 유럽특허청(European Patent Office ; EPO)의 지식재산권 연구는(European Patent Office, 2017) 대한민국 내 4차 산업 관련 특허출원 부문이 유럽, 미국, 일본, 중국, 캘리포니아 등 주요 5개 지역과 비교해 매우 경쟁이 치열했음을 보여주고 있다. 특허출원 신청건수의 구성을 좀 더 면밀히 살펴보면, 기업 수준의 광범위한 참여 부족이 향후 대한민국이 4차 산업혁명 시대의 강국으로 거듭나지 못하게 발목을 잡을 수 있다는 우려가 존재한다.

현재 한국 내 혁신 드라이브는 매우 강력하게 진행 중이나 대부분의 4차 산업

그림 8-11 상위 6개 혁신 센터별 EPO의 4IR 발명 추세

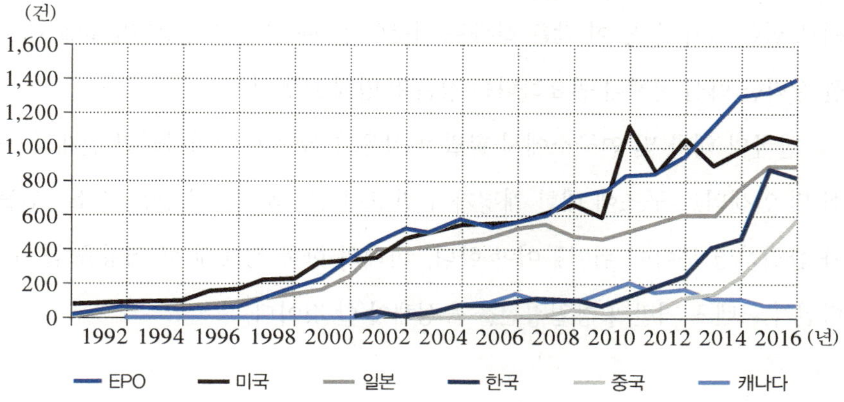

출처 : 유럽특허청(European Patent Office, 2017년 12월), 한델스블라트 연구소(Handelsblatt Research Institute)와 공동 조사, *Patents and the Fourth Industry Revolution*, p.68.

혁명 관련 R&D 및 지식재산권 신청건수는 소수의 글로벌 대기업이 독식하고 있는 실정이다. 한국에서는 삼성, LG 등 글로벌 대기업들의 특허 비율이 과도하게 높다. 앞에서 언급한 EPO 연구에서는 [표 8-1]과 같이 EU, 미국, 일본, 한국, 중국 내에서 가장 많은 특허를 신청한 기업 2곳을 제시하고 있는데, 국내 4차 산업혁명 관련 특허출원 건수 중 삼성과 LG가 차지하는 비중은 비정상적으로 높은 91.3%임을 알 수 있다. 이에 비해 EU와 미국의 경우 자국 내 시장 상위 2개사가 차지하는 비중이 15~17% 정도에 불과하다. 일본은 해당 비율이 30%에 가까우며, 중

표 8-1 국가별 4IR 상위 2개사 및 국내 비중

	EPO의 4IR 상위 2개사	상위 2개사의 국내 4IR 발명 비중
EPC 체결국	노키아, 필립스	15.5%
미국	퀄컴, 인텔	16.6%
일본	소니, 파나소닉	29.9%
한국	삼성, LG	91.3%
중국	화웨이, ZTE	68.9%

출처 : 유럽특허청(European Patent Office 2017년 12월), 한델스블라트 연구소(Handelsblatt Research Institute)와 공동 조사, *Patents and the Fourth Industry Revolution*, p.68.

국의 경우 상위 2개사의 특허 비율이 69%로 한국에 이어 혁신 쏠림 현상이 두 번째로 심한 국가였다. 이 같은 결과로 미루어 볼 때 한국에 중소기업들을 대상으로 한 강력한 혁신 정책이 필요하다는 점은 분명해 보인다.

한국의 대학 및 연구소에서 활발한 상용화 활동이 일어나려면 현재의 운영방식 및 인센티브 구조에 대한 재평가가 반드시 필요하다. 더 많은 중소기업들이 4차 산업혁명 분야에 뛰어들어야 한다. 미래의 한국 경제에 큰 영향을 줄 수 있는 혁신적 콘텐츠 기반의 창업정신을 육성해야 할 것이다.

6. 대한민국의 4차 산업혁명 로드맵

6.1 교육의 역할

한국 교육의 역할은 앞으로 계속해서 변화해야 한다. 전통적인 한국식 교육방식은 4차 산업혁명 시대에는 적합하지 않기 때문이다. 〈그림 8-12〉는 한국의 대학 교육이 4차 산업혁명 시대에 더 경쟁력을 갖추기 위해 보완 · 발전시켜야 할 핵

그림 8-12 한국의 4차 산업혁명 관련 교육체계

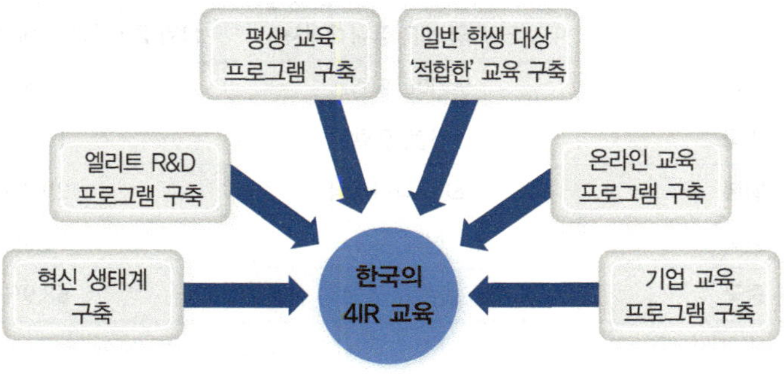

심 부문을 요약 · 제시하고 있다.

- **혁신 생태계 구축** : 우수한 혁신 생태계를 구축하는 것은 한국이 직면한 주요 도전과제다. 이미 정부 차원의 혁신 및 기업가 양성 부문 투자가 상당 부분 이루어져 왔지만 결과는 기대에 한참 못 미치는 수준이었다. 이런 상황에서 대학들은 산업계 및 내부 기관들과 더 적극적인 협력을 도모해야 할 것이다. 기업가정신은 대학 단계에서 적극 양성해야 한다. 단, 창업은 4차 산업혁명 관련 기술을 활용한 창업에 관심이 있는 학생들이 주도해야 함은 분명하다. 이를 위해서는 투자자, 컨설턴트, 각 분야 전문가들을 대학들과 연계하여 학생의 창업 플랜에 대해 높은 수준의 검토 및 평가를 제공하여 한 단계 업그레이드된 플랜 마련을 지원해야 할 것이다. 또한 학생들에게는 여름방학때 4차 산업혁명 관련 부문 중소기업에서 실무를 체험할 수 있는 기회가 주어져야 할 것이다. 4차 산업혁명이 주는 기회를 십분 활용하려면 재능 있는 학생들이 주도하는 국내 스타트업 및 중소기업의 수가 많아져야 한다.
- **엘리트 R&D 프로그램 구축** : 한국의 우수 R&D 중점 대학들은 첨단 과학기술 부문 4차 산업혁명 관련 연구에 주안점을 두어야 한다. 일부 4차 산업혁명 관련 연구활동은 과학기술 부문의 중대한 발견으로 이어져 장기적으로 상당한 경제적 이익을 가져올 수 있기 때문이다. 그렇기에 한국 정부의 정책입안가들이 4차 산업혁명에 대한 정확하고 깊이 있는 이해를 바탕으로 각 대학 및 연구기관에 R&D 자금을 배정하는 것은 한국 경제 전반에 있어 매우 중요하다. 또한 우수한 해외 대학 및 연구기관과의 공동 R&D 활동 역시 적극 장려해야 한다.
- **평생교육 프로그램 구축** : 지난 10년간 출산율의 가파른 하락을 경험한 한국은 빠른 속도로 고령화 사회가 되고 있다. 그렇기 때문에 30대 중반~

50대의 중장년층을 위한 교육부문에 투자하는 것이 시급한 과제 중 하나다. 4차 산업혁명 시대를 대비한 평생교육 프로그램을 확대 강화하는 것은 신기술의 등장으로 일자리를 잃을 가능성이 높은 중장년층에게 큰 도움이 될 것이다. 급변하는 환경, 그리고 변화하는 환경에 맞추어 끊임없이 학습해야 하는 4차 산업혁명 기반 경제체제 하에서도 중장년층이 제 역할을 할 수 있도록 지속적인 재훈련 및 교육을 제공하는 것이 반드시 필요하다.

- **일반 학생 대상 '적합한' 교육 구축** : 모든 대학이 같을 수는 없다. 최상위 수준의 대학은 우수한 학생들이 최신 기술을 익히고 연구할 수 있는 특별한 교육 프로그램을 제공해야 할 것이며, 상위 대학들 역시 자원과 인력이 충분할 경우 수준 높은 4차 산업혁명 관련 연구결과를 낼 수 있는 환경이 조성되어야 할 것이다. 그러나 대학들이 더 중요시해야 하는 부문은 학생들에게 스마트 제조, 스마트 시티같은 4차 산업혁명 환경에 맞는 교육 훈련 프로그램을 제공하는 것이다. 4차 산업혁명 관련 기술에는 다학제 간 연계 및 협력이 필요하므로 대학들은 새로운 학위과정 신설 또한 고려해야 할 것이다. 또한 더 많은 학생들이 AI 등 4차 산업 관련 부문의 석사 및 박사 과정을 밟을 수 있도록 장려해야 한다.
- **온라인 교육 프로그램 구축** : 수많은 4차 산업 관련 기술이 쏟아지고 있는 지금 다양한 인구집단을 대상으로 적합한 교육 훈련을 제공할 수 있는 가장 비용 효율적인 방안이 필요하다. 짜임새 있는 온라인 교육 프로그램은 4차 산업혁명에 관심이 있는 다수의 사람들에게 동시에 교육을 제공할 수 있다는 점에서 매력적이다. 이미 전 세계의 많은 대학, 기업, 정부, 민간 단체들이 직원 교육에 온라인 교육 프로그램을 도입하고 있다. 스탠포드대학의 온라인 교육 프로그램 유다시티(Udacity)는 2016년 가을학기에 자율주행자동차 공학 부문 나노학위를 개설했다. 석사학위와 동등한 학위과정인 나노학위 과정을 통해 학생들은 자율주행자동차에서 얻은 이미지와 센서 데이터를

AI를 이용해 가공하는 과정을 학습할 수 있다. 실제 도로 상황은 예측하기가 어렵기 때문에 이 과정은 현존하는 가장 까다로운 AI 애플리케이션 중 하나다. 이 학위과정은 주로 온라인 자료를 통한 자기 주도 학습이며, 기간 역시 수개월에 불과한 단기 과정이다. 유다시티의 가장 큰 장점은 교육기관이 참여하지 않는다는 점이다. 때문에 학습자들에게는 메르세데스, BMW, 우버 등의 기업 멘토들이 배정된다. 이 코스는 개설과 동시에 전 세계에서 30,000명이 넘는 수강생들이 등록했다.

- **기업 교육 프로그램 구축** : 4차 산업혁명을 위한 특정 대상별 기업 교육 프로그램 운영은 단기간에 기업 종사자를 대상으로 적절한 교육 프로그램을 제공하는 데 매우 효과적인 방법이다. MIT 등 일부 대학들은 스마트 제조, AI 등 핵심적인 4차 산업혁명 관련 부문에서 기업 종사자들을 위한 단기 속성 교육 훈련 프로그램을 제공하고 있다. 이처럼 경력 있는 분야별 전문가들이 교육을 제공하는 짜임새 있는 기업 교육 프로그램은 특히 중소기업들에게 큰 도움이 될 수 있다.

6.2 정부의 역할

한국 정부는 장차 한국 경제에 가장 큰 영향을 미칠 수 있는 기술부문에서 신중하고 현명한 결정을 내릴 수 있도록 4차 산업혁명을 정확하고 깊이 있게 파악하고 있어야 한다. 물론 이는 결코 쉬운 일이 아니다. 자원은 한정되어 있기에 국가 예산은 한국이 수립한 4차 산업혁명 비전에 발맞추어 배정되어야 한다. 다음은 이런 상황에 놓인 한국 정부를 위한 몇 가지 제언이다.

- 정부의 정책입안가들은 4차 산업 기술에서부터 여러 도전과제에 이르기까지 4차 산업혁명에 대한 폭넓고 깊이 있는 지식을 쌓아야 한다. 또한 4차 산

업혁명 시대에서 한국이 가진 강점, 기회, 약점, 위기를 정확히 파악하고 있어야 한다. 국가 차원의 4차 산업혁명 비전을 수립해 명확히 제시해야 하며, 예산은 그 같은 비전을 바탕으로 배정하여 집행해야 한다. 무엇보다도 정책 입안가들은 4차 산업혁명을 균형 있고 개방적인 시각으로 바라볼 수 있어야 한다. 4차 산업 관련 예산은 가시적인 비즈니스 성과를 창출할 수 있는 '적합한' 개인 또는 기관에 투자해야 한다.

- 해외 기업이 한국에 핵심 주요 시설을 이전할 동기가 될 수 있는 경제적 인센티브를 제공하는 방향으로 현행 과세구조, 관세, 무역협정을 적절히 수정하는 작업 또한 필요할 것이다. 또한 4차 산업혁명 시대에 국내 외국인 직접투자(FDI)의 증가는 많은 기업들이 글로벌 시장에서 더욱 효과적으로 경쟁에 임할 수 있는 발판을 마련해 줄 것이다. 건강한 경쟁이 이루어지고, 고소득 일자리가 늘어나며, 활발한 가치 창출이 이루어지면 국내의 우수한 학생들이 4차 산업혁명 관련 산업으로 진입할 것이다.
- 정부는 글로벌 4차 산업혁명 시장에서의 기회에 관한 정보를 수집 및 제공하고, 해외 시장 진출을 준비하는 국내 기업에 자문을 제공할 수 있다. 또한 많은 기업이 경쟁우위를 점하기 위해 글로벌 밸류 체인을 조정해야 하는 상황에 있으므로 제조부문에 관한 정보 역시 제공할 수 있다.
- 소프트웨어와 커넥티드 디바이스가 우리 일상 생활의 일부분이 되면서 보안의 중요성은 날로 커지고 있다. 기업들을 각종 침해 및 침투로부터 보호하기 위해서는 엄격한 보안 관련 가이드라인을 정부기관, 기업, 각종 커뮤니티 사이에 공유해야 한다. 시스템에 대한 사용자들의 신뢰를 더욱 강화하기 위해 보안산업은 보안기술 부문에서의 혁신을 지속해 나가야 한다.

6.3 산업의 역할

4차 산업혁명을 맞아 한국 기업들은 시장경쟁력을 대폭 개선해야 한다. 크게 개선할 수 있는 분야는 다음과 같다.

- 이미 시작된 4차 산업혁명 시대에 살아남을 수 있는 기업은 많지 않을 것이다. 이 같은 4차 산업혁명 속에서 기업들은 생존을 위한 변화를 도모해야 한다. 한 기업이 모든 부문에서 뛰어나기란 매우 어려운 일이므로, 약한 부문은 다른 기업과의 협력을 통해 극복해야 한다. 우수한 인력 및 보완적 기술이 항상 기업 내부에 존재하는 것은 아니다. 외부에 있을 수도 있다. 이 말은 곧 경쟁력을 높이고자 하는 기업이라면 개방적 혁신에 능숙해야 한다는 의미이기도 하다. 일부 경우 중소기업은 R&D 지출 및 기타 사업적 이니셔티브를 공유하기 위한 자원 풀을 형성해야 할 필요도 있다.
- 아직 많은 한국 기업들이 외국 기업과 교류 및 협력을 하는 것을 불편하게 생각한다. 따라서 한국 기업들, 그중에서도 중소기업체의 임원 및 대표들은 다양한 문화권에서 온 사람들과 교류하고 그들과 의사소통하는 소프트 스킬을 연마해야 할 것이다. 4차 산업혁명 시대에는 기업 내 모든 유형의 관리자들이 글로벌 인력들과 함께 일하게 될 가능성이 매우 높다. 조직 간(cross-organizational) 팀과 함께 일하고 필요한 언어를 구사하는 능력은 서로 다른 문화권의 기업 주체와의 신뢰를 쌓고 컨센서스를 형성하는 데 있어 가장 핵심적인 요소다.
- 또한 기업들은 글로벌 밸류 체인을 활용한 경쟁력 확보 방안을 습득해야 한다. 글로벌 밸류 체인은 앞서 상술한 바 있다. 글로벌 생산환경을 이해하고 지역 간 차이를 최대한으로 이용할 수 있는 환경을 조성하는 기업은 상당한 경쟁우위를 누릴 수 있다. 더불어 한국과 동남아시아 및 중동 간 무역이 크

게 성장하고 있는 지금, 한국 기업들은 이 지역을 공략해 특히 4차 산업혁명 관련 비즈니스 부문의 생산역량 강화 및 수익 창출을 도모해야 할 것이다.

- 또한 기업들은 근무시간 유연화를 통해 직원들이 4차 산업혁명 교육 훈련 프로그램에 적극 참여할 수 있도록 독려해야 할 것이다. 고도의 훈련을 받은 인력은 높은 생산성 및 회사 수익 개선으로 이어지기에 이 같은 조치는 첨단 기술 기업에 좋은 투자가 될 것이다.
- 협력 및 M&A에 대한 한국 기업의 태도 역시 변화할 필요가 있다. 가치 창출, 그리고 주주나 투자자의 이익에 더 많이 집중해야 할 것이다.
- 한국 기업은 대학 및 연구기관과도 더욱 활발한 교류협력을 도모해야 한다. 중소기업들은 연구기관과 협력하여 자원 풀링 등을 할 수 있을 것이다. 미래에도 지속적으로 성공적인 기업활동을 영위하기 위해서는 강력한 4차 산업혁명 특허 포트폴리오를 구축하는 것 또한 기업의 중요 과제다.

6.4 한국 정부의 4차 산업혁명 이니셔티브

한 코리아타임스(Korea Times) 기사(Kang Seung-woo, 2017)에서는 한국 정부의 4차 산업혁명 이니셔티브 주요 지출 계획을 소개하고 있다. 구체적으로 살펴보면, 한국 정부는 2019년도 혁신 성장 사업에 44억 달러(한화 5조원 상당)를 편성했다. 해당 사업의 8개 선도사업 부문 중 특히 블록체인과 AI를 중점적으로 지원한다. 이 금액은 전년 예산 지출액 대비 65%나 증가한 액수다. 한국 정부가 원하는 것은 블록체인, 빅데이터, AI 등을 중심으로 한 플랫폼 경제 활성화를 위한 인프라 개발이다. 이와 관련해 김동연 경제부총리는 '이번 조치는 플랫폼 경제를 활성화하고 궁극적으로 혁신 성장을 촉진하는 동력이 될 것' 이라고 밝혔다. 경제부총리는 또 한국 정부는 530억 달러(한화 600억원) 이상의 예산을 8개 선도사업 부문에서 10,000명의 전문가를 양성하는 프로그램에 투입하기로 했으며, 그중 260

억 달러(300억원)는 국영기업 투자로 충당될 것이라고 덧붙였다. 해당 전문가에는 초중고 컴퓨터 과학 교사들도 포함된다. 이와 관련해 고용노동부는 최근 빠르게 발전 중인 4차 산업혁명 관련 부문의 전문인력 양성을 위해 관련 전문가들에게 정부 인증서를 부여하는 프로그램을 도입하기도 했다. 이 외에도 한국 정부는 여러 관련 프로그램의 조정 및 지원을 위해 다음과 같은 변화를 도모 중에 있다.

- 관련 사업 간 조정 및 지식 공유를 위해 대통령 직속 4차 산업혁명위원회 발족. 정부 주체와 각 분야 전문가 및 기업체로 구성되고 미래창조과학부가 주관하는 본 위원회는 4차 산업혁명 기술 관련 정책 결정을 이끌게 된다.
- 정부의 스타트업 지원을 받는 소규모 벤처기업을 위한 R&D 지원 전담 조직 신설.
- 자율주행차를 위한 스마트 고속도로 등 신규 발명품 생산비용을 절감할 수 있는 지원 인프라 확충.

7. 결론

한국이 4차 산업혁명에 접어든 지금, 한국 경제는 중대한 기로에 놓여 있다. 한국의 정책입안가들은 미래의 경제성장을 위해 기반 기술 개발을 전향적으로 추진하는 것이 중요하다는 점을 잘 알고 있다. 그러나 정부의 이니셔티브를 어떻게 실행에 옮길지에 대해서는 아직 명확한 답이 나와 있지 않은 실정이다. 이 같은 상황에서 정부는 개방적이고 투명한 접근법을 바탕으로 장차 한국 경제에 가장 큰 가시적 성과를 가져올 수 있는 인물 및 기관들에 필요한 자금을 조달할 방안을 마련해야 할 것이다.

국내 기업 및 대학은 다양한 부문에서 함께 협력해야 한다. 글로벌 대기업들은 최상위 대학을 대상으로 한 공동 프로젝트 등을 구상해 볼 수 있을 것이나, 연구 프로젝트 및 인턴십 프로그램에 참여하는 중소기업들과는 더욱 깊은 수준의 협력방안을 도모해야 한다. 마지막으로 학생 주도 창업을 적극 장려해야 한다. 학생들이 갖고 있는 혁신적 아이디어를 업계 전문가 및 투자자들이 가려내고 지원하여, 그것이 새로운 비즈니스 아이템으로 성공을 거둘 수 있는 가능성을 높여야 한다.

참고문헌

박종선 · 한병화 · 한상웅, "5G, 통신시장 빅사이클 도래!" , 유진투자증권, *The Fourth Industry Revolution*, page 6, February 2018.

Adhikari, S., "Inaugural Digital Index Shows Pockets of Excellence," *The Australian Business Review*, May 2017.

ASEM EMM, *Seoul Initiative on the 4th Industry Revolution*, September 2017.

Bamber, Penny, Stacey Frederick and Gary Gereffi, *The Philippines in the Chemical Global Value Chains : Opportunities for Upgrading Durham, N.C.*, Center on Globalization, Governance and Competitiveness. Commissioned by USAID and the Philippine Department of Trade and Industry, 2016.

Columbus, L., *2017 Roundup Of Internet Of Things Forecasts*, Forbes, December 2017.

European Patent Office, *Patents and the Fourth Industry Revolution*, In Cooperation with Handelsblatt Research Institute, December 2017.

Frederick S, P. Bamber, L. Brun, J. Cho, G. Gereffi, and J. Lee, *Korea in Global Value Chains: Pathways for Industrial Transformation*, Joint Project between GVCC and KIET, September 2017.

Grail, C., "Cisco predicts 50 billion things connected to the Internet of Things (IoT) by 2020 ? what does it mean to connect?," *What' s the Bid Data Idea*, http://whatsthebigdataidea.com/2017/10/23/cisco-predicts-50-billion-iot-connected-by-2020/ October 2017.

Kang Seung-woo, "Korea to invest 1.5 trillion in R&D for Fourth Industrial Revolution," *The Korea Times*, http://www.koreatimes.co.kr/www/tech/2017/06/133_232181.html, June 29, 2017.

McKinsey Global Institute, *A Future That Works : Automation, Employment, and Productivity*, January 2017.

Posco Report, *The Fourth Industrial Revolution : The Winds of Change Are Blowing in the Steel Industry*, https://newsroom.posco. com/en/fourth-industrial-revolution-winds-change-blowing-steel-industry/ November 2016.

Schwab, K., *The Fourth Industry Revolution*, Founder and Executive Chairman, World Economic Forum, 2016.

Singapore Government Ministry of Manpower, "SkillsFuture," https://www.mom.gov.sg/employment-practices/skills-training-and-development/skillsfuture

World Economic Forum, *The Next Economic Growth Engine: Scaling Fourth Industry Revolution Technologies in Production*, In Collaboration with McKinsey & Company, January 2018.

______________________, *The Global Risks Report 2017*, 12th Edition, 2017.

______________________, *Deep Shift: Technology Tipping Points and Societal Impact*, Survey Report, September 2015.

1. 서론

2. 동아시아 혁신체제와 한국 모델에 관한 관련 연구

3. 대기업 중심의 한국형 혁신체제의 새로운 해석과 한계

4. 4차 산업혁명과 내생적 기업혁신

동아시아 혁신체제와 한국적 모델

장현준(KAIST 기술경영전문대학원 교수, 이노베이션이론)

9

〈요약〉

아시아 지역의 지난 10여 년간의 경제발전과 기업혁신의 성과는 실로 눈부신 바 있다. 이는 그 이전의 단순한 선진국 추격형 혁신체제를 뛰어넘어 독자적인 발전경로에 접어들었다는 평가를 가능케 한다. 무엇이 이를 가능케 했는가에 관한 의문을 정확히 규명하는 작업은 앞으로 아시아, 그중에서 특히 한국 기업과 경제의 앞으로의 모델 정립을 위해 꼭 필요한 작업이다. 더 나아가 최근 진행되고 있는 이른바 4차 산업혁명에 대한 관심은 이제까지 성공적이라고 평가되는 동아시아, 그리고 한국의 혁신체제가 근본적으로 바뀌어야 한다는 점을 시사하고 있다. 왜냐하면 동아시아와 한국 경제의 혁신 패턴은 추격형에서 탈추격형으로 전환하고 있지만, 아직도 정부의 과도한 주도와 대기업 위주의 위로부터의 혁신체제에 크게 의존하고 있기 때문이다. 이는 국가 및 기업의 이노베이션 체제가 새로운 기술집약형 신생 기업을 중심으로 하는 밑으로부터의 혁신 필요성을 제기하고 있다. 이 글에서 주장하고자 하는 한국형 혁신체제의 골자는 시장 적응형 이노베이션 시스템으로 살펴본다. 그러나 이 같은 한국형 혁신체제는 정부와 대기업 중심의 위로부터의 혁신에 그치고 있어 4차 산업혁명의 시대에 적응하려면 기술 기반 신생 기업의 적극적 참여와 밑으로부터 사회 전체가 참여하는 새로운 방식으로 전환되어야 한다는 필요성을 제기하고자 한다. 이 같은 주장의 실천을 위해 이 글에서는 대학 중심의 벤처 육성 정책을 뛰어넘어 직장 경험에 기반을 두는 새로운 벤처 육성을 대기업-정부-학계가 힘을 합해 추진해야 한다는 점을 강조하고자 한다.

1. 서론

아시아 지역의 지난 10여 년간의 경제발전과 기업혁신의 성과는 실로 눈부신 바 있다. 이는 그 이전의 단순한 선진국 추격형 혁신체제를 뛰어넘어 독자적인 발전경로에 접어들었다는 평가를 가능케 한다. 일찍이 미국의 폴 크루그먼 교수가 지적한 생산요소 투입에 의한 아시아 경제성장의 한계를 기업혁신으로 극복한 결과가 아닐 수 없다. 지난 20여 년간 국내외 학자들이 제시한 동아시아 혁신체제에 관한 연구는 주로 추격형 혁신체제에 집중되어 왔던 것이 사실이다. 비교적 최근에 와서야 동아시아, 특히 한국의 탈추격형 혁신체제가 어떻게 진행되고 있는지에 관해 관심이 일고 있다.

동아시아 지역의 추격형 혁신체제는 어떻게 진행되어 왔고, 국가별로는 어떻게 차이가 나며, 가까운 미래에 어떻게 진행될 것인가는 우리에게 중요한 시사점을 던져주고 있다. 이에 관한 의문을 정확히 규명하는 작업은 앞으로 아시아, 이중에서 특히 한국 기업과 경제의 앞으로의 모델 정립을 위해 꼭 필요한 작업이다. 최근의 글로벌 혁신체제는 기존의 ICT 기술이 심화되면서 다른 기술과의 복잡한 융합이 일어나고 가상현실과 현실의 제조업, 서비스의 융합이 진행되는가 하면 인공지능과 빅데이터의 응용이 점점 더 현실로 다가오고 있다. 날로 우리에게 새로운 현실로 다가오면서 산업을 근본적으로 바꾸고 있는 이른바 4차 산업혁명에 대한 관심은 이제까지 성공적이라고 평가되는 동아시아, 그리고 한국의 혁신체제가 근본적으로 바뀌어야 한다는 점을 시사하고 있다. 왜냐하면 동아시아와 한국 경제의 혁신패턴은 추격형을 뛰어넘어 탈추격형으로 전환하고 있지만, 아직도 정부의 과도한 주도와 대기업 위주의 위로부터의 혁신체제에 크게 의존하고 있기 때문이다. 이는 국가 및 기업의 이노베이션 체제가 새로운 기술집약형 신생 기업을 중심으로 하는 밑으로부터의 혁신 필요성을 제기하고 있다.

이 글에서는 동아시아와 한국의 지난 10년간의 성공요인을 분석해 보고, 그것이 지닌 한계를 살펴본다. 또한 4차 산업혁명에 대비해 한국 혁신체제의 새로운 모델이 어떤 방향으로 진행되어야 하는가를 정부, 기업 및 사회가 해야 할 역할을 중심으로 살펴본다. 이 글의 구성은 다음과 같다. 먼저 동아시아 혁신체제를 한국, 싱가포르, 대만 등 주요 동아시아 국가를 중심으로 공통점과 상이점을 비교·분석한다. 이러한 비교는 혁신요인에 관한 자원 기반 가설과 제도경제학적인 방법론을 통해 각국의 기술 획득 및 개발 과정을 중심으로 살펴볼 것이다. 이는 주로 싱가포르 국립대학의 웡포캄 교수의 연구업적을 중심으로 살펴본다. 그 다음으로 국내외의 여러 학자가 밝힌 한국의 혁신과정과 기술개발에 관한 연구를 살펴보고 이제까지의 추격형 혁신체제의 특징을 요약한다. 이 같은 문헌 정리를 통해 현재 진행되고 있는 한국의 탈추격형 혁신이 어떻게 진행되고 있고, 무엇이 혁신의 주요 동력이 되고 있는가를 살펴본다. 이 글에서 주장하고자 하는 한국형 혁신체제의 골자는 시장 적응형 이노베이션 시스템으로 살펴본다. 그러나 이 같은 한국형 혁신체제는 정부와 대기업 중심의 위로부터의 혁신에 그치고 있다. 이러한 까닭에 본 장에서는 4차 산업혁명의 시대에 적응하려면 기술 기반 신생 기업의 적극적 참여와 밑으로부터 사회 전체가 참여하는 새로운 방식으로 전환되어야 한다는 필요성을 제기하고자 한다. 또한 이러한 주장의 실천을 위해 이 글에서는 대학 중심의 벤처 육성 정책을 뛰어넘어 직장 경험에 기반을 두는 새로운 벤처 육성을 대기업-정부-학계가 힘을 합해 추진해야 한다는 점을 강조하고자 한다.

2. 동아시아 혁신체제와 한국 모델에 관한 관련 연구

지난 30여 년간 동아시아 혁신체제 혹은 한국의 이노베이션 체제에 관한 연구는 국내외에서 다양하게 진행되어 왔다. 이에 관한 연구는 대부분 동아시아 국가가 선진국 추격형 이노베이션 경로를 밟아 왔고 기술축적도 자생적 과정이었다기보다는 선진국 기술의 모방-개선-자기 기술축적 과정이었다는 점을 강조하고 있다. 이 중에서 이 연구에 도움이 되는 몇 개의 중요한 연구 결과를 중심으로 이제까지의 연구와 시사점 등을 살펴보고자 한다.

동아시아 혁신체제는 지난 30여 년간 선진국을 추격하는 양태로 진전되었는

데 학계에서는 그 추격의 양태가 각국이 처한 위치, 주요 자원의 활용방법, 정책의 포인트 등에 따라 다소 다르게 진행되어 왔음을 밝히고 있다. 그중 대표적인 연구로 싱가포르 국립대학 웡포캄 교수의 선진국의 기술추격을 위한 국가 혁신체제의 비교연구를 들 수 있다(Poh-Kam Wong, National Innovation Systems for Rapid Technological Ctach-Up : An analytical framework and a comparative analysis of Korea, Taiwan and Singapore, 1999).

웡 교수는 동아시아 국가 중 한국, 타이완, 싱가포르의 국가 혁신체제에 관해 자원 기반 이론이 시사하는 후발주자의 장단점을 정리하면서 기술추격을 위한 신제품 기술역량 개발과 공정기술 혁신을 구별해서 분석하고 있다. 이에 기초해 그는 세 나라의 기술추격 형태를 다음 네 가지로 구분했다. 즉, ① 역가치사슬 전략(Reverse Value Chain Strategy), ② 역제품주기 전략(Reverse Product Life Cycle Strategy), ③ 제품응용개발 전략(Application Pioneering Strategy), ④ 신제품기술개발 전략(Product Technology Pioneering Strategy)이 그것이다. 그는 대기업을 중심으로 기술 추격과 축적이 진행된 한국과 중소기업을 기반으로 하는 타이완, 그리고 선진 대기업과 협력에 기초한 싱가포르의 경험을 위의 분석 틀에 중첩시켜 동아시아 혁신체제가 나름대로 다양한 국가 혁신체제를 발전시켜 왔다고 주장하고 있다. 이 글에서는 동아시아 혁신체제의 비교연구가 주된 내용이 아니기 때문에 다음에서는 한국의 경험에 관한 국내외 학계의 연구결과를 살펴본다.

김인수는 한국 혁신이론 연구와 현대자동차 등의 기업혁신 이론 연구를 통해 기존 선진국 중심의 기술혁신이 후발국에 일반화되기에는 부적합하다고 주장했다(Kim, 1997 ; Kim, 1998). 또한 우리나라의 기술혁신 과정에 대한 분석을 통해 후발국에서 이루어지는 기술진화 과정은 선진국의 역방향으로 이루어져야 함을 제시하였다.

그는 선진국의 경우 제품혁신 중심에서 공정혁신 중심으로 변화하는 데 반해 후발국의 경우에는 공정혁신 중심에서 제품혁신 중심으로 기술혁신 유형이 변화

그림 9-1 두 가지 기술혁신 궤적의 통합

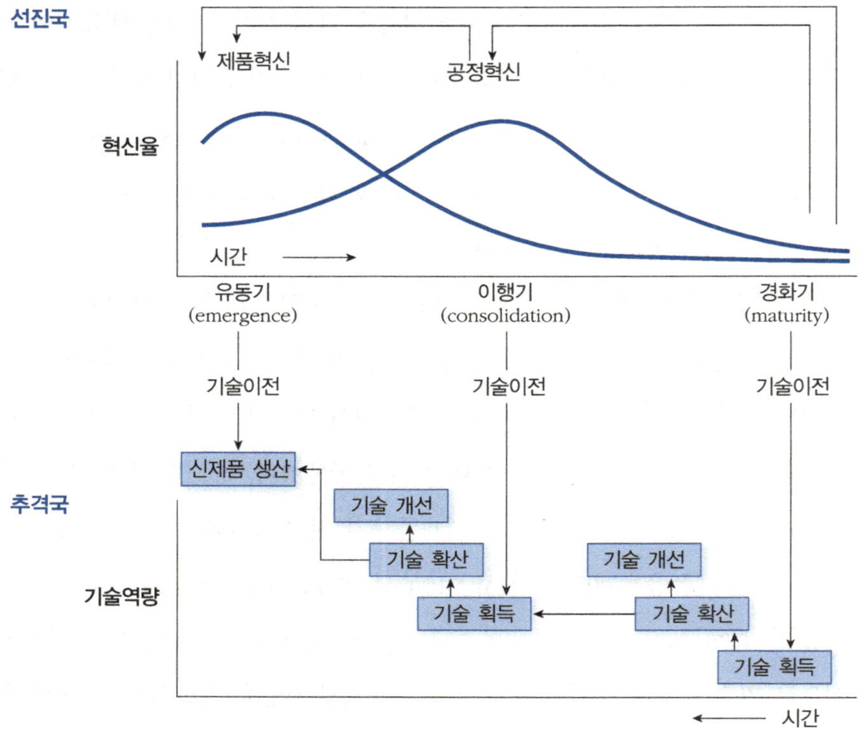

출처 : Linsu Kim(1998).

한다고 설명하고 있다. 즉, 선진국의 경우에는 유동기→이행기→경화기의 과정을 거쳐 기술의 진화가 이루어지는 데 반해(Utterback and Abernathy, 1975),[1] 후발국은 그 반대방향으로 경화기→이행기→유동기의 과정을 거치게 된다는 것이다.

후발 추격국의 혁신은 선진국의 역방향에서 이루어진다는 것을 더 상세하게 상술하면 다음과 같다. 선진국은 시장이 성숙된 안정적 제품과 기술을 후발국으로

1. 아버나시(William Abernathy)와 어터백(James M. Utterback)은 제품수명주기(Product Life Cycle)론에 기초하여 제품혁신과 공정혁신의 주기를 '유동기(fluid phase)', '과도기(transitional phase)', 그리고 '경화기(specific phase)'의 세 단계로 구분하였다(Utterback, 1995). 새로운 제품은 그것이 처음으로 만들어지고 나서 지배적 모델(dominant design)이 출현하기 전까지의 유동기, 지배적 모델의 출현 이후 공정혁신이 활발하게 일어나는 과도기, 마지막으로 시장이 완전히 성숙된 경화기의 단계를 거친다는 것이다(송위진, 2006).

이전하고, 후발국은 이를 흡수함으로 기술역량을 확보하게 된다. 처음에 후발국은 단순 생산에서 시작하여 경화기→이행기→유동기를 거치며 기술을 축적하여 최종적으로는 선진국의 제품혁신 기술과 제품을 생산할 수 있는 정도의 역량을 확보하게 된다는 것이다. 김인수의 역기술주기론은 이후 한국의 기술추격에 대한 대부분의 연구에 이론적 출발점이 되며, 이후 연구들은 김인수의 이론을 기반으로 이론을 전개해 나가게 된다(이근, 2005 ; 송위진, 2003 ; 송위진, 2006 ; Hobday, 2004).

김인수가 후발국의 기술추격 단계를 제시했다면, 이근은 후발국 기술추격의 유형을 제시했다는 데 의의가 있다. 이근은 후발국의 기술추격을 경로 추종형 추격, 단계 생략형 추격, 경로 창출형 추격 등 기술추격의 3가지 유형으로 구분하였다. 첫 번째 유형은 경로 추종형 추격인데, 이는 후발기업이 선발기업의 경로를 그대로 따라가는 것을 의미하며, 실제로 격차를 해소하기 위해서 후발기업은 선발기업보다 짧은 시간 내 경로를 지나가게 된다. 두 번째 유형으로 단계 생략형 추격이 있는데, 후발기업은 경로를 따라가기는 하지만 어떤 단계를 생략함으로 추격의 시간을 단축하게 된다. 세 번째 유형은 경로 창출형 추격으로, 후발기업이 기술적 개발과 관련하여 자신만의 독특한 경로를 창출하는 것이다. 이러한 종류의 추격은 후발기업이 선도 기업의 경로를 따라가다 새로운 경로로 들어설 때 발생한다

표 9-1 세 가지 기술추격의 유형

추격의 유형	추격 패턴	산업의 예
경로 창출형	Stage A → B → C′ → D′	CDMA mobile Phone
경로 생략형	Stage A → C → D	D-RAM
		Automobile
경로 추종형	Stage A → B → C → D	Consumer electronics
		Personal computers
		Machine tools
선도국의 경로	Stage A → B → C → D	

출처 : Lee and Kim(2001).

(Lee and Lim, 2001).

이근은 후발국 기업의 가장 중요한 특징 중 하나인 자원부족에 주목하고 기존의 선진국 지식 기반에 대한 접근 가능성이 추격의 가능성을 결정짓는 주요 요소임을 강조하고 있다. 후발기업들의 기술역량이 향상됨에 따라 선진국이 자신들의 설계 기술에 대한 라이선스를 제공하는 것을 꺼리게 되는 일종의 위기 상황이 발생하게 된다. 그러나 그는 이러한 위기는 기술비약을 유발하는 기회의 창이 되며, "단계 생략형" 또는 "경로 창출형" 추격을 촉발시키는 모멘텀이 된다고 설명하고 있다. 그리고 기술비약이 될 때 맞게 되는 적절한 기술 선택의 위험과 초기 시장 창조의 위험을 강조하고 있다.

송위진(2003)은 한국의 혁신체제가 모방에 따른 추격체제에서 벗어나 더는 모방전략도 통하지 않고, 추격할 대상도 존재하지 않는 상태에서 독자적인 경로를 찾아야만 하는 탈추격형 혁신체제의 중요성을 강조하고 있다. 여기서 탈추격이란 기존 후발국 기술추격 모델의 마지막 단계, 즉 유동기에 해당되며, 유형적 측면에서는 경로 창출형 추격과 같은 개념이라고 할 수 있다. 송위진(2006)은 기업의 탈추격형 기술혁신 활동이 3가지 유형이 있음을 제시하고 있다. 첫 번째 유형은 기존 주력산업에서 축적한 지식을 바탕으로 지속적인 기술지식을 축적하여 원천기술을 확보하고 선도자를 추월하면서 그 분야를 주도해 나가는 경우(반도체, 디스플레이 등 자본 집약적 산업), 두 번째 유형은 새로운 원천기술을 개발하여 신산업을 형성하는 제품을 개발해 생산하는 경우(줄기세포)이다. 마지막 유형은 일종의 아키텍처 혁신으로 지배적 설계가 설정된 직후 진입하여, 응용능력을 기반으로 제품 차별화를 통해 선도적인 기술혁신을 수행하는 경우(휴대폰 등 IT 산업)이다. 송위진(2006)은 이 3가지 혁신 중 기존의 축적된 기술역량을 활용하되 새로운 것을 창조하는 것에 대한 위험부담을 줄일 수 있는 아키텍처 혁신에[2] 주목하고 새로운 탈

---

2. 여기에서 아키텍처 혁신은 요소기술들의 구성이 변화하거나 그것들의 결합하는 방식이 새롭게 바뀌는 혁신을 의미한다(Henderson et al., 1990).

그림 9-2 후발국의 기술진화 과정과 탈추격형 기술혁신

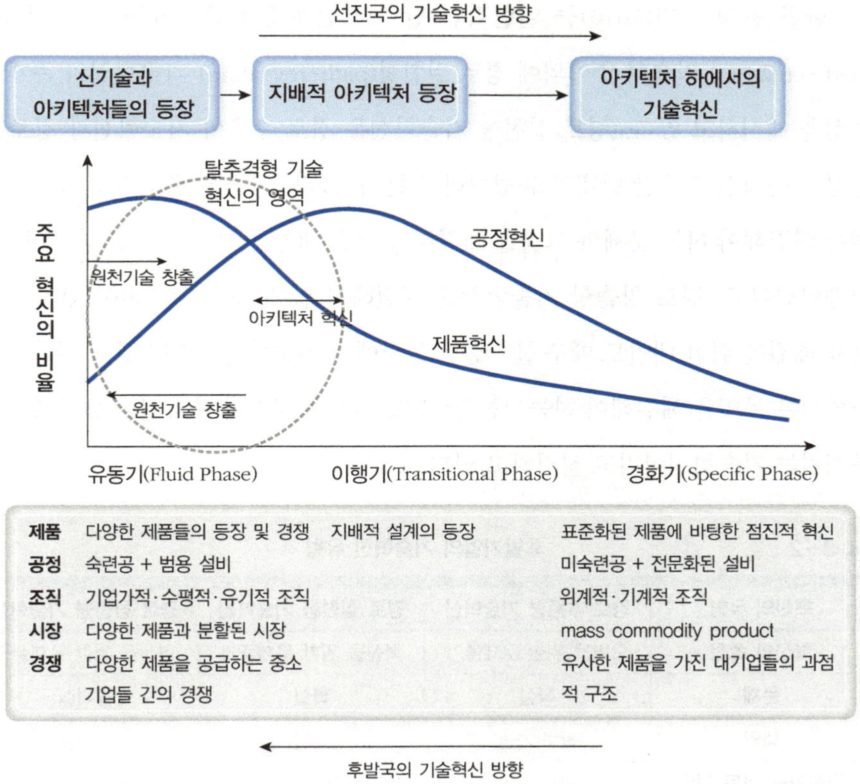

추격 발전 모델의 가능성 있는 후보로 아키텍처 혁신을 제시하고 있다.

Hobday et al., (2004)은 대부분의 동아시아 연구가 추격 프로세스에 대한 연구, 특히 전략적 딜레마에 초점이 맞추어져 있음을 지적했다. 전략적 딜레마란 후발기업들이 R&D와 브랜드를 갖고 경쟁해야 하는지 아니면 검증된 가격경쟁력으로 경쟁해야 하는지에 대한 결정의 어려움을 의미한다. 그러나 그는 전략적 딜레마의 관점은 한국 기업이 기술적으로 진보하면서 겪게 되는 도전을 지나치게 단순화했다고 설명한다. 또한 그는 추격 단계에서 리더십 단계로의 전환 단계에 있는 한국 기업이 겪는 도전을 강조하였다. 그는 한국의 선도기업에 대한 심층 인터뷰를 통해 전략적인 역량을 획득한 한국 기업이 전환 단계에서 겪게 되는 다양한 전략적인 선택과 어려움을 밝혀냈다.

한편 송성수 외(2010)는 일반적인 탈추격 단계에서 중시하는 경로 창출형(path-creation) 기술혁신 이외에 경로 실현형(path-revealing) 기술혁신의 존재 가능성을 제시하고 있다. 경로 실현형 기술혁신은 경로 추종형 기술혁신과 경로 창출형 기술혁신의 중간 단계의 유형이라고 할 수 있다. 그들은 경로 추종형 기술혁신이 해결해야 하는 문제와 그것을 해결하기 위한 대안은 모두 알려진 상황에서의 기술혁신이고, 경로 창출형 기술혁신은 해결해야 할 문제도 설정되어 있지 않고 문제 해결을 위한 대안도 매우 불확실한 상황에서 기술혁신이라면 경로 실현형 기술혁신은 무엇을 해결해야 하는지는 알고 있으나 그 대안이 불확실한 상태에서 이루어지는 기술혁신이라고 정의하고 있다.

표 9-2 후발기업의 기술혁신 유형

혁신의 유형	경로 추종형 기술혁신	경로 실현형 기술혁신	경로 창출형 기술혁신
혁신의 초점	모방을 위한 문제풀기	혁신을 위한 문제풀기	혁신을 위한 문제설정
문제	확실	확실	불확실
대안	확보 가능	불확실	불확실
원천기술 획득 경로	기술 도입	기술 도입 + 공동 연구	자체 개발 + 공동 연구

자료 : 최영락 외(2008. 9)를 일부 수정함.

송성수는 포스코의 용융환원법 개발과정의 사례분석을 통해 경로 실현형 기술혁신의 유형을 제시하고 있다. 여러 후보기술이 존재하지만 어떤 기술이 가장 효율적인 기술인지 알지 못하는 상황에서 자신들에게 적합하다고 판단되는 기술을 탐색하고 그 기술을 효율적으로 만드는 기술학습 활동을 수행하여 새로운 궤적을 실현하였다. 그러나 이 논문은 경로 실현형 기술혁신이라는 새로운 개념을 제안하고 있으나 한 가지 사례연구에 의지하고 있다는 한계를 갖고 있어 후속연구가 더 필요한 상황이다.

Park et al., (2011)은 개발도상국 내 후발기업의 기술혁신 모델로 4가지 단계를 포함한 spiral process model을 제시하였다. 첫 번째 단계는 '기술적 혁신'. 후발기업이 선진 기업으로부터의 기술이전이 어려울 때 후발기업은 기술적 혁신의 필요성을 느끼게 되는데 이것이 바로 첫 번째 단계이다. 두 번째 단계는 '기술이전' 이다. 다양한 경로와 방법을 통해서 선진 기업으로부터 전수해 받은 기술을 흡수하고 내부 역량을 키우는 단계이다. 세 번째 단계는 '적응형 기술혁신' 이다. 조직의 흡수역량을 높이고, 전수받은 기술 중 필요한 기술을 선택하고 내부 R&D를 통해 발전시키는 단계이다. 네 번째 단계는 '자생적 혁신' 이다. 이 단계는 기업 자체 R&D만으로 기술혁신이 가능한 단계로, 한국의 삼성, LG, 현대가 이 단계에 성공적으로 진입했다고 볼 수 있다. Park et al., (2011)은 이 논문에서 자생적 혁신역량의 배양이 후발국의 새로운 과제라고 설명하고 있다.

후발국은 자원과 기술이 부족하기 때문에 선진국과의 기술 및 지식 격차를 줄이기 위하여 어떻게 새로운 지식을 모방, 학습, 그리고 창조할 것인가가 중요하다. Mathews(2002 ; 2003), Mathews and Cho(1999)는 자원 기반에 입각한 후발국 기업의 기술축적에 대해 연구하였다. 이들은, 후발국은 경쟁력을 확보하기 위하여 자원이 중요하며, OEM 또는 외부 소싱 등을 통해 선진 기업들로부터의 기술을 이전받을 수 있는 초기 단계인 연계, 기술적 발전을 위하여 선진 기업들과의 라이선스, Joint venture, 기술제휴 등의 관계를 맺어 외부 기술을 가져올 수 있는 임차역량, 연계와 임차역량으로부터 획득한 기술을 조직 내부에서 어떻게 흡수하고 성과로 나타나도록 할 수 있는 학습의 과정을 거쳐서 경쟁우위를 갖게 된다고 설명한다.

또한 Earnst and Kim(200)은 후발기업들이 어떻게 외부의 기존 지식을 학습하고 새로운 지식을 창조하는지를 논하였다. 그들은 글로벌 생산 네트워크를 통하여 지식이 확산되고, 후발기업들이 이를 학습하고 흡수한다고 설명하고 있다. 기업은 명시적 지식과 암묵적 지식 사이의 변환을 통하여 지식을 창조하게 되는데, 사회화(tacit to tacit), 결합(explicit to explicit), 외부화(tacit to explicit), 내부화

(explicit to tacit) 네 가지로 변환과정을 분류하였다(Nonaka, 1991). 효과적인 지식 변환을 위하여 기존 지식과 집중적 노력이 필요한데, Cohen and Lavinthal (1990)은 이를 흡수역량이라고 명했다. 김인수(1998)도 추격하는 조직에서 지식의 빠른 흡수를 위하여 흡수역량을 늘리려는 노력이 큰 역할을 하였다고 설명하고 있다.

또한 김인수(1998), 송위진(2004)은 현대자동차와 삼성전자의 사례를 분석하면서 위기 조성이 강도 높은 기술학습을 효과적으로 수행하여 경쟁력 있는 제품을 개발하는 데 중요한 역할을 하였다고 설명하고 있다. 이는 조직의 최고위층에 의하여 조정되고, 앞서 말한 흡수역량 요소 중 집중적 노력을 강화시킬 수 있는데, 이는 한국의 대기업에서 주로 쓰는 전략이라고 볼 수 있다.

손찬 · 정재용(2003)은 불확실하고 복잡한 글로벌 산업 환경 속에서 경쟁우위의 원천으로서 동태적 역량을 강조한다. 역동적 역량이란 복잡하며 불안정한 새로운 경영 환경 속에서 경쟁력 우위를 차지하기 위한 결정적 요건으로, 급속히 변화하는 환경에 적응하기 위해 내 · 외부적인 역량을 통합하고, 형성하며, 변화시킬 수 있는 기업의 능력을 말한다. 동태적 역량을 구성하는 세 가지 주요 요소들로는 특정 시점에서의 기업 상태를 나타내는 위치, 특정 시점에서 다음 시점으로의 이동을 가능케 하는 과정, 그리고 이러한 과정들이 누적되어 형성되는 경로를 들 수 있다(Teece, 1997). 이러한 동태적 역량과 관련한 분석은 내적 역량 축적과정을 외부 환경과의 상호작용 하에 이해하려는 시도로 추격과정에 있어 기업의 능동적인 역할과 외부 환경에 대한 반응성을 고려한다는 측면에서 진일보한 시도라고 할 수 있다.

3. 대기업 중심의 한국형 혁신체제의 새로운 해석과 한계

3.1 시장 적응형 혁신 시스템(Adaptive Innovation System)으로서의 한국 혁신체제

한국의 혁신 특성을 요약하면 다음과 같다. 첫째, 한국은 외국의 기술을 도입하여 소화하고 개량하는 활동을 통하여 기술을 축적하며 고도의 경제성장을 이루어 왔으나 기술역량을 축적해 갈수록 선진국으로부터의 견제로 인하여 기술이전을 받는 것이 점점 어려워지고 있다. 둘째, 한국은 자체 R&D 역량의 한계로 인하여 대량생산 시스템의 강점을 활용할 수 있는 표준화된 품목에 집중해 왔으며 처음부터 독자적인 브랜드를 내세워 국내 시장뿐 아니라 해외 시장에 진출하는 특성이 있다. 셋째, 한국은 기존 선진국보다 기술적 자원과 시장규모에서 열위인 상태이다. 그러므로 새로운 시장에 진출할 때에 관련 분야에서 기축적한 기술적 · 사업적 역량에 의존하는 경향이 있다.

ICT 분야와 같은 일부 산업에서는 추격할 대상이 존재하지 않는 상황에서 더는 모방 전략이 아닌 스스로 길을 개척해야 하는 상태가 발생하게 되었다. 결국 일부 분야에서는 새로운 시장영역에서 신속하게 진입하여 통합적 설계능력을 갖추고 기술적으로 우수한 제품을 생산하여 시장의 첫 번째 선점자가 되는 것(이근, 2005)이나 후발국이 선진국을 '추격하는 단계에서 벗어나 선도로 진입' 하거나 '기존의 모방 전략에서 새롭게 경로를 창출하는 창조 전략으로의 변화' (송위진, 2006)가 필요불가결한 상황이 되었다. 다시 말하면 원천기술 개발이나 아키텍처 혁신을 통한 경로 창출이 요구된다는 것이다. 또한 Park et al., (2011)은 선진 기업으로부터 완벽히 독립되어 새로운 기술 및 제품을 개발해 낼 수 있는 내생적 혁신역량을 강조하였다.

하지만 후발국이 선진국을 '추격하는 단계에서 벗어나 선도로 진입' 하거나 기존의 모방 전략에서 새롭게 경로를 창출하는 것(path-creation) 자체가 탈추격이라고 단정짓기는 다소 부족한 부분이 있다. 예를 들어 Hobday(2004)나 송성수 외(2010)는 추격국의 전략이 경로 창출형과 경로 추종형과 같이 이분법적인 전략이 아닌 중간 단계 유형의 전략이나 포트폴리오가 존재함을 제시하고 있다.

이러한 연구들은 기존의 모방 전략에서 새롭게 경로를 창출하는 것으로 탈추격을 정의하는 데서 벗어나서 추가적인 연구가 필요함을 지지하고 있다.

본문에서는 탈추격을 정의하는 데 현재까지의 연구결과를 포함하면서, 경로 창출로 가기 위한 한국에 적합한 탈추격에 대한 혁신 모형을 제시하고자 한다. 이를 본문에서는 시장 적응형 혁신체제(Adaptive Innovation System)라고 명명하며, 한국의 탈추격뿐만 아니라 다른 후발국가들보다 빠르고 성공적인 기술추격(catching-up)도 함께 설명할 수 있는 모델이라고 할 수 있다. 우선 시장 적응형 혁신체제에 대한 정의를 내려보자. 이는 조직이 변화하는 시장 환경, 경제 환경, 기술 등에 빠르고 유연하게 반응하여 다른 기업과 차별화된 위치를 갖도록 하여 기업의 경쟁력을 높이는 것을 뜻한다. 따라서 시장 적응형 혁신체제는 후발주자로 시장의 진입은 늦었으나 경쟁력을 높일 수 있는 중요한 결정요소가 될 수 있으며 상황변화에 따라 혹은 신제품의 종류, 시장상황에 따라 경로 창출형 선발전략을 채택하기도 하는 유연한 체제를 의미한다. 이러한 나름대로 독특한 한국형 시장 적응형 혁신체제를 지탱하는 몇 가지 경쟁우위적인 요소를 살펴보면 다음과 같다.

첫째, 신속한 의사결정, 특히 불확실한 상황에서의 위험감수형 의사결정을 들 수 있다. 한국 기업들의 가장 큰 장점은 목표와 일정이 정해지면 반드시 달성하고 마는 빠른 문제 해결 능력과 의지라고 볼 수 있다. 그렇기 때문에 일본에서 많은 경영기법과 기술을 배웠고, 한국 기업이 후발주자임에도 불구하고 더 빠른 기간 안에 추격할 수 있었다. 그렇다면 과연 무엇이 한국 기업이 신속한 문제 해결을 가능하게 만들었을까. 국내외 학계에서는 한국 대기업의 재벌 위주 지배구조와 경영조직, 수직적 내부 조직구조, 한국인들이 갖고 있는 융통성이라고 제시하고 있다.

3.1.1 재벌 위주의 책임경영 리더십

한국 기업이 빠른 문제해결을 하는 데 가장 중요한 해결책을 만드는 역할을 하는 것은 바로 기업의 리더라고 볼 수 있다. Shim(2012)은 도요타와 현대의 리더십을 비교했는데, 도요타는 '정적인 리더십' 현대는 '기업가적 리더십' 이라고 구분했다. 도요타의 회장은 장기적인 계획을 세우고 단계적 개선과 품질에 대한 열정을 갖고 있는 반면, 현대의 회장은 매일 변화하는 상황에 맞는 의사결정을 한다. 한국 기업 리더들은 현대와 거의 유사한 특징을 갖는데, 그들은 불확실한 상황에서도 위험을 감수하며, 기업 내부적으로 지속적인 위기 조성을 한다. 일본 기업들은 위험를 줄일 수 있고 관계자들의 합의가 이루어지는 의사결정을 하지만, 한국 기업은 변화하는 환경에 반응하여 최고위층 경영자가 위험부담이 있는 의사결정을 신속하게 하는 경향이 있다. 이는 분명 위험은 존재하지만 변화하는 환경에 유동성 있게 대응할 수 있다는 장점이 있으며, 한국 기업이 위기 상황에서도 도약할 기회를 계속 얻을 수 있게 만들었다. 또한 한국 기업들은 위기 조성을 통해 흡수역량을 향상시켰고 이로 인해 지식을 빠르게 이전하고 흡수할 수 있었다. 높은 흡수역량을 갖는 것은 초기에 자원과 기술이 부족한 후발주자들에게는 빠르게 추격하고 경쟁력을 갖는 데 매우 중요한 요소라고 볼 수 있다. 흡수역량(absorptive capacity)은 기존의 기초 지식과 집중화된 노력 두 가지 요인으로 구성된다. 위기 조성은 이 두 가지 요소를 낮은 단계에서 높은 단계로 가게 하는 데 걸리는 시간을 단축시킨다. 김인수(1998), 송위진(2004)은 한국 기업의 위기 조성이 강도 높은 기술학습을 효과적으로 수행하여 경쟁력 있는 제품을 개발하는 데 중요한 역할을 했다고 설명하고 있다. 한국 기업의 위기 조성은 우리나라가 회사의 오너가 존재하는 재벌기업의 구조로 되어 있기 때문에 다른 후발국가들보다 유리하다고 볼 수 있다.

3.1.2 하향식 기업문화

한국 기업은 다른 나라 기업들보다 수직적인 조직구조로 되어 있다. 거의 모든 의사결정이 하향식으로 이루어지고 있다. 대기업의 소유주 중심의 집권적 경영은 기업의 소유권과 연결된 것으로 전통적으로 우리나라는 민간자본이 부족한 상태에서 부유계층의 자본 집중과 더불어 기업 내에서의 권한 집중이 병행해 온 것으로 볼 수 있다. 이러한 수직적 조직구조는 최고경영자의 강한 통제 아래 조직 효율성이 높아지고 조직원들이 신속하게 움직이는 장점이 있다. 한국 기업에서의 인사는 인화 중심적인 경향이 있다는 것도 또 한 가지 특징이라고 할 수 있다. 그러므로 기업과 상사에 대한 충성도가 개인의 기업 내 지위와 승진에 큰 영향을 미친다. 따라서 조직원들이 능력을 인정받기 위해서 위에서 정한 의사결정이 때로는 본인들의 뜻과 다르고 비합리적인 경우가 있다 하더라도 야근, 주말 근무를 해서라도 신속하고 정확히 처리하기 위해 노력한다. 그러므로 중간관리자들이 인정받기 위해서는 최고경영자의 지시를 수행해 낼 수 있도록 조직원들을 관리하는 역량이 매우 중요시된다. 이러한 조직문화는 비록 개개인의 자율성과 자유로운 의사소통을 어렵게 하지만 빠른 의사결정과 문제해결을 하는 데는 큰 역할을 하였다고 볼 수 있다.

3.1.3 뛰어난 순발력과 민첩성

기업 리더의 역할 및 수직적 조직문화뿐만 아니라, 한국 사람들의 '빨리빨리' 식의 순발력과 정확성에 기반한 민첩성도 신속한 문제 해결 능력의 중요한 요소라고 할 수 있다. 도저히 달성하기 힘들 것 같은 목표라도 한국인 특유의 '빨리빨리' 문화는 기업 경영에도 그대로 반영되고 있다. 혁신기업으로 유명한 DuPont의 CEO였던 Chad Holliday 회장도 한국 기업의 경쟁력은 속도라고 평가했다. 하지만 속도뿐만 아니라 선진국만큼의 수준에는 도달하지 못하였지만 비교적 높은 정확성도 같이 수반되었기 때문에 현재의 한국 경제 발전을 이룰 수 있었다. 이 같은 발전을 가져온 요인을 몇 가지로 나누어 보면 다음과 같다.

첫째, 근래 IT 산업은 경쟁의 패턴이 매우 빠르게 변하고 있다. 이러한 경영 환경에서는 자사의 기술이 경쟁자보다 우위에 있다 할지라도 경쟁 상황을 수시로 점검해야 한다. 일본의 세계적 기업인 Sony는 성공에 안주하였고 혁신의 속도가 떨어지면서 한국의 삼성전자와 같은 다른 기업의 추격을 받게 되었으며, 2009년 이래 계속 경영난을 겪고 있다. 세계 최대의 휴대폰 제조사이자 핀란드 최고의 기업인 Nokia의 몰락도 Sony와 비슷한 이유이다. 한국 기업의 민첩성을 보여주는 몇 가지 사례가 있다. 삼성의 경우 초기 스마트폰 개발 당시 스마트폰 개발자가 부족한 상황이었다. 피처폰 개발팀과 스마트폰 개발팀을 합쳤고 배우면서 개발하여 시간을 단축시킬 수 있었다. 건설업계에서도 다른 나라 기업들보다 건설공기를 단축시키는 역량이 있다. 또한 현대자동차가 인도 진출을 하였을 때 6개월 만에 새로운 모델을 개발해 내야 하는 상황이었다. 이를 위해 한국에서 이미 생산하고 있던 모델을 변형하여 '상트로'라는 모델을 일정에 맞춰 출시할 수 있었고 매우 성공한 이력이 되었다.

둘째, 한국의 대기업이 기업의 혁신역량을 가능케 하는 암묵지(tacit knowledge)에 대한 뛰어난 학습체제와 훈련의 강화 노력을 하였다는 것을 들 수 있다. 기업은 형식지와 암묵지 사이의 변환을 통하여 지식을 창조하게 되는데, Nonaka(1991)는 사회화(tacit to tacit), 결합(explicit to explicit), 외부화(tacit to explicit), 내부화(explicit to tacit) 네 가지로 변환과정을 분류하였다. 대부분의 한국 기업들은 초기에 선진국의 기술을 모방하는 기술추종형의 단계로 산업에 뛰어들었다. 이 단계에서 선진국 기업들은 한국 기업들에게 제품 설계 및 공정 설계에 대한 정보를 제공하였다. 하지만 한국 후발기업들의 기술 능력이 점차 향상되면서 선진국 기업들로부터 기술 이전 및 라이선스를 맺기가 힘들어졌다. 이 시점에서의 위기를 새로운 도약의 기회로 삼았다는 것이 한국 기업의 특징이라고 볼 수 있다. 경로 추종형 단계에서 선진 기업들로부터 받던 공개 지식이 없어지자 한국 기업들은 다양한 경로를 통하여 암묵지를 이전받고 흡수하기 시작했다. 선진국 기업에서 근무한 연구원, 엔지니어들을 프로젝트에 참가시키기도 하였고, 선진 기업의 제품을 역엔지니어링(Reverse engineering)하여 기술을 습득하였다. 또한 선진 기업들을 방문하여 눈으로 보고 익히고 이를 기억하여 적용하기도 하였다. 이와 같이 한국의 기술발전은 Nonaka(1991)가 이야기한 지식 변환의 네 가지 중 사회화, 외부화에 대하여 더 강점이 있다고 할 수 있다. 예를 들어 삼성전자가 64K DRAM에서 바로 256K DRAM을 개발한 것과 현대자동차가 독자 엔진을 개발한 것이 사례라고 할 수 있다.

셋째, 한국 기업은 동태적 혁신역량의 자체 축적에 힘을 기울여 왔다고 볼 수 있다. 동태적 역량이란 복잡하며 불안정한 새로운 경영 환경 속에서 경쟁력 우위를 차지하기 위한 결정적 요건으로, 급속히 변화하는 환경에 적응하기 위해 내·외부적인 역량을 통합하고, 형성하며, 변화시킬 수 있는 기업의 능력을 말한다. 동태적 역량(Dynamic capability)을 구성하는 세 가지 주요 요소들로는 특정 시점에서의 기업 상태를 나타내는 위치, 특정 시점에서 다음 시점으로의 이동을 가능케 하는 과정, 그리고 이러한 과정들이 누적되어 형성되는 경로를 들 수 있다.

3.2 병행 시장진출 전략(Parallel Mover Strategy)

한국의 기업들은 1970～1990년대를 통해 기술수준이 낮으며, 현재 존재하는 시장에서 선진국으로부터 기술도입을 통해 제품을 생산하여 선진국의 제품·기

그림 9-3 병행 시장진출 전략(Parallel Mover Strategy)

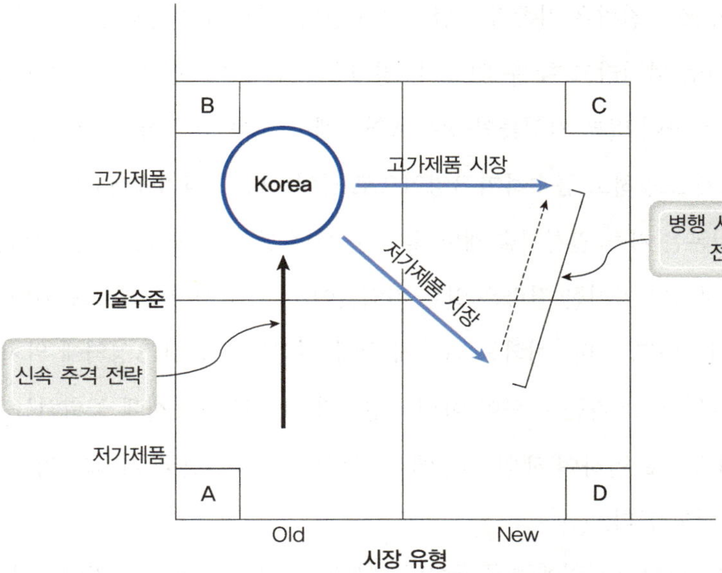

술을 모방하는 단계인 A영역에서 신속 추격 전략으로 빠르게 선진국의 기술을 추격하며 B영역으로 넘어오게 되었다. 이때 한국 기업들은 위기 조성이라는 전략을 사용하며 빠르게 선진국을 따라잡게 되며 경화기, 이행기의 단계를 거쳐 제품혁신이 가능한 유동기에 탈추격 단계에 도달해 있다고 할 수 있다. 우리나라 기업들은 기술적인 측면에서는 원천기술 개발 능력 또는 보완 · 설계 능력을 일부 확보하였으나 선진국보다 원천기술이 부족한 한계를 갖고 있다. 시장적인 측면에서는 외국 기업과의 파트너십이나 제휴능력을 갖추게 되었으나 국내 시장규모가 작고 표준의 선택 및 시장 창출 위험이 존재하는 것이 현실이다.

4개의 영역 중 A영역은 기술수준이 낮으며, 현재 존재하는 시장의 선진국 제품 · 기술을 모방할 수 있는 능력을 갖춘 단계이며, B영역은 원천기술 개발 능력 또는 높은 보완 · 설계 기술 능력을 갖추고 있으나 표준 선택 및 신시장 창출 능력은 부족한 단계이다. 또한 C영역은 원천기술 개발 능력 또는 높은 보완 · 설계 기술 능력을 갖추고 있으며, 표준 선택 및 신시장 창출 능력을 갖춘 단계이며, D영역은 기술수준은 낮은 편이나 신시장 창출이 쉬운 단계이다. 이때 각 영역으로 넘어갈 때 기업이 쓰는 전략은 기존과는 달라져야 한다. 동태적 역량의 범주에서 볼 때 각 영역은 기업 위치라고 할 수 있으며, 영역을 이동할 때 전략을 과정이라고 볼 수 있다. 예를 들어 일본 기업들의 경우 A영역에서 신속 추격 전략으로 선진국의 기술을 빠르게 모방하고 흡수하며 B영역으로 넘어왔다. B영역에서 C영역으로 가기 위하여 일본은 자체 원천기술 개발 및 표준 선택 등의 선도시장 진입 전략을 써오고 있다. 하지만 이러한 전략은 일본 기업들이 글로벌 시장에서 고립되어 버리는 결과로 나타나고 있다. 이와는 다르게 한국 기업들은 현재 B영역에 위치하여 있으나 C영역으로만 가는 전략이 아닌 C영역과 D영역을 동시에 공략하는 병행시장진출 전략으로 인하여 해외 시장에서 고립되지 않고 한국 기업의 영향력 및 경쟁력을 높이고 있다.

〈그림 9-3〉의 A영역에는 중국이나 베트남과 같은 후발국의 기업들이 무서운 속도로 B영역 진입을 꾀하고 있다. 이에 따라 우리 기업들은 시간이 지남에 따라 B영역에서 갖고 있던 경쟁우위를 상실할 위기에 있으므로 다음 단계로의 이동이 불가피한 상태이다. 우리 기업들이 이동할 수 있는 영역은 원천기술 개발 능력이나 보완·설계 기술 능력 기반의 아키텍처 혁신을 통한 신시장을 뜻하는 C영역이나 기술수준은 낮으나 신시장 창출이 가능한 D영역으로의 이동이 가능하다. B영역에서 일본과 같은 경우는 전자시장 사례를 살펴보면 기술적 우위를 바탕으로 독자 기술이나 표준을 통해 C영역으로 이동하고 저가제품 시장인 D영역을 무시하는 전략을 취하였다. 하지만 우리나라의 삼성, 현대와 같은 기업들은 C영역과 D영역으로 동시에 이동하여 시장을 넓히는 전략을 쓰고 있으며, 이것이 병행 시장진출 전략이라 할 수 있다.

앞에서 한국 기업들의 C나 D영역으로의 진입은 한국 기업들의 경로 창출 전략이라고 설명할 수 있다. 그렇지만 단순히 새로운 시장 및 기술의 창출이 아닌 진정한 탈추격이 되기 위해서는 새롭게 창출된 기술의 경로가 시장에서 유지되며 시

표 9-3 시장-기술 매트릭스의 상세 설명

영역	설명	예
A영역	기술수준이 낮으며, 현재 존재하는 시장의 선진국 제품 · 기술을 모방할 수 있는 능력을 가짐	한국의 Catching 단계
B영역	원천기술 개발 능력 또는 높은 보완 · 설계 기술 능력을 갖고 있으나, 표준 선택 및 신시장 창출 능력은 부족함	현재의 한국 · 일본 · 대만
C영역	원천기술 개발 능력 또는 높은 보완 · 설계 기술 능력을 갖고 있으며, 표준 선택 및 신시장 창출 능력을 가짐	미국 · 유럽
D영역	기술 은 낮으나, 신시장 창출이 용이함	중국 · 인도

장에서 성공해야만 진정한 탈추격이라고 할 수 있을 것이다. 즉, 후발국이 선진국과 차별된 새로운 기술경로를 만드는 것을 경로 창출이라고 할 때 새로운 경로가 시장에서 유지되며 성공하는 과정을 경로 유지라고 정의할 수 있겠다. 이러한 관점에서 기존의 이론들은 경로 창출에 대한 고찰이 있었을 뿐 후발국에 의해 새로 창출된 경로가 어떻게 유지될 것인가에 대한 연구는 미흡하다고 하겠다.

여기서는 한국 기업의 경로 유지 전략을 병행 시장진출 전략으로 설명하고자 한다. 병행 시장진출 전략은 크게 하이엔드 시장의 경로 유지 전략과 로우엔드 시장의 경로 유지 전략으로 나눌 수 있다.

하이엔드 시장의 경로 유지 전략을 설명하기 위해 〈그림 9-4〉는 이근(2001)의 기술추격의 개념을 기반으로 탈추격 과정을 경로 유지 전략으로까지 확장시켜 도식화시켰다. 후발국이 A-B-C′-D′로 경로를 창출하였을 때 선도국의 경로는 A-B-C-D가 된다. 이때 후발국의 D′의 경로 유지에 가장 큰 영향을 미치는 것은 선도국 경로인 D의 존재이다. 후발국의 새로운 경로인 D′은 선진국의 경로인 D와의 상호작용을 통해 시장에서의 경로 유지 여부가 결정되며, 후발국이 경로를 유지하는 데 필요한 기술 및 시장의 위험을 현저하게 줄일 수 있다. 그러나 기존 연구는 후발국의 새로운 경로인 D′을 어떻게 창출할 것인지에 대해서만 집중할 뿐 선진국의 경로인 D와 후발국의 경로인 D′ 간의 관계에 대해 이론적으로 깊이 고

그림 9-4 고가제품 시장에서의 병행 진출 전략

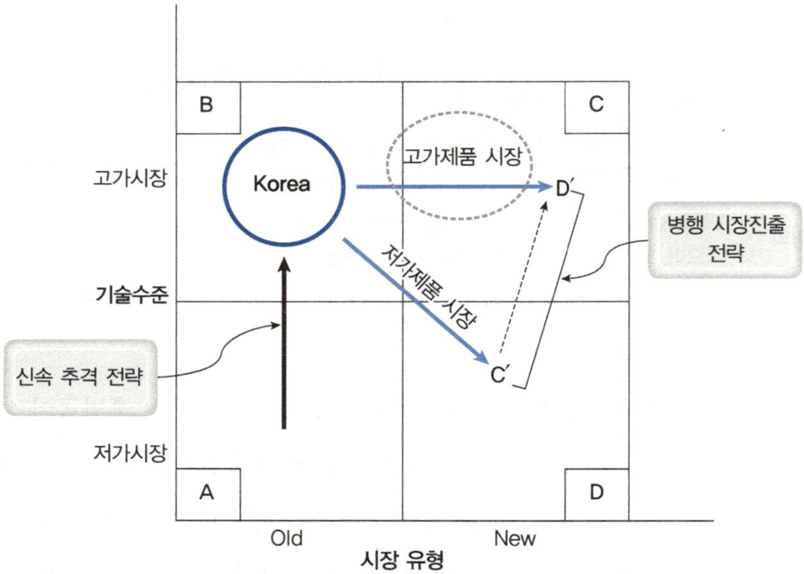

찰한 연구는 부족한 실정이다.

그렇다면 왜 후발국 경로인 D′의 경로 유지에 선진국 경로인 D와의 상호작용이 중요한 것일까? 우리는 새로운 경로의 창출이 원천기술이나 아키텍처 혁신으로 이루어지는 것에 주목할 필요가 있다(이근, 2005 ; 송위진, 2003 ; 송위진, 2006). 원천기술이나 아키텍처 혁신으로 시도되는 후발국의 새로운 경로인 D′은 김인수의 역기술주기론의 유동기로의 진입을 의미하며, 이 유동기는 기술이나 산업 내의 지배적 기술(Dominant Design)이 생성되거나 변화하는 시기이다(Anderson and Tushman, 2000). 유동기의 기술은 시장에 의해 선택되게 되며, 이때 살아남은 기술만이 시장 내에서 경로를 유지할 수 있게 된다. 후발국이 파괴적 혁신으로 신시장을 창출하는 것이 아닌 이상 결국 후발국의 경로에는 선진국의 경로인 D의 존재가 전제되며, 시장에서 후발국의 경로인 D′이 살아남기 위해서는 선진국의 경로인 D와의 경쟁과 상호작용이 필수적인 것이 된다고 추론할 수 있다. 후발국의 새로운 경로인 D′이 경로를 유지하기 위해서는 기존 선진국의 경로인 D에 접근하며

그림 9-5 고가제품 시장에서의 병행 진출 전략

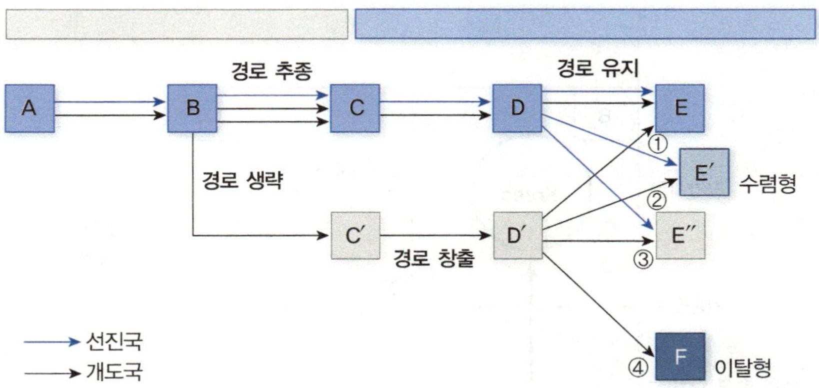

진화하는 E①, D′의 경로를 강화하여 오히려 선진국의 경로에 강하게 영향을 주는 E′ ②, 선진국의 경로와 후발국의 경로가 서로 수렴하며 발전하는 E″ ③, 그리고 마지막으로 선진국의 경로와는 무관하게 발전하나 고립되는 형태인 F④로 진화될 수 있을 것이다.

전략 중 선진국의 경로에 영향을 주고받는 ①, ②, ③의 전략은 신시장에 새로운 기술이나 제품을 안착시킬 수 있는 효과적인 전략이 될 수 있으며, 현대자동차의 엔진 개발, 삼성전자의 스마트폰, 디지털 TV 표준 선택의 사례에서 나타나는 것과 같이 효과적인 전략이라고 할 수 있다. 반면 선진국의 경로와 무관하게 독자 표준이나 기술을 고집하는 형태인 ④는 일본의 전자기업들이나 이동통신 사례에서 나타나고 있으며, 결국 해외 시장 개척에 실패하거나 기술적 고립으로 인하여 시장 내에서 효과적으로 경로 유지를 하지 못하는 결과로 나타나고 있다.

일반적으로 혁신의 방향은 선진국에서 시작되어 후진국으로 흘러가며, 후진국의 경우 경제적으로 지급이 가능한 범위에서 선진국으로부터 원하는 제품을 수입한다는 견해가 일반적이다. 그러나 최근 역방향 혁신(Vijay, 2012)이라는 개념을 통해 후진국에서 개발된 기술이나 제품이 선진국으로 전파될 수 있으며, 단지 선진국 제품의 기능 제거를 통한 후진국 제품의 생산과 같은 글로벌화가 효과적이

그림 9-6 저가제품 시장에서의 병행 진출 전략

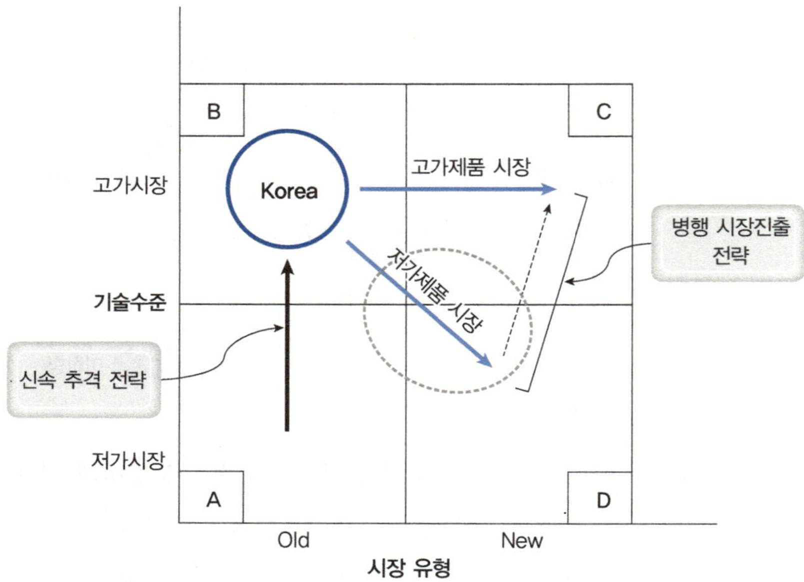

지 않음이 제시되고 있다. 특히 역방향 혁신(Reverse innovation)은 기술을 통한 기능 대비 극단적인 비용절감과 후진국의 실정에 맞는 커스텀화가 인도나 중국과 같은 새로운 저가제품 시장의 효과적인 전략임이 제시되고 있다. 예를 들어 GE의 의료기기 부문은 필요한 기능 및 휴대성을 강조하며 가격절감을 하여 인도와

표 9-4 저가제품 시장에서의 병행 진출 전략

성공 전략	고가제품	역방향 혁신 → (비용절감과 커스텀화)	저가시장	-GE's Health Care (인도) -현대차 인도 · 중국 시장 진출 -Nokia 핸드폰(인도)
실패 전략	고가제품	글로벌화 → (기능의 단순화)	저가시장	-인도의 캘로그 -한국 월마트

중국 시장에 진출하여서 성공적인 결과를 낳았다. 반대로 캘로그는 인도 진출에 실패하였는데, 인도 사람들의 식성과 경제수준을 이해하지 못한 제품을 내놓았던 것이 실패 원인이 되었다. 따라서 역방향 혁신을 하기 위해서는 선진 시장의 제품에서 단순히 몇 가지 기능을 빼서 싸게 만드는 것이 아니라 그 시장을 정확히 이해하는 것이 매우 중요하다.

4. 4차 산업혁명과 내생적 기업혁신

많은 성과를 내면서 성장해 온 한국형 혁신체제의 가장 큰 약점은, 혁신의 주체가 수출 대기업에 집중되어 있는 반면 대기업을 지탱해 줄 기술 중심 신생 중소기업을 중심으로 하는 허리가 너무 취약하다는 점이다. 즉, 한국 경제가 이용 가능한 물적 · 인적 자원 중 가장 역량이 뛰어난 자원을 필요 이상으로 많이 보유하고 있지만 그 자원, 특히 인적 자원을 효율적으로 쓰지 못하고 낭비하는 것이 문제의 핵심이다. 중소기업은 이들 자원에 접근이 힘들고 근무여건이 상대적으로 열악해서 문제를 더 가중시키고 있다. 기술기반형 중소기업을 중심으로 하는 내생적 혁신체제의 구축은 4차 산업혁명 시대에 한국 경제에 주어진 가장 중요한 과제이다.

먼저 그동안 역대 정부가 역점을 두고 추진해 왔지만 아직도 답보상태에 있는 중소기업 육성정책의 진행 내용과 문제를 살펴보자. 중소기업 정책은 중소기업을 육성하기 위한 정책으로 중소기업의 성장을 지원하고, 나아가 산업구조를 고도화하고 국민경제를 균형 있게 발전시키는 것을 목적으로 하고 있다.

초창기 중소기업 정책은 산업 유형에 따른 중소기업의 성장을 지원하는 정책 중심으로 전개되었다. 중소기업벤처부(前, 중소기업청) 중심의 지원정책은 초기 중소기업의 육성 및 창업 활성화를 목표로 하였고, 이후 중소기업 R&D 혁신을 지원하였으며, 판로 지원과 활성화를 위해 자금 · 인력 · 수출 · 마케팅 등을 지원하며 새로운 중소기업의 수요를 충족시켜 왔다.

지원방식을 기준으로 정책을 구분하면, 정책금융이나 세제혜택 등 재정적인 측면을 지원하거나 중소기업 제품을 공공 구매함으로써 공공기관의 효율적인 구매와 중소기업의 재정적 측면을 동시에 지원하는 정책도 있었다. 물론 대기업이 받는 규제를 적용하지 않음으로써 상대적으로 중소기업에 혜택을 주는 정책도 있었다. 중소기업 정책은 중앙부처에선 주로 기술개발과 인력 양성을 목표로 하였지만, 지자체는 소상공인을 지원하는 방식이 많았으며, 간혹 유사 중복사업이 존재하여 정책 간 유사도를 살펴보고 정리해야 했다.

우리가 생각하는 중소기업의 매출 부진과 이에 따른 자금난과 인력난은 원인이라기보다는 결과로 볼 수 있다. 즉, 거시경제 및 주변 환경 · 산업이 빠르게 변화하면서 중소기업은 자신만의 경쟁력을 상실해 온 것이 가장 큰 문제이다. 또한 지금까지의 중소기업 정책이 일반적으로 대기업과 벤처 중심의 경제정책의 한 부분 또는 보완하는 정도로만 인식되면서 둘 사이에서 상대적으로 소외된 것이 경쟁력 상실을 부추겼다. 막연히 정부는 중소기업의 경쟁력이 부족하다는 전제 하에 경쟁보다는 보호 목적의 정책을 남발하였고, 큰 방향성이나 전략이 부재한 상태에서 다수 기업에 소액을 지원하는 등 단기처방 위주의 금융정책이 주를 이루었다. 따라서 중소기업의 근시안적인 문제 해결엔 조금이나마 도움이 되었으나, 오히려 중장기적으로는 경쟁력을 읽게 만들었다. 일몰조항이 없어 시행 후에 형성된 수혜자의 이권 보호를 위해 폐지하지 않아 부정적인 측면이 극대화되었고, 몇몇 기업은 혈세의 혜택을 누리면서도 경쟁력을 키우기 위한 노력이 부족했다. 게다가 대다수의 정부지원이 그렇겠지만 부패나 도덕적 해이를 막기 위해 집행과정에서의 다양한 수요를 막다 보니 실질적으로 필요한 부분에 활용하지 못하는 경우가 많았다. 이로 인해 투명성은 여전히 부족한 상태에서 정책 의도는 현장에서 상실되어 정책의 효율성과 효용성에 문제가 발생했다. 도덕적 해이를 제대로 막지 못한 채 경쟁력을 높여야 할 기업들이 제때 원하는 항목에 투자를 하지 못한 것이다.

우리나라는 중소기업 육성에 매년 10조원에 가까운 돈을 써왔다. 또한 중소기업을 지원하고 육성하기 위한 공공기관도 많다. 새로운 사업을 위해 새로운 기관을 또 만들다 보니 중복된 역할을 자처하는 기관들도 간혹 눈에 보인다. 중소기업을 위해 중소기업벤처부, 중소기업진흥공단, 산업기술진흥원 등 공공부문에서 매년 10조 가량의 예산을 쓰면서 지원하지만, 중소기업의 현실은 전혀 나아지지 않은 것으로 보인다. 그 원인으로 많은 전문가가 효율성이 낮은 중소기업 지원 조직 및 체계, 탁상행정에 기반을 둔 지원 금융 등 정책의 한계를 주로 꼽는다.

공공부문에서는 창업과 기술혁신을 장려하고, 대기업과 상생을 도모하는 다양한 조직이 있으나, 이들의 역할이 상당 부분 중복될 뿐 아니라, 중소기업에 실질적 도움이 되지 않았다. 오랜 시간 유지해 온 비효율적인 지원정책을 한 번에 모두 바꾸거나 혁신할 수는 없기 때문에 별로 도움도 되지 않는 조직을 자꾸 만들고 낯선 이름의 법과 제도를 만들지만 일부 기업만 누릴 수 있었고 그나마도 큰 효과는 없었다.

앞서 언급한 바와 같이 중소기업 지원정책의 가장 큰 문제는 정부 과제 형태의 기술지원 자금에 있다. 매년 2～3조원이 쓰이는데, 정상적인 중소기업이 기술지원 자금을 받기 위해서는 제안발표회에 통과해야 하고, 통과되더라도 사전에 제안한 항목에만 자금을 집행할 수 있다. 또한 정부의 평가나 점검에 대비하여 과제관리 전담 직원을 두어야 하고, 매칭 형태의 과제를 수주하기 위해서는 중소기업이 일정 부분 현금 · 현물을 출자해야 하기 때문에 부담으로 작용하곤 한다. 중소기업을 위한 정부 연구개발 투자비용은 크지 않은데, 과제당 평균 1～2억 수준의 돈을 지원받겠다고 제안서 제출부터 과제 종료 후 뒤따르는 많은 절차에 이르기까지 너무 큰 노력과 고생이 필요하다. 또한 과제 선정에 배석하는 심사위원의 다수가 대학교수 등 해당 분야의 전문가 몇몇에 집중되기 때문에 이들과 사전에 네트워크를 갖춘 업체가 선정될 가능성이 높다. 따라서 공정한 경쟁이 어려운 것이 아니냐는 불만섞인 목소리가 있다. 하지만 불공정한 현실은 여기에 그치는 것이 아니다.

많은 전문가는 한국 경제의 고질적인 문제점으로 "기울어진 운동장"을 꼽는다. 사회 전반에 불공정과 불균형이 당연시되고 있다. 특히 중소기업계는 우리나라에서 중소기업이 대기업과 공정하게 거래할 수 없다고 주장한다. 대다수의 중소기업이 대기업에 심각하게 종속되기 때문에 대기업과 중소기업 간에 공정한 경쟁이 불가능하다. 특히 B2B 중소기업은 내수시장에서 대부분 대기업이나 타 중소기업을 대상으로 하기 때문에 더 종속될 수밖에 없다.

수출형이 아닌 내수형의 중소기업이 대다수인 상황에서 경기 리스크에 취약한 점과 연구개발 역량 부족도 문제다. 이를 해결하기 위한 정부의 중소기업 정책은 시혜적 성격이 다분하며, 정부 정책의 혜택을 누리기 위해 성장을 포기하는 〈피터팬 증후군〉도 발생하는 것이 현실이다. 따라서 중소기업을 지원하는 것이 약자의 손을 무조건 들어주는 것이 아니라, 그들의 경쟁력을 강화하여 공정하게 경쟁할 수 있는 환경을 조성하는 방향으로 추진되어야 한다는 목소리가 높다.

벤처창업 활성화, 중소기업 R&D 혁신, 규제개혁, 한국형 히든챔피언 육성, 중소기업 고용 활성화 등이 이번 정부의 중소기업 육성 정책이다. 스타트업을 강력히 지원하며, 연대보증제를 폐지하고 중소기업 R&D 지원을 확대할 계획이다. 이 외에도 중소기업의 글로벌화를 지원하며, 신산업 분야는 네거티브 규제를 통해 많은 중소기업이 활발히 제 역할을 할 수 있도록 지원한다. 앞으로도 중소기업 정책은 중소기업이 제 역할을 잘할 수 있도록 지원하는 것에 집중해야 한다. 중소기업이 자신의 역할을 할 수 있도록 경쟁력을 강화해야 하며, 혁신을 동반한 고용증대를 이끌어 일자리를 창출하는 선순환 고리를 만들어야 한다. 또한 공급자 중심의 선별적 지원이 아닌 중소기업의 경영 환경 자체를 개선하는 방향의 정책이 필요하며, 선별적 지원을 시장실패의 영역으로 제한해야 할 것이다.

대부분의 대기업에서 시장거래, 기술개발 및 조직 운영에 전문성을 배양한 많은 중견인력들이 상층 경영사다리에서 떨어지면 정리대상으로 전락하지만, 이들을 활용할 정책이나 기업의 전략 혹은 사회적 대비책은 마련되어 있지 못하다. 따라서 50대 중반에 대기업에서 정리된 인력 대부분은 제2의 인생을 생존형 창업에 의존하거나 경제생활 자체를 접고 마는 경우가 태반이다. 반면 이들이 중소기업이나 중견기업과 연결될 수 있는 통로는 현실적으로 없는 상태이고 더 바람직한 기술형 창업으로 연결된 길도 사실상 막혀 있다.

지난 30여 년간 한국 정부는 가능한 모든 종류의 정책수단을 동원해 중소기업을 육성했으나 대기업 중심의 기업혁신 체제 그 자체는 바뀐 것이 없다. 또한 미국의 실리콘밸리의 기술형 벤처 창업을 본떠 한국에서도 대학을 중심으로 청년 창업을 장려하고 각종 지원정책을 쓰고 있지만 가시적인 성과가 나오지 않고 있다.

학계와 산업계, 정부가 중소기업의 한계와 문제점에 대해 다양한 관점에서 논의를 전개하고 그에 따른 해결책을 제시해 왔지만 나아지는 모습을 찾아보기는 쉽지 않다. 구직에 나선 많은 청년들이 중소기업에 취업하려고 하지 않고, 대기업과 공기업에 취업하기 위해 재수와 삼수를 반복하다가 결국 공무원 시험을 보는 악순환이 반복되고 있다. 최근 대기업과의 연봉과 복리후생 등에 있어 격차가 심화되었을 뿐 아니라 성과 격차까지 극대화됨에 따라 청년들에게 중소기업만의 매력을 제대로 어필하지 못하고 있는 탓이다.

지난 정부는 창조경제 기반의 대학발 창업을 적극적으로 지원하였고, 이번 정부는 중소기업청을 중소기업벤처부로 격상하며 많은 관심과 투자를 아끼지 않고 있으나, 아직 뚜렷한 성과라 할 만한 것을 찾을 수가 없다. 기술혁신 기반의 중소기업 육성과 대기업의 갑질 근절을 중심으로 하는 대-중소기업 간 상생도 언론을 통해 많은 관심을 받고는 있으나 본질적인 부분에서의 문제는 여전하다는 것이 일반적이다. 이렇듯이 중소기업에 관한 문제는 다양한 문제가 혼재하고 있어 몇몇 법 · 제도적 지원만으로는 해결하지 못하는 것이 현실이다. 지금까지는 학계와 산업계, 그리고 정부가 문제를 진단하고 올바른 해결책을 제시하더라도 현장에서 제대로 실행되는 것과는 별개의 이야기인 경우가 많았다. 중소기업이 현재 갖고 있는 다양한 문제의 근원과 피부에 와 닿는 대안에 대해서는 깊이 있는 논의가 필요하다.

우리나라는 지난 수년간 중소기업 지원을 위해 다양한 정책을 마련하고 끊임없이 지원해 온 것이 사실이다. 수없이 많은 정책과 시책 등을 만들었고, 일부 정책은 그 실효성이 의심스러움에도 유지되기도 한다. 중소기업이 300만 개가 넘는다고 통상 추정하기 때문에, 다양한 정책과 지원제도가 필요한 것은 사실이지만 지나치게 복잡하고 다양한 정책은 오히려 중소기업이 성장하는 데에 큰 도움이 되지 않는다. 각 정책의 성과와 실효성을 평가하고, 중소기업에 실제로 긍정적인 영향을 줄 수 있는 몇몇 주요 정책을 중심으로 지원해 나가야 할 것이다. 또한 지원 전 심사 단계도 중요하지만, 지원 후 평가 단계를 강화함으로써 중소기업이 책임감을 느끼고 정부 등 다양한 주체로부터 지원을 받아 발전해 갈 수 있도록 기틀을 마련해야 하겠다.

벤처 지원 관련 정책도 앞서 언급한 중소기업에 대한 관점에서 크게 벗어나지는 않는다. 강력한 벤처 생태계를 갖춘 것으로 알려진 중국의 심천(선전)을 보면, 북경대(베이징대), 청화대(칭화대) 등 중국 각지에서의 인재들이 산업단지로 몰려들고 있으며, 이들은 대기업의 취업이나 공무원의 길보다는 창업 CEO를 목표로 꿈을 실현하기 위해 큰 노력을 하고 있다. 중국은 일관성 있게 수십 년에 걸쳐 소프트웨어 산업단지를 형성하는 등 벤처 창업을 적극적으로 지원하고 있다. 따라서 큰 리스크 없이 아이디어만 있으면 자신이 원하는 제품과 서비스 구현이 가능한 중국에서는 창업에 의지를 가진 청년 창업자들이 알라바바의 마윈과 샤오미 레이쥔 등 확실한 롤모델에게서 받는 동기부여도 큰 영향을 준다.

우리나라의 상황은 어떠한가? 우리나라는 정부가 바뀌고 보수와 진보 중 누가 정권을 잡느냐에 따라 달라지는 정부 기조에 큰 영향을 받는 것이 사실인데, 크게 요동치는 정부 기조로 인해 우리 벤처 생태계는 혼란을 겪고 있다. 하지만 한국에

선 아직 롤모델이라고 꼽을 만한 벤처 성공사례도 흔치 않을 뿐 아니라, 대기업의 견제와 정부 정책에 에워싸여 제대로 역량을 발휘하기 전에 힘이 빠지는 경우도 있었다. 이런 가운데에서도 우리나라는 지속해서 벤처를 육성하기 위해 다양한 정책을 시도해 왔고, 그중 하나가 대학발 창업 지원이다.

지난 정부에서 강력하게 추진했던 대학발 벤처 육성 정책은 아직 더 지켜봐야 하겠지만, 큰 빛을 보지는 못했다. 아니 실패에 가까웠다. 중국에서는 DJI, 텐센트가 일종의 대학발 창업을 통해 글로벌 기업으로 성장하는 동안 우리나라는 그에 버금가기는커녕 뚜렷한 대표 기업조차 만들어내지 못했다. 대학발 창업 지원이 잘못되었다는 것이 아니라, 우리나라의 생태계에 적합하지 않으면 새로운 정책으로 그 효과를 극대화해야 한다는 이야기다.

우리나라만큼 경력을 중요하게 생각하는 나라는 드물 것 같다. 아주 사소한 일에도 경력이 얼마나 되는지를 물으며, 그 경력이 곧 힘이 되는 곳이 한국이다. 그런데도 많은 청년들이 자신의 인생을 건 도전이라는 창업에는 아무런 경험도 없이 달려드는 것을 자주 찾아볼 수 있다. 물론 '처음'이라는 것은 늘 존재하고, 그때는 경험이라는 것이 없지만 창업은 조금 다르다. 기업에 들어가 산업 생태계를 먼저 맛볼 수 있을 뿐 아니라, 기업이 어떻게 운영되는지를 비교적 체계적으로 학습할 수 있다. 물론 경험이 100% 성공을 보장하는 것은 아니지만, 내가 어떤 분야에서 창업해야 하는지, 사전과업으로 무엇이 필요한지에 대해 알 수 있기 때문이다.

기술 습득 속도가 빠르고, 젊음에 힘입어 많은 시간을 일할 수 있는 청년의 창업이라고 해서 성공률이 높은 것은 아니다. 오히려 다양한 경험에 기반하여 충분한 준비과정을 거친 중장년층의 창업에 비해 실패 확률이 높다. 직장생활을 할 수 있는 상황이면 할 수 있을 때까지 직장생활을 하며, 최대한 경험을 쌓고 지식을 쌓아 창업을 할 수 있는 환경을 조성해야 한다. 경험과 지식에 기반을 둔 창업은 성공 확률이 매우 높기 때문이다.

다시 중국으로 눈을 돌려 보면, 심천에는 창업에 실패한 청년을 위한 정책이 존재하지 않는다고 한다. 우리나라는 창업 실패에 대한 재기에 많은 힘을 쏟고 있지만, 그들은 자연스레 다시 기업을 찾아가고, 열심히 일을 배우고 하다가 좋은 아이템을 발굴하면 다시 창업에 도전한다. 우리나라의 청년 창업과 같이 정부에 기대어 창업에 실패한 이후의 삶에 대해 보장받고자 하는 것이 아니라, 스스로 자신의 새로운 아이템을 찾기 위해 기업에 들어가고, 기업은 그들에게 다양한 경험을 제공하고 있다. 이력서에 다양한 커리어를 담은 사람을 그리 선호하지 않았던 우리나라에서는 어려운 일인지 모르지만, 벤처 창업의 관점에서는 기업에서의 경험이 너무나도 중요하며, 성공률을 높일 수 있는 요인 중 하나임에 틀림없다.

최근 전 세계적으로 관심을 끌고 있는 새로운 4차 산업혁명의 도래는 이제까지의 정부-기업-대학 간의 역할을 재정립해야 한다는 점을 시사하고 있다. 4차 산업혁명은 가상현실과 실물 현실의 통합, ICT 기술과 다른 산업 기술과의 복잡한 융합을 바탕으로 전혀 새로운 산업의 발전을 예고하고 있다. 이는 곧 정부의 경직적인 정책과 기업의 과거지향 혁신방식, 문제 해결 위주의 교육 등에 대해 미래에는 새로워지라고 말하고 있다.

4차 산업혁명을 추진하는 중심 국가 중 하나가 바로 독일이다. 독일의 정부-기업-대학 간의 협력을 통해 추진되고 있는 Industry 4.0이라는 큰 흐름은 2012년 독일 정부의 핵심 미래 프로젝트로 도입된 용어로, 핵심 분야는 스마트센서, 로봇산업, 혁신제조공정, 물류 및 정보통신기술(ICT) 등의 융합발전을 의미한다. 즉, 전통적 제조업에서 사이버물리 시스템(CPS), 사물인터넷(IoT), 클라우드 컴퓨팅 등을 적용하여 지능형 시스템으로 구축하는 것이 목표라 할 수 있다. 한국 정부도 4차 산업혁명의 도래에 선제적으로 대비하기 위하여 국가 차원에서 자율주행, 경량소재, 스마트 시티, 인공지능, 가상증강현실, 미세먼지, 탄소자원화, 정밀의료, 바이오의 9개 메가 프로젝트를 과제로 선정하여 추진 중이나 아직은 '겉 핥기' 식의 흉내에 그치고 있다.

특히 이 같은 한국형 혁신체제는 정부와 대기업 중심의 위로부터의 혁신에 그치고 있어 4차 산업혁명의 시대에 적응하려면 기술 기반 신생 기업의 적극적 참여와 밑으로부터 사회 전체가 참여하는 새로운 방식으로 전환되어야 한다는 필요성을 제기하고자 한다. 이 같은 주장의 실천을 위해 이 글에서는 대학 중심의 벤처 육성 정책을 뛰어넘어 직장 경험에 기반을 두는 새로운 벤처 육성이 대기업-정부-학계가 힘을 합해 추진해야 한다는 점을 강조하고자 한다.

참고문헌

송성수 · 송위진, 「코렉스에서 파이넥스로: 포스코의 경로실현형 기술혁신」, 『기술혁신학회지』, 2010.

송위진, 「한국 과학기술자사회의 특성 분석— 탈추격체제로의 전환을 중심으로」, 『STEPI』, 2003.

_____, 「추격에서 선도로 脫추격체제의 기술혁신 특성」, 『기술혁신학회지』, 2004.

송위진 외, 「한국 과학기술자사회의 특성 분석(탈추격체제로의 전환을 중심으로)」, STEPI, 2003.

_______, 「탈추격형 기술혁신체제의 모색」, 『STEPI』, 2006.

송위진 · 황혜란, 「혁신체제의 전환의 유형과 과정」, 『STEPI』, 2005.

이근, 「기술경제학의 다양한 접근을 종합한 기술추격론의 재구성」, 『STEPI』, 2005.

황혜란, 「한국의 탈추격 기업기술혁신의 패턴분석」, 『과학기술학연구』 6권 2호 : 1-44, 2006.

Eunil Park, Seoin Baek, Jay Ohm, and H. J. Chang, "Determinants of player acceptance of mobile social network games: An application of extended technology acceptance model," *Telematics and Informatics*, 31(1), 3-15, 2013.

H. J. Chang, D. W. Kim, "Commercial Assessment of Alternative Green Car Technology," International Association of Science Parks 2010 Daedeok Conference, Daejeon, 1(2), 69–83, 2010. 5.

____________________, "Experience curve analysis on South Korean nuclear technology and comparative analysis with South Korean renewable technologies," *Energy Policy* 40, 361–373, 2012.

Hyun Joon Chang, In Sue Kim, Dong Wook Kim, Taeyong Yang, "Business potential of sustainable energy in Korea : Hybrid method of various feasibility studies from path dependence and path evolution perspective," *Renewable Energy* 50, 464–475, 2012.

J. W. Lee and H. J. Chang, et al., "Smart Learning," *Korea Technology Innovation Study* 14(3), 647–663, 2011.

Keun Lee, Chaisung Lim, "Technological regimes, catching-up and leapfrogging : findings from the Korean industries," *Research Policy* 30(3), 459–483, 2001.

Kim, D. W., Chang, H. J., Song, G. D., "Fukushima Accident and its implications for Korea," *Energy Sources Part B : Economics, Planning, and Policy* 11(10), 946–952, 2016.

Linsu Kim, "Innovation in A Newly Industrializing country : A Multiple Discriminant Analsys," *Management Science* 31(3), 312–322, 1985.

________, "Technology policies and strategies for developing countries : lessons from the Korean experience," *Technology Analysis & Strategic Management* 10(3), 311–324, 1998.

________, "Crisis Construction and Organizational Learning : Capability Building in Catching-up at Hyundai Motor," *Organization science* 9(4), 506–521, 1998.

Michael Hobday, Howard Rush, John Bessant, "Approaching the innovation frontier in Korea: the transition phase to leadership," *Research Policy* 33(10), 1433–1457, 2004.

Philip Anderson, Micheal L. Tushman, "Technological Discontinuities and Dominant Designs: A Cyclical Model of Technological Change," *Administrative Science Quarterly* 35(4) : 604–633, 1990.

Rebecca M. Henderson, Kim B. Clark, "Architectural innovation, The reconfiguration of existing product technologies and the failure of established firms," *Administrative Science Quarterly* 35(1), 9–30, 1990.

Vijay Govindarajan, *Reverse Innovation : Create far from home, win everwhere*, Harvard Business Review Press, 2012.

Yooduk Jun, "Technological catching-up and isolation avoidance : the case of the mobile communications industry in Korea and Japan," *Asian Journal of Technology Innovation* 19(1), 149–168, 2011.

Youngim Bae and H. J. Chang, "Adoption of smart TVs: a Bayesian network approach," *Industrial Management & Data Systems* 112(6), 891–910, 2012.

______________________________, "Efficiency and Effectiveness between Open and Closed Innovation : Empirical Evidence in South Korea Manufacturers," *Technology Analysis & Strategic Management* 24(10), 967–980, 2012.

나가는 글

현재 한국 경제와 한국 기업은 4차 산업혁명의 시대가 이미 왔음에도 불구하고 탈추격형 혁신체제와 자율적인 밑으로부터의 내생적 혁신체제를 만들지 못하고 있다. 이는 선진국과 중국 같은 후발 개도국 사이에 끼인 채 새로운 성장모형을 만들어야 한다는 10여 년 전의 외침에서 별로 달라지지 않은 모습이다.

우리는 외환위기와 국제적 금융위기라는 외생적 충격에 크게 흔들리면서 많은 교훈을 얻었지만 아직도 충격을 견딜 만한 내생적 혁신역량을 구조화시키지 못하고 있다. 이 책은 이 같은 시대적 요구를 환기시키기 위해 무엇을 해야 하는지에 관한 지적 탐구를 담고 있다. 이 노력을 위해 카이스트 기술경영전문대학원 교수들이 각각 전문분야에서 같은 문제의식을 갖고 다양한 시각에서 접근을 시도했다.

먼저 이덕희 교수는 첫 번째 장에서 내생적 혁신체제로의 전환이 왜 중요한가를 설명하고, 내생적 혁신체제로의 전환을 위한 구체적인 내용을 분석했다. 즉, 정부가 특정 분야를 선정하여 예산을 배분하고 평가하는 top-down식의 혁신체제로는 우리 경제가 더 이상 혁신이 주도하는 경제체제로 이행할 수 없는 상황에 직면해 있다. 그는 이를 타개하는 하나의 방안으로 혁신의 결과가 아닌 혁신의 과정에 역점을 둔 '내생적 혁신체제'라는 해법을 제시한다. 내생적 혁신체제는 밑에서 위로 향하는 bottom-up 과정으로 모두가 자율적인 혁신주체로서 참여하여 혁신이 생태계에서 드러나는 자기조직화 구조이다. 그 요체는 이론과 실제, 학교와 현장이 유리된 것이 아니라 서로 맥락적으로 연결되어 소통하는 방법론적 전환에 있다. 사회 전반에 걸쳐 현장성과 역사성을 회복하는 방향으로의 전환이 요구되며, 정책도 그러한 방향으로 얼라이언스 되어야 한다. 이 교수는 그렇게 될 때 우리 사회의 누적된 외생적 발전 풍토를 개선하는 동시에 4차 산업혁명 시대를 능동적으로 맞이할 수 있다고 주장한다.

두 번째 장에서 김갑수 교수는 한국 산업구조의 현황과 문제점을 진단하면서 앞으로 한국 기업이 아키텍처 관점에서 혁신 전략을 취해야 한다는 점에 초점을 맞춘다. 김 교수에 따르면 한국의 오랜 숙원은 세계적으로 기술력 우위의 탄탄한 산업구조를 갖추는 것이다. 그는 한국이 세계 상위 수준의 내생적 발전을 이루려면 이제는 소수의 최상위 대기업들의 성장만이 아니라, 산업 밸류 체인의 핵심인 소재 · 부품 · 장비 분야에서 다수 전문기업의 폭넓은 성장이 강하게 뒷받침되어야 한다고 강조한다. 아울러 제조업만이 아니라 서비스업의 혁신 투자활동이 동반되어야 한다는 점도 지적한다. 이는 본격화되는 IoT 기술의 확산 시대에는 신기술의 다양한 소비 주체로서 서비스 기업의 리딩 역할이 그 어느 때보다 더 중요하기 때문이다. 따라서 김 교수는 먼저 기술혁신에서 일어나는 여러 가지 속성을 이해하는 데 도움이 될 아키텍처 혁신(architectural innovation)의 전략적 관점을 설명하고, 기업의 실제 연구개발 투자활동 통계를 기반으로 한국 산업의 구조적 발전 실태와 우려 사항을 진단하면서, 앞으로 한국 기업이 나아갈 내생적 혁신 전략 지침을 제시한다.

세 번째 장은 윤태성 교수가 담당한 생활 속의 서비스 혁신을 다루고 있다. 그는 우리나라 경제에서 제조업이 차지하는 비중은 점점 줄어들고 서비스업이 차지하는 비중은 점점 늘어나고 있음에 주목한다. 서비스업의 비중 증가는 피할 수 없는 추세지만 낮은 생산성은 여전히 개선되지 않고 있다. 어떤 의미에서 제조업의 경영환경은 점점 힘들어지고 있다. 그는 이런 상황을 개선하려면 서비스업은 제조업에서 생산성 향상 기술을 배워야 하고 제조업은 서비스업에서 고객 맞춤형 컨텍스트를 배워야 한다고 주장한다. 서비스 혁신은 서비스업의 공업화와 제조업의 서비스화를 포함한다. 서비스업의 공업화란 어떻게 하면 기계화 · 자동화 · 표준화를 통해서 서비스업의 생산성을 높일까라는 문제다. 제조업의 서비스화란 제품에 서비스를 융합하여 새로운 업으로 발전시키는 문제다. 그는 서비스 혁신의 다양한 사례를 소개하면서 이들 사례가 혁신의 단초를 생활 속에서 찾았다는 공통점이 있다는 점을 강조한다. 서비스 혁신에 성공하면 그 결과는 새로운 사업 모델이라는 형태로 나타난다는 것이다. 기업의 업종이나 규모에 상관없이 서비스 혁신은 누구에게나 문이 열려 있다는 것이 그의 결론이다.

네 번째 장에서 윤정호 교수는 창업이 활발한 사회를 만들기 위해 어떻게 해야 하는지 분석한다. 우리는 창업이 활발한 사회를 원한다. 창업이 활발한 사회는 역동성이 있는 사회이고, 그 경제적 역동성에 의해 일자리가 창출되며, 그로부터 사회의 부가 창출되고 사회가 발전하기 때문이다. 그는 우선 내생적 창업이 무엇인지 정의한 뒤 비즈니스 모델과 사업의 기본 원리와 내생적 창업의 관계를 살펴본다. 미국의 실리콘밸리를 중심으로 탄생한 린스타트업의 탄생 배경과 그 핵심 사상을 살펴보고, 린스타트업의 원리와 내생적 창업의 공통점을 분석한다. 그는 이와 함께 창업과정에서 고려해야 할 구체적인 방법과 전략을 살펴본다. 예를 들면, 린스타트업의 방법론과 원리를 살펴보고, 창업가들이 스타트업을 창업할 때 반드시 고려해야 할 거점시장 확보 전략, 가치 제안과 핵심 역량의 개념과 전략을 살펴본다. 아울러 스타트업이 일회성 혁신에 머무르지 않고, 지속적 혁신 혹은 혁신의 축적과 스노볼 효과를 살펴 지속적으로 발전하는 개념과 방법을 제안한다. 스타트업들이 좋은 창업을 넘어 위대한 창업으로 발전하기 위해서 경제적 가치를 넘어 사회적 가치를 창출하고, 이와 함께 리더십의 중요성을 생각해 봄으로써 위대한 창업으로의 길을 제안하고, 창업이 활발한 사회가 우리에게 주는 혜택과 내생적 창업의 방법을 고찰한다.

다섯 번째 장에서 김병필 교수는 지적재산권 전략이 어떻게 기업 경쟁력으로 이어지는지를 다루고 있다. 그는, 공격이 최선의 수비라는 말도 있지만 상대방의 객관적 전력이 우위에 있다면, 우선 수비를 두텁게 하는 것이 상책이라고 강조한다. 경쟁기업으로부터 특허나 영업비밀을 침해했다는 소송을 제기당하면 해당 사업이 존폐 기로에 서는 경우가 적지 않다. 제품 개발 비용과 리드 타임을 줄이기 위해서 이른바 '영업비밀 보따리 장사꾼'으로부터 경쟁사의 영업비밀을 취득했다면, 이것은 시한폭탄을 안고 있는 셈이다. 지적재산권 경기장에는 두 가지 서로 다른 종류의 공격수단이 있다. 하나는 특허권이고, 다른 하나는 영업비밀이다. 특허권은 자신의 기술을 세상에 공개하고 그 대가로 국가로부터 20년간 독점배타권을 부여받는 것이다. 반면 영업비밀은 회사가 정보를 '비밀'로 보호하고 있는 상태를 보호해 주는 것이다. 즉, 영업비밀은 노하우나 기밀을 함부로 유출하면 형사처벌을 하고 손해배상 책임을 지우도록 법으로 정해 놓은 것이다. 그는 정보에 대한 독점권은 주장할 수 없기 때문에 적절한 지적재산권 전략을 세워야 한다고 주장한다.

여섯 번째 장에서 구본제 교수는 4차 산업혁명이 도래하고 있는 시대에서 어떻게 기업이 생존할 것인가의 문제를 다루고 있다. 그는 많은 기업들이 디지털 시대의 새로운 환경에 조직을 적응시키기 위해 필요한 변화에 착수하고 있다고 강조한다. 비즈니스 세계가 급속히 디지털화되면서 새로운 사업 기회가 창출되기도 하지만 과거 성공적이었던 비즈니스가 파괴되는 현실을 목격하고 있다. 이런 현상을 디지털 파괴라고 부른다. 디지털 파괴를 극복하려면 자사의 비즈니스를 가치사슬이란 좁은 범위에서 검토하기보다는 업종 간 경계를 넘어서 생태계 차원에서 폭넓게 보고 혁신을 전개할 필요가 있다. AI, IoT, Blockchain 등 디지털 기술을 활용해 고객 니즈를 만족시키고, 고객에게 새로운 경험을 제공할 수 있어야 한다. 이를 위한 세부 전략으로 조직이 디지털 기술의 본질을 이해하고 활용할 수 있도록 조직의 디지털 성숙도를 끌어올려야 한다. 디지털 기술을 활용해 고객의 니즈를 더욱 정교하게 파악해 대응할 필요가 있다. 고객의 니즈에 부응하기 위해 비즈니스 모델과 조직을 개편해 나가야 한다. 새로운 제품이나 서비스 및 비즈니스 모델은 반복적 실험과 학습을 통해 성공적으로 정착시킬 수 있다. 디지털 시대의 제품 개발에는 제작, 측정 및 학습을 신속하게 반복하는 애자일(agile) 방식이 요구된다. 불확실한 미래에 도전하려면 실패에 관용적인 문화가 필요하다. 구 교수는 조직 전체가 조기에 저비용의 실패를 통해 학습한다면 더 나은 미래가 열리기 때문이라는 점을 강조한다.

일곱 번째 장에서 송락경 교수는 스타트업의 탄생과 성장이 어떤 내용을 담고 있으며, 특히 스타트업이 당면하고 있는 역경과 고난을 잘 분석했다. 이어서 송 교수는 대덕 지역 스타트업 생태계의 내생적 진화과정을 밀도 있게 설명한다. 또한 스타트업의 도약을 위하여 액셀러레이터가 얼마나 중요한 역할을 담당하고 있는지 분석한다. 송 교수는 이 같은 일반적인 스타트업을 위한 분석 틀의 기초 위에서 카이스트 창업원을 중심으로 진행되고 있는 기술사업화의 실제 경험을 소개한다. 마지막으로 송 교수는 국내 대학이나 정부출연연구소, 스타트업들이 개발하는 기술이 세계적으로 경쟁할 만한 잠재력이 있으나 이를 사업화하여 글로벌 스타트업으로 발굴 · 육성하는 전문가 시스템이 매우 취약한 까닭에 그들의 "숨은" 가치를 제대로 평가받고 사업화할 수 있는 기회를 찾지 못하고 있다고 강조하면서 기술개발과 동시에 사업화를 위한 생태계 시스템 구축의 필요성을 강조한다.

여덟 번째 장에서 엄재용 교수는 새로운 시대적 조류인 4차 산업혁명의 의미를 분석하고 이것이 새로운 한국의 내생적 혁신과 어떻게 이어지는가를 연결시킨다. 즉, 엄 교수에 따르면 4차 산업혁명이라는 새로운 시대는 정책입안자, 각 업계 선두주자, 교육자들이 해결해야 할 많은 도전과제와 문제점을 내포하고 있는 것 또한 현실이다. 이 중에서 엄 교수는 자동화를 강조한다. 자동화의 도입은 제품 생산의 생산성과 효율성을 개선하여 엄청난 경제적 혜택으로 이어질 수 있으나, 그것이 현 노동인구의 기술과 숙련도를 대체하면 노동시장에 악영향을 줄 수 있다는 점은 우려스러운 지점이다. 이 때문에 4차 산업혁명의 기술, 그리고 그것이 제시하는 도전과제를 더 깊이 이해하기 위한 노력이 전 세계적으로 이루어지고 있다. 이러한 상황에서 한국은 4차 산업혁명과 관련하여 다음과 같은 두 가지 측면을 고려해야 한다. 먼저 4차 산업혁명 기술 포트폴리오의 강화다. 현재 한국이 보유한 4차 산업혁명 기술 노하우는 일부 글로벌 대기업에 편중되어 있다. 다가올 4차 산업 시대에 견실한 경제성장을 도모하기 위해서는 4차 산업혁명 기술이 보다 균형 있게 발전해야 한다. 따라서 한국의 정책입안가들은 면밀한 검토를 거쳐 스타트업 및 중소기업 등 더욱 광범위한 기업들이 4차 산업혁명의 물결에 동참할 수 있는 방안을 마련해야 한다. 두 번째는 4차 산업혁명이 불러올 부정적 효과에 대한 대비책 마련이다. 스마트 제조업, 스마트 시티, 자율주행차, 커넥티드 헬스케어 등 4차 산업혁명 환경에서도 경쟁력을 갖출 수 있도록 근로자들을 위한 교육훈련 프로그램의 인적 투자 증대가 그 같은 대비책의 일환이 될 수 있을 것이다. 대부분의 4차 산업혁명 기술은 다양한 분야의 지식과 노하우를 하나로 융합하는 융합기술이다. 따라서 한국이 4차 산업혁명 기술을 개발하고 그것이 노동시장에 불러올 악영향을 최소화하기 위해서는 협력적 사고방식을 육성하는 것이 경제적 측면에서 매우 중요한 과제라고 엄 교수는 주장한다.

아홉 번째 장에서 장현준 교수는 동아시아 국가의 혁신체제에 관한 비교・분석을 통해 한국의 혁신의 진화가 나름대로 대기업 중심의 독특한 발전을 해왔다고 주장한다. 즉, 지난 50여 년간의 추격형 혁신체제는 이제 한국에서 탈추격형 혁신체제로 진화하고 있으며 이는 한국형 혁신 모델로 정형화될 수 있는 가능성이 있다는 것이다. 장 교수는 이미 널리 알려져 있는 사실로 아시아 지역의 지난 수십 년간의 경제발전과 기업혁신의 성과는 실로 눈부신 바 있다고 강조하면서 이는 그 이전의 단순한 선진국 추격형 혁신체제를 뛰어넘어 독자적인 발전경로에 접어들었다는 평가를 가능케 한다고 주장한다. 무엇이 이를 가능케 했는가에 관한 의문을 정확히 규명하는 작업은 앞으로 아시아, 이 중에서 특히 한국 기업과 경제의 앞으로의 모델 정립을 위해 꼭 필요한 작업이다. 더 나아가 최근 진행되고 있는 이른바 4차 산업혁명에 대한 관심은 이제까지 성공적이라고 평가되는 동아시아, 그리고 한국의 혁신체제가 근본적으로 바뀌어야 한다는 점을 시사하고 있다. 왜냐하면 동아시아와 한국 경제의 혁신 패턴은 추격형에서 탈추격형으로 전환하고 있지만 아직도 정부의 과도한 주도와 대기업 위주의 위로부터의 혁신체제에 크게 의존하고 있기 때문이다. 이는 국가 및 기업의 이노베이션 체제가 새로운 기술집약형 신생 기업을 중심으로 하는 밑으로부터의 혁신 필요성을 제기한다. 장 교수는 한국형 혁신체제의 골자를 시장 적응형 이노베이션 시스템(Adaptive Innovation System)으로 보고 있다. 그러나 이 같은 한국형 혁신체제는 정부와 대기업 중심의 위로부터의 혁신에 그치고 있어 4차 산업혁명의 시대에 적응하려면 기술 기반 신생 기업의 적극적 참여와 밑으로부터 사회 전체가 참여하는 새로운 방식으로 전환되어야 한다는 필요성을 제기한다. 이 같은 주장의 실천을 위해 장 교수는 대학 중심의 벤처 육성 정책을 뛰어넘어 직장 경험에 기반을 두는 새로운 벤처 육성을 대기업-정부-학계가 힘을 합해 추진해야 한다는 점을 강조한다.

이제 독자들은 다양한 시각에서 4차 산업혁명이라는 새로운 도전을 맞아 한국 경제와 기업이 어떻게 그동안 비교적 성공적으로 수행해 온 추격형 혁신체제의 껍데기를 과감히 벗어 버리고 새로운 내생적 혁신으로의 길을 가야 한다는 여러 교수들의 주장을 접하게 되었다. 독자들 나름대로의 신선한 시각이 여기에 더해져 새로운 혁신체제로 나아가야 한다는 주장이 점점 더 소리를 높여 갔으면 한다. 그러나 이는 현실적으로 쉬운 과제가 아니다. 왜냐하면 많은 이해관계자들이 과거의 성공에 아직도 취해 있고 변화에 부정적이기 때문이다. 정부나 기업, 그리고 대학 내에서 많은 사람들이 이대로는 안 되고 새롭게 경쟁력의 원천을 찾기 위해 새로운 혁신의 길을 찾아야 한다는 원칙에는 공감하면서도 자신들을 포함한 변화에는 고개를 돌리고 있다. 제발 더 늦기 전에 다시 한 번 남의 압력에 의해 어쩔 수 없이 변화하지 말고 우리 스스로 자생적 혁신역량을 키울 수 있도록 스스로부터 변화해 보자.

KAIST 기술경영전문대학원 교수 **장현준**

찾아보기

가

바

사

아

자

차

카

타

파

하

숫자 및 영문

지은이에 대하여

이덕희(KAIST 기술경영전문대학원장, 혁신경제)

학력

뉴욕주립대학교(버팔로) 경제학 박사

주요 경력

KAIST 기술경영학부 교수

KAIST 미래경영연구소장

KAIST IT-MBA프로그램 책임교수

산업연구원(KIET) 연구위원

일본장기신용은행 종합연구소 Visiting Researcher

김갑수(KAIST 기술경영전문대학원 교수, 아키텍처 혁신전략)

학력

게이오(Keio)대학교 Business and Commerce 박사

주요 경력

한국산업기술진흥원 부품소재사업단 단장

한국산업기술재단 기술정책연구센터 센터장

과학기술정책연구원(STEPI) 연구개발정책부 부장

일본 과학기술정책연구소(NISTEP) Visiting Researcher

기술경영경제학회, 기술혁신학회 이사

윤태성(KAIST 기술경영전문대학원 교수, 서비스 혁신)

학력

동경대학교 공학박사

주요 경력

동경대학 조수(University of Tokyo)

동경공업대학 조수(Tokyo Institute of Technology)

일본 경제산업성 경제산업연구소 객원연구원(RIETI)

일본 오픈놀리지 대표이사(Open Knowledge)

매일경제신문 객원논설위원

윤정호(KAIST 기술경영전문대학원 교수, 벤처창업)

학력

KAIST 기계공학(생산공학과) 박사, MBA

주요 경력

(주)다이나믹모션 대표이사(CEO)

– 벤처캐피털의 투자와 연계한 벤처기업(연매출 200억원 규모)

한양대학교 산학협력중점교수(기술창업과 사업화전략, 창업지도)

삼성전기(주) OMS사업부 정밀사업팀장(상무)

삼성전기(주) 중앙연구소 기반기술센터장(상무)

김병필(KAIST 기술경영전문대학원 교수, 지적재산권)

학력

서울대학교 전기공학부 학사

사법연수원 수료

주요 경력

법무법인 유한(태평양) 파트너 변호사

법무법인 태평양 베트남 법인 호치민 사무소장

한국인공지능법학회 기술이사

구본제(KAIST 기술경영전문대학원 교수, 혁신정책)

학력

대전대학교 행정학 박사

주요 경력

KAIST 이사회 감사

기상청 차장

국가과학기술자문회의 사무처장

과학기술부 기초연구국장

송락경(KAIST 지역협력센터장, 기술사업화)

학력

Sussex(UK) 과학기술정책(SPRU) 석사

주요 경력

KAIST 기술경영전문대학원 교수

KTB네트워크 벤처금융 심사역

연구개발특구진흥재단 사업단장

대전창조경제혁신센터 센터장

성장사다리펀드 투자운영자문위원

엄재용(KAIST 기술경영전문대학원 교수, ICT 사업전략)

학력

노스웨스턴대학교 경영경제학 및 Decision Science 박사

주요 경력

Director, Capsage Consulting

Senior Consulting Manager, Lucent Technologies

Senior Marketing and Strategy Manager, Lucent Technologies

Senior Technical Staff Member, AT&T Private Line BU

Member of Technical Staff, AT&T Bell Laboratories

장현준(KAIST 기술경영전문대학원 교수, 이노베이션이론)

학력

코넬대학교 경제학 박사

주요 경력

에너지경제연구원장

포항공대 초빙교수

한국개발연구원 연구위원

중앙일보 논설위원

KT 사외이사(감사위원장)

내생적 혁신

혁신은 우리 곁에 있는가

초판 1쇄 인쇄 2018년 12월 10일
초판 2쇄 인쇄 2019년 11월 20일

지은이 KAIST 기술경영전문대학원
펴낸이 박기남
펴낸곳 **율곡출판사**
08590 서울시 금천구 가산디지털1로 84(에이스하이엔드 8차), 803호
전화 (代) 02) 718-9872
팩스 02) 718-9874
home-page www.yulgokbooks.co.kr
e-mail yulgokbook@naver.com
등록 1989.11.10. 제2014-000031호
ISBN 979-11-87897-48-4 93320

값 28,000원